국립김해박물관 2025 특별전
2025 Gimhae National Museum Special Exhibition

세계유산 가야 2주년 기념

시간의 공존

김해 대성동 고분군
金海 大成洞 古墳群

Where Time Coexists: Ancient Tombs in Daeseong-dong, Gimhae

국립김해박물관
Gimhae National Museum

출품기관

국립경주박물관
국립중앙박물관
대성동고분박물관
동의대학교박물관
리움미술관
복천박물관
부산대학교박물관
부산시립박물관(가나다순)

자료협조

국가유산청
국립경주박물관
대성동고분박물관
동북아역사재단
동서문물연구원
동아세아문화재연구원
동의대학교박물관
삼강문화재연구원
호림박물관(가나다순)

일러두기

1. 이 책은 2025년 국립김해박물관 세계유산 가야 2주년 특별전, 시간의 공존, 김해 대성동 고분군(2025.9.23~2026.2.22)의 전시 도록이다.
2. 전시품 정보는 명칭(한글·한자·영어), 출토지, 크기(cm), 출품기관 순서이며 국립김해박물관 소장품인 경우 생략하였다.
3. 도판은 전시품을 중심으로 수록하였으며, 출품하지 않은 자료는 '참고유물'로 표기하였다.
4. 칼럼원고와 논고는 필자에 따라 도록 본문의 체제 및 편집방향과 다를 수 있다.

가야의 시작,
특별전 〈시간의 공존, 김해 대성동 고분군〉 도록을 발간하며

1990년, 김해 대성동 고분군의 본격적인 발굴이 시작되었고, 지난 35년 동안 놀라운 발견이 계속 되었습니다. 가야인과 김해인은 지금도 애구지 언덕에서 반려동물과 산책하며 공존하고 있습니다. 2년전, 2023년 9월에 김해 대성동 고분군은 유네스코 세계유산에 등재되어 가야의 첫 번째 유적으로 자리매김했습니다.

이번 특별전에서는 대성동 고분군의 많은 내용을 보여드리고자 했습니다. 그동안 〈김해 대성동 고분군〉의 명성은 드높았으나, 특이한 외국계 출토품 위주로 알려져 있었던 것이 사실입니다. 대성동고분박물관의 끊임없는 노력에도 불구하고 박물관의 전시공간이 협소하여 일반에 공개하지 못했던 전시품들이 많았습니다.

안타깝게도 처음으로 발굴을 시작했던 경성대학교박물관이 문을 닫게 되어, 그 많은 국가유산들을 모두 국립김해박물관으로 이전하게 되었습니다. 산더미같은 대성동 출토품 가운데에는 많은 인골편들이 신문지에 쌓여 있었고, 발굴현장에서 미처 손쓰지 못한 흙덩이들이 많이 남아 있었습니다.

따라서, 일단 흙을 털어내고 무엇이 남아있는지를 살펴보기 위해, 인골은 동아대학교 김재현 교수님팀에, 동물유존체는 서울대학교 고은별 선생님에게, 식물유체는 국립경주문화유산연구원의 안소현 선생님, 서울대학교 이희경 선생님에게, 그리고 유기물은 부산대학교 임지영 선생님에게, 마구는 부산대학교 이현우 선생님에게, 토양샘플은 한국지질환경연구소 류춘길 박사님 등 전문가들에게 의뢰한 결과, 가야학술제전Ⅱ 〈다시 보는, 김해 대성동 고분군-新자료 연구성과〉에서 첨단 고고과학의 성과를 만나볼 수 있었습니다.

그럼에도 불구하고, 김해 대성동 고분군의 스토리는 당시 김해시장이셨던 가락국 시조대왕 숭선전 김종간 참봉님과 부산대학교 신경철 명예교수님의 결단으로 시작하게된 '대서사시'이고, 대성동 발굴현장에서 오랜시간 땀흘리신 前복천박물관 이혜련 관장님과 前경성대학교박물관 김재우 선생님, 대성동고분박물관 송원영 관장님, 김해시 문화유산과 심재용 선생님을 비롯한 고고학자들의 노력이 없었다면 우리 눈앞에서 김해 대성동 고분군의 탁월한 모습들을 볼 수 없었을 것입니다.

아울러, 이번 특별전 〈시간의 공존, 김해 대성동 고분군〉 준비에 애쓴 국립김해박물관의 이경수 학예연구실장과 이춘선 학예연구사, 전효수 학예연구사를 비롯해 모든 직원들에게 깊은 감사의 말씀을 드립니다. 대성동고분박물관의 이선미 학예연구사, 박미정 학예연구사와 전지현 연구원의 노고도 컸습니다. 앞으로 국립김해박물관은 김해시와 최근 김해에 자리잡은 가야세계유산관리재단 그리고 가야연구자들과 함께 가야문화의 자긍심을 고취하는 작업을 지속적으로 함께 할 것입니다.

함께 가야해!

2025년 11월

국립김해박물관장

윤형원 배상

차례

가야의 시작, 특별전 〈시간의 공존, 김해 대성동 고분군〉 도록을 발간하며 3

I. 지도자의 상징, 애구지 언덕에 드러나다! 6

1. 지배자에서 권력자로 10
   1) 김해 대성동 고분군 발굴 연혁 12
   2) 고인돌 14
   3) 널무덤 16
   4) 덧널무덤 18
   [칼럼 1] 가야 고분군의 경관과 김해 대성동 고분군 이성주 경북대학교 22

2. 가락국 왕의 찬란한 시작과 끝 28
   1) 흥興, 찬란한 시작 30
   2) 성盛, 전성기의 번영 38
   3) 쇠衰, 맹주국의 쇠퇴 51
   [칼럼 2] 김해 대성동 고분군의 축조 원리 심재용 김해시청 54

II. 지도자의 힘, 남겨진 부장품으로 말하다! 64

1. 발달된 철기로 무장한 가야 무사 66
   1) 공격무기 68
   2) 방어구 84
   [칼럼 3] 고대 국가에서 군사의 구성과 가야무기 특징 우병철 영남문화유산연구원 90
   [칼럼 4] 유기물 분석으로 본 김해 대성동 고분군 가야 화살통과 방패 임지영 부산대학교 95

2. 가야 무사가 탄 무장한 말 100
   1) 전투용 말갖춤 102
   2) 장식용 말갖춤 107

III. 가락국, 아시아 교역의 중개자로 성장하다! 110

1. 다른 지역 지도자들과 주고 받은 물품 112

1) 마한, 진한, 안라국과의 교역 114

2) 원통모양 청동기 123

[칼럼 5] 김해 대성동 고분군 출토 통형동기와 4세기 한일 교섭 이와모토 타카시 시마네대학 134

2. 더 큰 무대로 교역의 확장 148

1) 북방·중국계 유물 150

[칼럼 6] 김해 대성동 고분군 출토 중국 유물로 본 가야의 대외관계 이현우 부산대학교 154

2) 왜계(일본계) 유물 158

[칼럼 7] 김해 대성동 고분군에 묻힌 왜의 여성 다카다 칸타 일본역사민속박물관 164

IV. 죽은 사람 곁의 제물, 그 속에 담긴 가야인의 삶을 들여다보다! 174

1. 죽은이를 위한 애도, 순장 176

1) 죽은 사람을 떠나 보내는 의례 178

[칼럼 8] 김해 대성동 인골로 본 가야인의 특징 김재현 동아대학교 183

2. 성대하게 차린 제사에 바친 제물 188

1) 성찬의식에 희생된 제물 190

2) 제사에 바쳐진 음식 200

[칼럼 9] 김해 대성동 고분군 동물유존체로 본 동물희생의례 고은별 서울대학교 202

[칼럼 10] 김해 대성동 고분군 출토 식물 유존체 분석 이희경 서울대학교 205

[칼럼 11] 김해 대성동 고분군에서 찾은 가야인과 식물 이야기 안소현 국립경주문화유산연구소 208

[칼럼 12] 김해 대성동 고분군 장송의례의 특징 이춘선 국립김해박물관 212

〈에필로그〉 226

김해 대성동 고분군 발굴 사진 228

특별논고

[논고 1] 김해 대성동 고분군의 의미와 가야의 추이 신경철 부산대학교 명예교수 232

[논고 2] 전기가야의 왕릉, 김해 대성동 고분군 발굴의 성과와 의의 송원영 대성동고분박물관 246

특별전 개막행사 참관기 이만주 문예비평가 258

특별전시실 사진 264

개막 행사 사진 271

I

지도자의 상징, 애구지 언덕에 드러나다!

세계유산 가야고분군 중 하나인 대성동고분군은 고대 가야 지배자들의 무덤이 모여 형성된 언덕입니다.
고분은 단순한 매장공간을 넘어서 당시 통치자들의 권위와 힘을 시각적으로 드러내는 상징물이었습니다. 특히, 대성동 고분군처럼 언덕이나 넓은 들판에 우뚝 솟은 대규모로 조성된 고분군은 사람들이 왕래하는 길목이나 마을 인근에 자리 잡아 일상 속에서 그 존재 자체만으로도 누구나 지배자의 권력을 인식할 수 있는 풍경이 되었습니다.
대성동 고분군은 당시 지역의 공동체 일원이 동원된 대대적인 공사로 이루어졌으며, 이는 지배층의 강력한 조직력과 통합된 사회상을 보여줍니다. 고분군을 만드는 과정은 지배자의 권력을 재확인하고 강화하는 중요한 의례였습니다.
대성동 고분군은 가야 왕의 무덤이 축조되면서 직·간접적으로 권력을 상징하고, 풍경을 통해 왕의 권위를 과시함과 동시에 공동체 구성원 모두의 역사와 기억으로 기능하고 있습니다.

사진 1. 1920년대 김해시 전경

사진 2. 1990년대 김해 대성동 고분군 전경

사진 3. 2015년 김해 대성동 고분군 전경

사진 4. 2025년 김해 대성동 고분군 전경

1.
지배자에서 권력자로

선사·고대의 무덤 형태는 그 시대 지배자의 역할이 변화하는 모습을 잘 보여줍니다. 대성동 고분군도 가야 무덤으로 본격적으로 활용되기 이전의 청동기시대부터 변한弁韓의 구야국狗邪國에 이르기까지 지배자 모습의 변화를 잘 보여줍니다.

청동기시대의 '고인돌'은 지배층이 자신의 권위와 위상을 넓은 권역에 알리는 거대한 기념물이었습니다.

기원전 2세기에 접어들면서 무덤양식은 널무덤木棺墓으로 변화합니다. 널무덤은 시신과 껴묻거리를 나무널에 넣어 매장하는 형태입니다. 대규모였던 무덤 구조가 작아지면서 외형적으로 과시하기보다는 껴묻거리로 지위를 표현합니다

기원후 2세기로 넘어가면, 고분은 다시 한번 덧널무덤木槨墓으로 확장됩니다. 덧널무덤은 나무널을 감싸는 방外槨을 넓힌 형태로, 시신과 함께 더욱 많은 권위적인 상징물과 껴묻거리를 묻을 수 있어, 지배자의 부와 군사력뿐만 아니라 장엄한 위상과 정치적 결집력을 드러냅니다.

1) 김해 대성동 고분군 발굴 연혁

대성동 고분군이 본격적으로 학술 발굴되어 학계에 알려진 것은 1990년 6월입니다. 그 해 발굴 조사 결과 가야의 왕급 유적임이 밝혀져 1991년 1월 사적 341호로 지정되었습니다.

김해 대성동 고분군 유구 배치도

이후 대성동 구릉 정상부를 시작으로 2020년까지 총 10차례의 발굴조사가 이루어졌습니다. 대성동 고분군 무덤 내부에서 출토된 유물은 당시 문헌으로는 알 수 없었던 가야 연구의 원동력이 되었습니다. 대성동 고분군은 지속적인 발굴과 연구로 가야 지배층의 성장과 발전을 상징적으로 가장 잘 보여 주는 세계유산임을 인정받아 2023년 세계유산 가야고분군에 등재되었습니다.

2) 고인돌

대성동 1호 고인돌

김해 대성동 1호 고인돌은 애구지 언덕 정상부에 위치합니다. 이곳은 주변 하천의 범람 또는 고김해만의 기수역 환경에 의해 형성된 충적지로, 유적이 형성될 당시 고김해만이 관동리까지 만입하였을 것으로 추정하고 있습니다. 발굴조사를 통해 대규모 지상식 건물지와 잔교시설, 도로유구 등이 확인되었습니다. 특히, 바닷가로 이어지는 낮은 구릉 사면으로 접안시설로 추정되는 잔교가 확인되었습니다.

사진 5. 김해 대성동 1호 고인돌

001
붉은간토기
赤色磨研土器
Red Burnished Pottery

김해 대성동
높이 17.5
대성동고분박물관

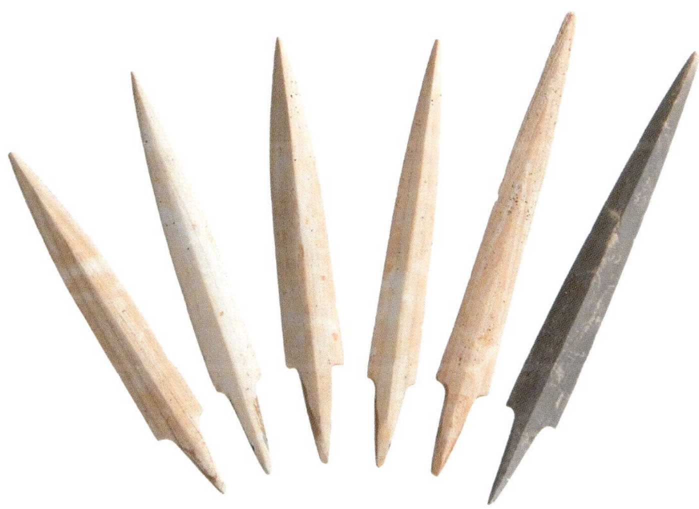

002
돌화살촉
石鏃
Stone Arrowheads

김해 대성동
길이 10.1(왼쪽)
대성동고분박물관

003
굽다리 바리
臺附鉢
Mounted Bowl

김해 구산동
높이 11.5
대성동고분박물관

004
덧띠 토기
粘土帶土器
Attached-rim Pottery

김해 구산동
높이 16.4
대성동고분박물관

3) 널무덤

가야의 숲 3호 널무덤

2004년경 김해공설운동장에 '가야의 숲(현 수릉원)'을 조성하기 위해 발굴조사를 하던 중 3호 널무덤이 발견되었습니다. 무덤의 바닥에는 구덩이가 설치되어 있는데, 이는 창원 다호리 1호 무덤과 비슷합니다. 널 안에서는 부채, 칠이 된 쇠칼집, 청동거울이 출토되었는데, 무덤 주인공이 착장한 상태로 묻혀진 것으로 추정됩니다. 널과 구덩이 사이에서는 항아리, 쇠창, 쇠도끼 등이 출토되었습니다. 이러한 출토 유물로 보았을 때 이 무덤의 주인공은 1세기경의 권력자였을 것으로 생각됩니다.

사진 6. 가야의 숲 3호 널무덤 전경 및 출토유물

005

주머니모양 항아리
小壺
Pouch-shaped Jar

김해 봉황동
높이 14.8

006

쇠뿔모양 손잡이 항아리
組合式牛角形把手附壺
Jar with Horn-shaped Handles

김해 봉황동
높이 29.8

007

청동꺾창
銅戈
Bronze Dagger Axe

김해 봉황동
길이 25.9

008

청동거울
銅鏡
Bronze Mirror

김해 봉황동
지름 8.6

4) 덧널무덤

대성동 132호 덧널무덤

132호 덧널무덤은 북서쪽 구릉 평탄지에 위치하고 다른 무덤과 중복되어 원래의 모습이 남아 있지 않습니다 이 무덤은 2세기 중후반의 가장 빠른 덧널무덤으로 보는 김해 양동리 162호의 껴묻거리와 비슷한 모양의 뚜껑 있는 굽다리 항아리와 무기가 출토되었습니다. 따라서 이 시기부터 대성동 고분군이 가야 왕 무덤 구역으로 조성되었음을 보여줍니다.

사진 7. 김해 대성동 132호 덧널무덤 전경

009

화로모양 그릇 · 뚜껑 있는 굽다리 항아리 · 짧은목 항아리

爐形土器·有蓋臺附壺·短頸壺

Brazier-shaped Pottery·Mounted Jar with Lid·Short-necked Jar

김해 대성동 132호
높이 19.2(왼쪽)
대성동고분박물관

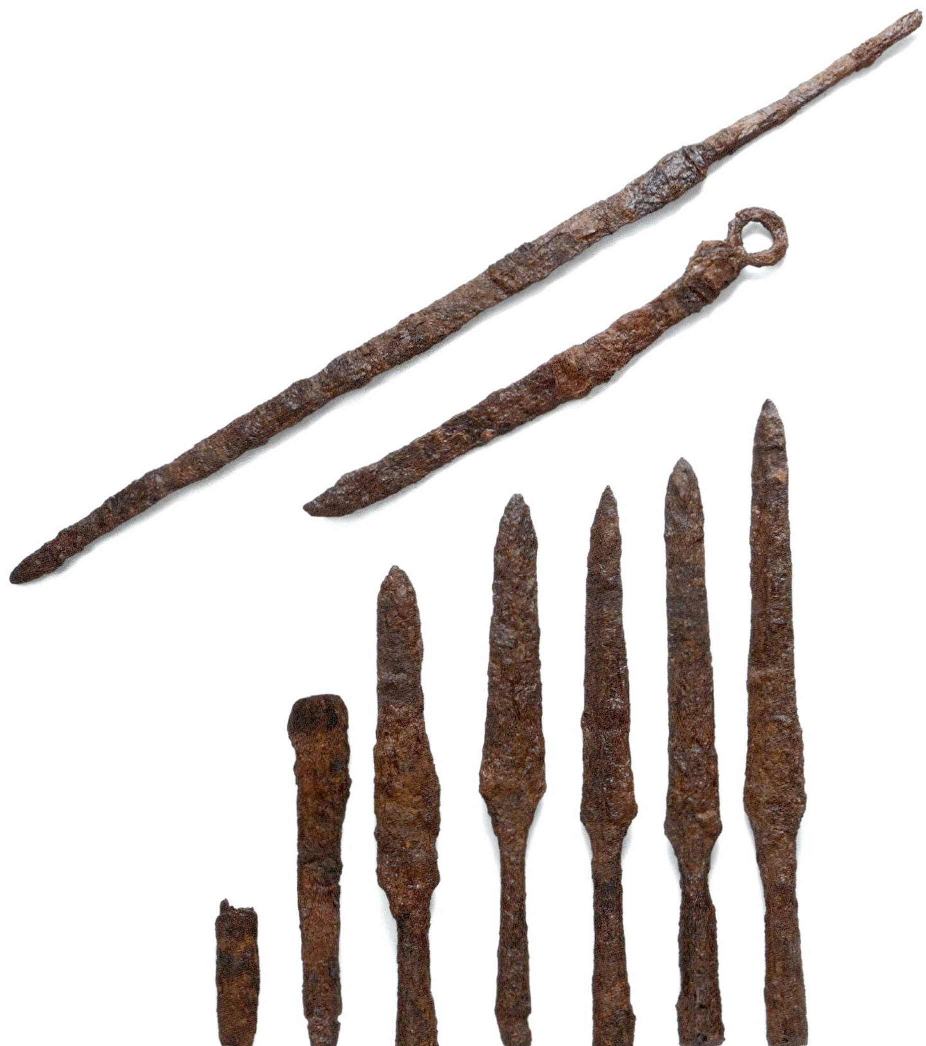

010

쇠칼 · 쇠도끼 · 쇠끌 · 쇠투겁창

刀·鐵斧·鐵鑿·鐵鉾

Iron Sword·Iron Axe·Iron Chisel·Iron Spearheads

김해 대성동 132호
길이 75.2(위)
대성동고분박물관

대성동 45호 덧널무덤

45호 덧널무덤은 북동쪽 구릉 시작 지점에 위치하며 길이가 7.5m인 초대형 무덤입니다. 45호 무덤은 시기적으로 3세기 중 · 후엽에 해당하는 29호 초대형 무덤보다 빠른 3세기 전엽에 만들어져 대성동 고분군의 왕묘 축조 시기를 앞당기는 무덤입니다. 껴묻거리는 주인공의 공간인 널무덤과 덧널무덤 사이 공간에 토기를 넣고 모서리에 봉상철부 40여 점을 놓거나 고리 달린 큰 칼을 휘어서 부장하였습니다.

사진 8. 김해 대성동 45호 덧널무덤 전경

011

화로모양 그릇 · 단지 · 짧은목 항아리

爐形土器·軟質甕·短頸壺

Brazier-shaped Pottery·Earthenware Jar·Short-necked Jars

김해 대성동 45호
높이 24.7(왼쪽 위)
대성동고분박물관

012

쇠도끼 · 큰칼 · 쇠따비 · 쇠삽 · 물미 · 쇠투겁창

棒狀鐵斧·大刀·耒·鐵鍤·鐏·鐵鉾

Iron Axes·Iron Swords·Weederplow·Iron Shovel·Spear Ferrule·Iron Spearheads

김해 대성동 45호
길이 37.6(오른쪽)
대성동고분박물관

칼 럼 1

가야 고분군의 경관과 김해 대성동 고분군

이 성 주
경북대학교 고고인류학과
한국고고학회 회장

Ⅰ.

좁은 해안분지 김해의 한 가운데에 남북으로 긴 타원형으로 솟아오른 나지막한 구릉이 자리 잡고 있다. 가까운 과거까지 지역민들은 이 구릉을 '애꾸지'라고 불렀다. 작은 구지봉이란 뜻의 왜구지倭龜旨가 음이 변해서 생긴 말이다. 더 북쪽에 자리 잡은 높은 구릉, 즉 가야 시조 탄생 설화를 품고 있는 구지봉보다는 작은 크기의 언덕이란 뜻이다. 애꾸지의 바로 남쪽에는 또 하나의 구릉이 있다. 이것은 사람들이 '봉황대'라고 부르는 구릉이다. 1991년 경성대학교 박물관이 애꾸지 구릉 위에서 발굴을 시작했다. 첫 삽을 뜨자마자 대형 목곽묘가 노출되기 시작했고 1993년까지 이어진 발굴을 통해 이 구릉은 가락국의 왕과 지배층이 묻힌 공동묘지라는 사실이 분명해졌다. 연차 발굴이 끝나고 나서 바로 사적으로 지정되었던 것은 그 역사적 중요성을 우리 모두 인정했기 때문이다.

사람들은 일정 경관에 들어와 거주하면서 머무르기도 하고 이동하기도 한다. 그들은 이러한 일상을 통해 경관의 어떤 부분, 혹은 어떤 장소와 만나고 또 거기서 어떤 행위를 한다. 그들의 행동은 경관의 부분과 장소에 물질적 흔적을 남기기도 한다. 이러한 활동으로 인해 그 장소들은 사람들에게 의미 있는 것이 되고는 한다. 기억되기도 하고 구지봉, 애꾸지, 그리고 봉황대처럼 이름이 붙여지기도 한다. 이렇게 경관의 부분과 장소는 사람들에게 어떤 의미를 지니게 된다. 하지만 그 의미가 고정 불변한 것은 아니다. 시간이 흐르면 그 의미가 달라지기도 하고 사회적, 문화적 맥락에 따라 그 장소는 사람들에게 다르게 받아들여진다.

가령 지금 우리는 발굴을 통해 대성동 구릉이 가락국의 중심 고분군이라는 사실을 알게 되었다. 그리고 국가 사적으로 지정하여 그 역사적 중요성을 인식하고 있다. 조선시대나 가까운 과거에는 이 구릉이 가락국의 왕릉군이었다는 사실을 알지 못했을 것이다. 하지만 지역민들이 애꾸지라고 불렀던 것은 구지봉과 함께 가락국 조상과 관련된 유허라는 기억이 희미하게나마 전승되었기에 때문이었으리라. 하지만 그곳에 왕릉을 조성해 갔던 가락국 당시는 말할 것도 없거니와 왕릉이 모여 있다는 기억을 또렷이 간직하고 있던 시기의 대성동 고분군은 매우 특별한 경관이었을 것이다. 아마 그 존재 자체가 사람들의 의식적 활동을 좌우하고 지배하였을 것이다. 더 거슬러 올라가 왕릉이 들어서기 그 이전에도 대성동 구릉은 분지의 한 가운데 자리 잡은 그 위치적 특징 때문에 청동기시대와 초기 철기시대 사람들에게 분명 어떤 중요한 의미를 지닌 장소였을 것이다.

경관의 특정한 부분과 장소는 사람들에게 특별한 의미를 지니며 같은 장소라도 그 의미는 역사적으로 변해 왔다. 가락국 사람들에게 김해의 경관도 그러했다. 그들은 역사적 과정에서 자신들이 살아가는 경관의 이곳저곳에서 어떤 활동을 수행하고 물질적인 흔적을 남겼으며 이름을 짓기도 하고 의미를 부여하기도 했다. 그렇다면 우리는 가락국 사람들이 경관을 어떻게 파악했는지, 그리고 경관 안에서 어떻게 활동했는지를 문제 삼아야 한다. 하지만 경관은 가락국 사람들에게 이해되고 표상되었다기보다 그들에게 자신을 드러내고 그들의 경험을 이끌었으며 일정한 장소에 거주하게 했고 그들의 활동이 이루어지도록 이끌었다고 볼 수 있다. 그래서 우리는 어떻게 경관에 대한 사람들의 경험이 만들어지고 변해가는지, 오랜 시간에 걸쳐 경관이 사람들의 경험에 어떤 방식으로 개입하는지를 물어야 한다(Bender 1998: 66). 경관과 가락국 사람들이 어떻게 상호작용하였는지에 관한 이해가 중요하다는 것이다. 이를 통해 우리는 가락국의 역사, 그리고 가락국에 퇴적된 물질의 양상과 과정에 관해서 더 잘 이해할 수 있게 될 것이기 때문이다.

II.

경관이란 무엇인가? "인간의 의식과 활동으로 인해 이해되고, 경험되고, 그리고 개입되는 '바깥 저쪽 세계'이다"라는 정의가 있다(Bender 2006: 303). 경관은 인간 외부에서 그를 둘러싸며 인간 존재가 그 안에 들어가 기거한다. 그러나 인간에 의해 지각되고, 경험되지 않는다면 그것은 경관이 아니다. 경관은 자연이 아니다. 그렇다고 문화도 아니다. 자연과 문화의 이분법을 넘어서고 있다. 가령 들과 밭은 여성이고 산과 바위는 남성이며 산자락에서 개울이 시작되는 샘은 조상이 목을 축인 곳이다. 인간 존재가 거주하기 전부터 있었던 자연이지만 그들이 도달하면서 경관의 부분들은 창조되며, 그러한 것이 가능하도록 경관은 배경이 되어 준다(Thomas 2008: 303). 우리는 도시경관, 전원경관, 혹은 해안경관과 같은 말을 흔히 사용하는데 이런 말도 모두 인간의 관심과 이해, 그리고 권력과 맞닿아 있는 개념이다.

경관이 어떤 것인가에 관해 크리토퍼 틸리는 길게 열거한 적이 있다. 경관이란 일련의 이름 붙여진 지점들이며, 통로로 연결된 관계적 장소들의 세트이고, 이동이며 서사이다. 그것은 사회화된 공간 내, 몸이란 실존적 존재에 원근법적으로 연결된 자연 풍경이다. 그것은 삶의 문화적 코드이고, 읽히고, 해석되는 익명의 텍스트이며, 기록이 담길 노트이고, 실천을 위한, 실천의 근거이고, 거주의 양식이며 경험의 양식이다. 경관에는 권력이 입혀져 있다. 분파적 이해관계에서 경관은 안무가의 역할을 한다. 그것을 조직화하는 능력도 있으며, 인간적 의미가 침착되어 있다. 스토리이며 담화이고, 시간성을 지니며 기억이다. 경관은 의미의 시스템으로 이를 통해 사회는 재생산되고 변형되며, 탐색되고 구조화된다(Tilley 1994: 34).

20세기 중후반까지 고고학자들은 경관을 실증적 경험과학의 분석 대상으로 생각해왔다. 그들의 경관에 관한 조사와 연구에서는 절대적 공간과 객관적 사실이라는 전제를 앞세운다. 그래서 공간이란 추상적 차원이며 인간 활동과 사건들을 담는 그릇과 같은 것으로 이해했다. 그 안에서 발생하는 개별 사건과 활동은 개념적으로나 물리적으로 분리되어 있으며 일정한 조건에서만 관계하고, 일정한 스케일에 따라 객관적인 방식으로 기하학적 측정이 가능하다고 생각했다. 이 보편성의 공간 안에서 객관적으로 측정된 자료들을 계량화된 분석법으로 접근하면 경관과 인간의 관계에 관해 어떤 앎에 도달할 수 있다고 믿었다. 하지만 이러한 접근법으로는 의미로 가득 찬 경관 안에서 인간의 지각과 경험, 그리고 실천에 관해서 어떤 이해에 도달한다는 것은 애초에 불가능해 보인다.

그래서 현상학적 관점이 등장한다(Tilley 1994, 2010). 현상학적 연구에서는 단호하게 말한다. 경관의 내부로부터 연구자가 자신의 몸을 통한 경험만이 경관에 관한 앎을 가져다줄 수 있다고. 밖으로부터 간접적이고 추상화된 경험과 측정을 토대로 한 접근, 즉 문서, 사진, 지도, 도면은 물론이거니와 컴퓨터 기반의 시각화를 이용한다 해도 그

것은 추상적이고 피상적인 지식만 가능할 뿐이다. 경관에 대한 지식은 그것이 과거든 현재든 주체의 관점에서 경관에 대한 지각적 경험을 통해서만 얻을 수 있을 뿐이다. 연구자가 경관으로 들어가면 사람과 경관 사이의 대화적 관계에 놓이게 되고 연구자의 '지각적 이해'에 가해지는 충격을 받아들여 이를 깊이 있고 두텁게 기술하면 된다는 것이다. 하지만 현상학의 요청 역시 경관을 이해하는데 적지 않은 한계를 지닌다. 현상학적 입장에서도 인정하는 바이지만, 우리는 그 누구도 모든 곳에서 모든 경험을 할 수 없으며 모두를 이해할 수 없다. 현상학적 방법으로는 경관 연구에서 일반론적 설명이 불가능하다는 고백이나 다름없다.

하지만 현상학적 접근이 경관의 연구에 매우 중요한 아이디어를 제공했다는 점은 분명하다. 현상학이 가져다준 매력적인 개념들, '사건 및 활동과 결부된 장소' 그리고 그러한 '관계적 장소들이 연결된 경관'(Tilley 1994: 44), 그리고 '세계 안의 존재자로서 체화된 경험' 등은 우리가 경관을 어떻게 이해하고 경관이 우리에게 어떤 영향을 주는지를 이해하는 데 매우 중요하다. 사건과 활동은 어떤 장소에서 이루어진다. 그 안에서 의미를 지니게 되는 사건과 활동이 없다면 장소도 없겠지만 특정한 장소로부터 사건과 활동은 의미를 얻는다. 또한 사람들은 길을 걸어서 경관을 지나고 장소와 만난다. 몸을 통해 시각, 청각, 촉감으로 지각함으로써 연관된 기억과 이야기가 스치고 자아를 만들어내고 정체성을 가지게 되는 경험을 하게 된다.

Ⅲ.

가야 고분군, 그중에 대성동 고분군의 경관에 관한 논의에 앞서 경관의 두 가지 측면에 초점을 맞추어 보려 한다. 그중 하나는 경관이 사회적 기억과 긴밀히 관계한다는 점이며 다른 하나는 경관이 시간과 관련하여 누적적이고 관계적인 성격을 갖는다는 점이다.

첫째, 장소 및 경관은 사회적 기억과 밀접히 관계하며 장소는 경관과 기억의 교차점이라고까지 말한다(Van Dyke 2008). 인간집단이 경관 안에 거주하고 경관은 의미 있게 구성된 물질적 · 사회적 환경이 된다. 집단의 경험을 통해 의미가 경관 안에 새겨지며 사람들이 경관을 만들어내고 변경하기도 한다. 이 공적인 공간을 가로지르며 얻게 되는 공간적 지각과 경험은 반성적으로 사회관계와 아이디어를 창조해내고 정당화하기도 하며 강화하기도 한다. 경관에 대한 사회적 개입의 역사를 통해 기억과 관련된 장소의 감각들이 만들어지고 재구성된다. 그럼으로써 장소는 기억 및 시간과 풀기 힘들 정도로 얽히게 되며 기억과 관련된 활동은 그곳에 물질적 흔적을 남기고는 한다. 고분군, 기념물, 혹은 제의의 장소들은 그렇게 구축되어가며 장소와의 만남과 발견의 경험을 통해서, 혹은 반복되는 활동과 제의를 통해 소속감과 정체성을 만들어내고 때로 지배엘리트는 탑-다운 방식으로 권위를 합리화하고 정당화한다.

둘째, 현상학적 접근에서도 강조하는 바이지만 경관은 시간성을 갖는다. 경관은 존재이면서 되어감의 성격을 가진다. 경관은 되어감의 과정에서 한 번도 동일한 적이 없다고까지 언급되기도 한다(Tilley 2010: 24). 경관에 기념물을 축조하는 것에 관해 존 배럿은 이렇게 지적한다. "우리는 보통 기념물을 어떤 형식으로 분류하여 편년의 시간적 단위에 배속시키면서 그것이 사회진화의 특정 단계를 대표한다거나 어느 시기의 사회경제 구조를 반영한다고 주장해왔다. 하지만 기념물은 특정한 축조 시점이나 기간을 넘어 존속하기 때문에 그것은 이어지는 축조나 의례의 선-맥락이 된다는 것이 중요하다"(Barrett 1999: 256). 이를테면 지석묘와 같은 기념물의 축조에 대해 생각해보자. 이미 지석묘가 축조되어있는 경관은 다음 지석묘 축조의 배경이 된다.

기축조된 지석묘에는 누구의 매장의례가 베풀어졌는지 공동체의 구성원들은 안다. 당연히 다음 지석묘를 축조할 때 사회적 기억에 따라 이전 지석묘와의 관계를 염두에 두고 이전의 배치나 서열과 같은 것을 고려할 것이다. 장소에 대한 기억과 시간적 진행 혹은 기획이 다음의 의례와 활동을 이끌어 가는 경관적 활동의 전형적인 모습이다. 시대적인 전환에서 기획이 달라질 수는 있을 것이다. 하지만 초기 철기시대가 되었다고 주민들이 백지의 경관에서 주거를 정하고 분묘를 축조하지는 않았다. 당연히 그들도 청동기시대 주거와 분묘가 잔존한 경관에서 그들의 거주나 매장 의례의 장소를 선택하기는 마찬가지였다(이성주 2022).

Ⅳ.

경관의 두 가지 측면, 즉 사회적 기억과 얽혀있다는 점과 시간성과 관련하여 누적적이고 관계적이어서 다음 인간 활동의 배경이 된다는 특성은 서로 긴밀하게 관련되어 있다. 이 두 가지 경관적 성격의 긴밀한 관계는 가야고분군, 특히 가야국의 중심고분군이라는 기념물적 경관의 장소적 특징과 그 형성과정에 잘 나타난다(이성주 2018a).

모든 정치체의 실체에 접근할 때 그러하듯 가야국의 형성을 말하려면 그 중심지인 국읍의 등장으로부터 논의가 가능하리라 생각된다. 하지만 가야의 국읍에는 처음부터 권력의 중심지성이 뚜렷하게 표출된 것은 아니었다. 김해의 가락국도 그러하거니와 가야의 국읍들은 5세기까지도 정치체의 성장과 함께 그 중심지성이 꾸준히 발전하였다(김지연 2023). 그렇다면 국읍의 기원은 언제부터라고 보아야 하며, 언제부터 그 중심지성이 표출되는가? 이를 국읍의 기원이라고 말할 수 있을지는 몰라도 가야국 국읍의 중심지에서 집단의 점유가 처음 시작되기는 초기 철기시대와 원삼국시대 개시기의 어느 시점인 듯하다.

김해와 경산에서 국읍의 중심인 봉황대와 임당유적이 처음 점유되는 시기는 원형점토대토기 단계이다. 봉황대에는 다중환호가 설치되고 임당유적는 이중환호가 등장하는데 그 내부에서 제의행위가 이루어졌으리라 추정되고 있다. 국읍의 중심에 해당하는 지점은 청동기시대까지 점유된 흔적이 전혀 없었기에 초기 철기시대 주민들은 그러한 점을 고려하여 선택했던 것으로 보인다. 함안 말이산 고분군과 김해 대성동 고분군은 주지하다시피 안라국과 가락국의 중심고분군이다. 이 장소가 최초의 매장의례와 함께 고분군 조성지로 선택되고 기획된 것은 목관묘 단계 초기로 추정된다. 이처럼 이전에 점유가 없었던 국읍의 중심에 제의 유적이 들어서고 중심고분군이 등장하는 시점은 대략 초기 철기시대에서 원삼국 초기에 해당하며 이를 국읍의 기원으로 보는 데 큰 문제는 없을 것 같다. 국읍의 기원을 그렇게 본다면 이곳이 중심지성을 드러내는 시점은 언제일까? 그것은 아무래도 ‘국’의 왕묘로 추정되는 초대형 목곽묘가 중심고분군에 들어서기 시작하는 것을 기점으로 삼는 것이 타당할 것으로 보인다.

대성동 고분군에서 29호분, 복천동 고분군에서 38호분의 축조는 해당 고분군이 진정한 의미에서 ‘국’의 중심고분군으로 부상했음을 말해주는 사건이다. 공동체는 왕묘의 축조 의례를 제도화하고 이후 시기의 왕들의 매장의례도 능선 정선부를 선점하면서 베풀어 나갔다. 초대형 목곽묘의 등장이 경관적으로 중심지성의 표출이라면 성토고총의 등장은 중심고분군의 외관을 크게 변모시켰다. 가야국의 중심고분군은 보통 분지의 중앙으로 뻗어나간 그리 높지 않은 능선에 입지 한다. 김해 대성동, 함안 말이산, 고성 송학동, 창녕 교동, 부산 복천동, 등과 고령 지산동 고분군도 그런 장소성을 특징으로 한다.

가야국의 중심고분군은 우선 그 장소적 측면에서 특별한 의미가 있다고 본다. 첫째, 분지의 중앙에 자리하고 있다는 점에서도 장소적 탁월성을 가지지만 고분군이 들어서기 전부터 신성한, 혹은 조상과 연결된 장소로서 특별한 의미를 지녔으리라 추측된다. 중심고분군이 입지한 구릉에는 이전 단계에 일반 취락이 들어선 사례가 거의 없다. 그 대신 김해 대성동 구릉에는 대형 묘역식지석묘의 매장시설로 추정되는 이단토광 석곽이 발견되었고 함안 말이산 구릉에서도 지석묘의 매장시설과 암각화가 발견되었다. 중심고분군 형성 직전까지 분지 내의 주민들에게는 역사적인 인물에 대한 전승이 있었고 해당 능선은 그가 묻힌 특별한 장소로 신성시되었던 것으로 추측된다. 대성동 구릉에는 중심고분군 형성 이전에 1호 지석묘와 84호 석개토광묘가 자리 잡고 있었다. 중심고분군 형성 초기, 목관묘와 목곽묘 초기 단계의 분묘들은 대성동 구릉에 올라서지 못하고 그 둘레에 배치되어 있다. 두 무덤에 묻힌 몇백 년 전의 역사적 인물에 대한 전승으로 인해 신성한 장소를 침범하지 않았기 때문이었을 것이다(이성주 2018b). 그래서 대성동 29호 왕묘가 능선의 정선부에 올라서는 선택은 상당한 이념적 협상이 필요했을 수도 있다.

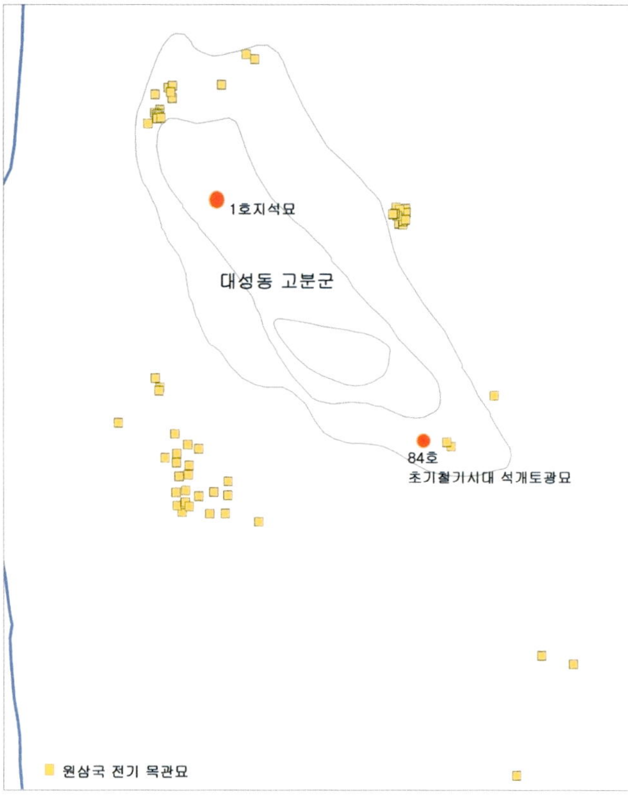

그림 1. 김해 대성동 고분군 목관묘 단계의 유구 배치

둘째, 가야국 중심고분군의 내적 공간조직과 외적 경관은 역사적 정당성과 지배 질서의 합리성을 공동체의 구성원들이 자연스럽게 받아들일 수 있도록 잘 기획되고 실천된 결과물이라 할 수 있다. 최고 지배자의 무덤들이 능선의 정선부를 따라 배치된 공동묘지가 중심고분군이다. 왕묘의 둘레에 가족, 신하, 시종의 매장의례가 베풀어졌는데 그 범위와 배치 규율은 중심고분군 마다 차이가 있다. 하지만 그 공간적 배치가 역사적 서사와 지배 질서를 물질화한 결과라는 점에서는 서로 다르지 않다. 이 내적 공간조직은 최초의 왕묘가 축조되던 시점에 기획되고 제도화되었다고 생각된다. 이후 200년 이상 지속된 왕묘를 비롯한 무덤의 배치는 그 자체가 역사적 기록물이고 매장의례가 반복될 때마다 시간성을 가진 각각의 장소에서 역사적 서사는 재소환되고 구술되었을 것이다(이성주 2018a).

가야국이 자리 잡은 분지 안에서 관측되는 중심고분군의 경관 역시 지배질서의 정당성과 주민의 소속감과 정체성을 되새길 수 있도록 기획되었다(강동석 2022). 벌목이 이루어지고 다른 건축물이 근접하지 못하도록 제한된 중심고분군은 그 자체가 고총이 늘어선 거대한 기념물이었다. 그 둘레와 내부에는 일상의 교통로나 순례의 길이 마련되었을 것이며 이에 접근할 수 있는 거리는 사람의 신분 등에 따라 구분되었을 것이다. 이 중심고분군의 입지적 특성, 즉 고도, 경사도, 사면향, 가시권 등과 같은 지형의 객관적 측정값과 주변 시설물들을 검토한 연구에서는 왕성과 함께 이 기념물이 경관을 지배하는 것과 같은 구조로 도성 자체가 기획되었다고 결론 내린 바 있다(강동석 2022; 김지연 2023).

참고문헌

강동석, 2022,「가야고분군의 입지와 경관」,『가야고분군Ⅶ』, 가야고분군연구총서 8권, 가야고분군세계유산등재추진단, pp. 32-101.

김지연, 2023,「전기가야 도성의 경관: 김해 봉황동 유적과 대성동 고분군을 중심으로」,『가야고분군Ⅷ』, 가야고분군연구총서 9권, 가야고분군세계유산등재추진단, pp. 64-97.

이성주, 2018a,「가야 고분군 형성과정과 경관의 특징」,『가야고분군 Ⅰ』, 가야고분군연구총서 2권, 가야고분군세계유산등재추진단, pp. 4-31.

이성주, 2018b,「국읍으로서의 봉황동유적」,『김해 봉황동유적과 고대 동아시아』, 인제대학교 가야문화연구소, 서울: 주류성, pp. 179-224.

이성주, 2022,「경산지역의 원삼국시대 문화: 소국 형성과정에 관하여」,『경산지역 청동기~원삼국시대 문화 전개양상』, 제1회 경산시립박물관 학술대회, 경산시립박물관·한국청동기학회, pp. 55-72.

Barrett, J. C. 1999, The mythical landscapes of the British Iron Age, In W. Ashmore and A. B. Knapp (eds.), *Archaeologies of Landscape: Contemporary Perspectives*, Oxford: Blackwell, pp. 235-265.

Bender, B. 1998, *Stonehenge: Making Place*, Oxford: Berg.

Bender, B. 2006, Place and Landscape, In Tilley, C., et. al. (eds.), *Handbook of Material Culture*, London: Sage, pp. 303-314.

Thomas, J. 2008, Archaeology, Landscape, and Dwelling, In David, B. and J. Thomas (eds.), *Handbook of Landscape Archaeology*, Walnut Creek: Left Coast Press, pp. 300-306.

Tilley, C. 1994, *A Phenomenology of Landscape: Places, Paths and Monuments*, Oxford: Berg. Tilley, C. 2010, *Interpreting Landscapes: Geologies, Topographies, Identities*, Explorations in Landscape
Phenomenology 3, London: Routledge.

Van Dyke, R. M. 2008, Memory, place, and memorization of landscape, In David, B. and J. Thomas (eds.), *Handbook of Landscape Archaeology*, Walnut Creek: Left Coast Press, pp. 277 - 284.

2.
가락국 왕의 찬란한 시작과 끝

김해 대성동 고분군은 가락국駕洛國 공동체의 지배자 즉, 가락국 왕의 권력이 변화하는 모습을 생생하게 전해줍니다.
그 찬란한 시작을 알 수 있는 초기의 대형 덧널무덤에서는 가야 최초의 순장이 확인되었을 뿐만 아니라 주인공이 눕혀진 곳 아래에서는 200매 이상의 덩이쇠가 발견되었습니다. 이와 함께 대륙의 북방과 바다 건너 왜倭에서 온 다양한 교역품이 부장되었습니다. 가야가 성장하는 시기에는 주인공이 묻히는 덧널主槨 외에 껴묻거리만을 위한 덧널副槨을 따로 마련하여 더욱 많은 물건들을 함께 묻었습니다. 현실에도 넘쳐나는 풍부한 해산물과 곡물을 저장용 토기에 넣어 죽어서도 풍요로운 삶을 누리기를 희망하였습니다. 특히, 당시 가야의 가장 큰 수출품인 덩이쇠를 계단처럼 쌓아서 금괴처럼 보관하였습니다.
5세기 이후가 되면 돌로 네 벽을 쌓고 뚜껑돌을 덮는 형태인 돌덧널무덤石槨墓이 만들어집니다. 시간이 흐를수록 무덤의 규모는 작아지고, 껴묻거리의 양이 확연히 줄어들어 가야의 정치 · 경제적 힘이 약해지는 것을 알 수 있습니다. 그러나 73호 돌덧널무덤과 같이 왕급 무덤이 여전히 조성되는 것으로 보아 5세기 이후에도 김해 대성동 고분군의 특별한 지위는 계속되었던 것으로 생각됩니다.

1) 흥興, 찬란한 시작

대성동 29호 덧널무덤

사적으로 지정된 대성동고분군 내에는 수백 개의 무덤이 알려져 있고, 이 중 200여 기가 발굴되었습니다. 그 중 대성동 29호 덧널무덤은 대형 덧널무덤으로 가야 권력자의 탄생을 알리는 대성동 최초의 왕묘입니다. 주인공과 함께 한 가야 최초의 순장 등이 확인되고 있습니다.

무덤의 크기는 길이 9.6m, 폭 5.6m, 깊이 1.3m로 땅을 넓게 파고 그 내부에 나무로 만든 방을 길이 6.4m, 너비 3.2m로 만들었습니다. 이러한 크기의 무덤은 같은 시기 어떤 지역에서도 확인된 바 없는 거대한 무덤 방이었습니다.

무덤의 주인공을 애도하며 같이 묻은 껴묻거리는 규격화된 저장용 토기와 200매 이상의 덩이쇠를 깔고 주인공이 썼을 것으로 추정되는 달개가 달린 금동관, 북방계의 청동 솥, 다양한 형태의 화살과 쇠를 가공할 때 쓰는 도구(쇠끌)등은 주인공이 가야 최초의 왕이었음을 의심할 수 밖에 없을 정도입니다.

사진 9. 김해 대성동 29호 덧널무덤 전경

013
짧은목 항아리 ·
두 귀 달린 항아리
短頸壺·兩耳附壺
Short-necked Jars·Jar with Two Lugs

김해 대성동 29호
높이 28.3(왼쪽 위)

014
단지
軟質甕
Earthenware Jars

김해 대성동 29호
높이 11.0(오른쪽)

015
시루
甑
Steamer

김해 대성동 29호
높이 21.5

016
짧은목 항아리
短頸壺
Short-necked Jars

김해 대성동 29호
높이 13.6(오른쪽)

017
화로모양 그릇
爐形土器
Brazier-shaped Pottery

김해 대성동 29호
높이 35.2(왼쪽 아래)

018
두 귀 달린 항아리
兩耳附壺
Jar with Two Lugs

김해 대성동 29호
높이 21.5

019
화로모양 그릇
爐形土器
Brazier-shaped Pottery

김해 대성동 29호
높이 16.7

020
덩이쇠
鐵鋌
Iron Ingots

김해 대성동 29호
길이 28.4(왼쪽 위)

021
쇠도끼
鐵斧
Iron Axes

김해 대성동 29호
길이 18.5(오른쪽)

022
쇠새기개
鐵鉈
Iron Burin

김해 대성동 29호
길이 5.6

023
쇠도끼
鐵斧
Iron Axe

김해 대성동 29호
길이 29.4

024
쇠끌
鐵鑿
Iron Chisels

김해 대성동 29호
길이 51.5(오른쪽)

025
낚싯바늘
釣針
Fishhooks

김해 대성동 29호
길이 13.5(오른쪽)

026
쇠집게
鐵鉗
Iron Tongs

김해 대성동 29호
길이 24.0(오른쪽)

027
쇠손칼
鐵刀子
Iron Knives

김해 대성동 29호
길이 25.5(왼쪽)

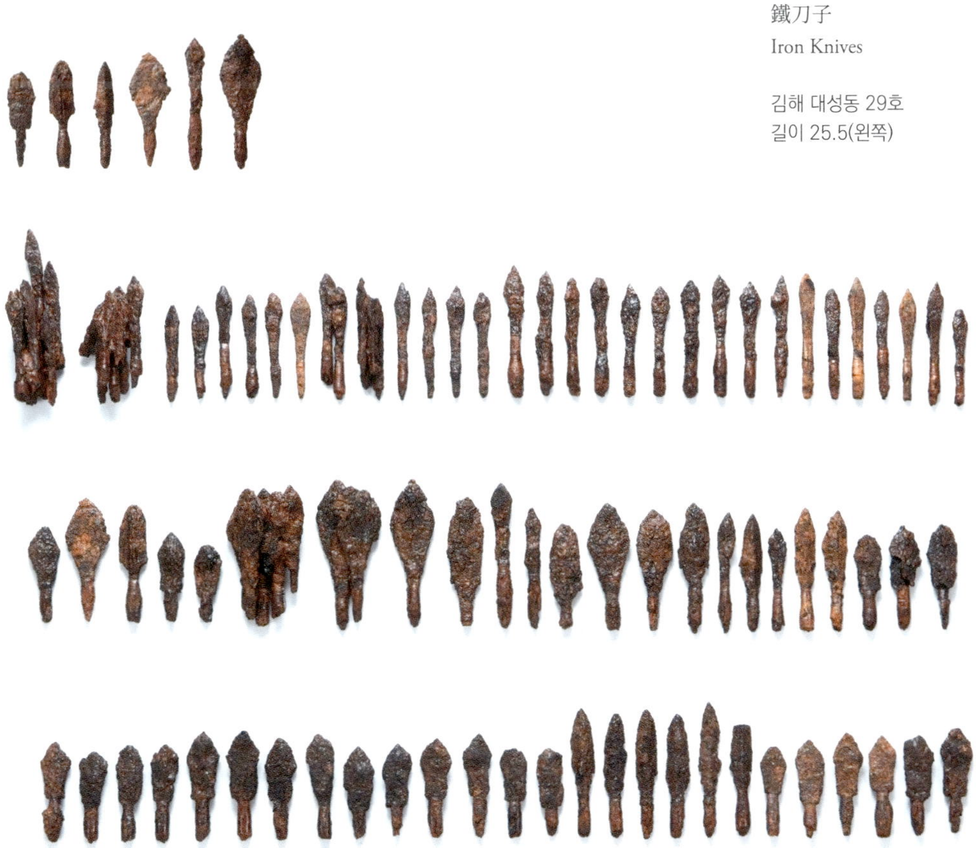

028
쇠화살촉
鐵鏃
Iron Arrowheads

김해 대성동 29호
길이 6.7(왼쪽 위)

대성동 108호 덧널무덤

108호 덧널무덤은 북쪽 구릉 끝자락에 위치하고 도굴의 피해를 입지 않고 온전하게 발굴된 무덤입니다. 무덤 구덩이의 크기는 가로 4.68m로 중소형 정도이지만 487점의 많은 껴묻거리가 출토되었습니다. 그 중 중원계, 일본계 유물이 많이 출토되어 당시 가야가 쇠를 자원으로 하여 동아시아에서 활발한 교역을 하였던 것을 알 수 있습니다.

사진 10. 김해 대성동 108호 덧널무덤 전경

029

덩이쇠

鐵鋌

Iron Ingots

김해 대성동 108호
길이 30.3~39.0
대성동고분박물관

030
짧은목 항아리 · 뚜껑있는 두 귀 달린 항아리 · 화로모양 그릇 받침
短頸壺·有蓋兩耳附壺·爐形器臺
Short-necked Jars·Jars with Two Lugs·Brazier-shaped Vessel Stands

김해 대성동 108호
높이 32.3(왼쪽 위)
대성동고분박물관

031
화로모양 그릇 받침
爐形器臺
Brazier-shaped Vessel Stand

김해 대성동 108호
높이 32.3
대성동고분박물관

032
화로모양 그릇 받침
爐形器臺
Brazier-shaped Vessel Stand

김해 대성동 108호
높이 28.3
대성동고분박물관

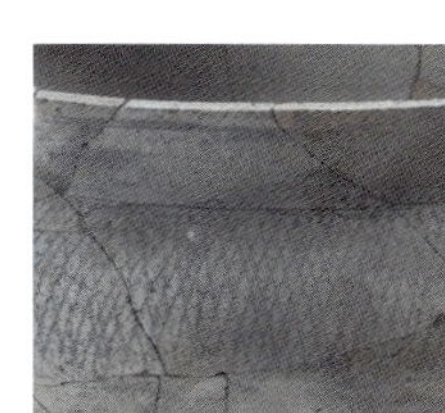

2) 성盛, 전성기의 번영

대성동 3호 덧널무덤

3호 덧널무덤은 대성동 고분군 내 동쪽 정상부에 위치합니다. 으뜸덧널의 길이가 680cm, 너비가 425cm로 대형입니다. 으뜸덧널의 바닥에는 편평한 돌을 정연하게 깔아 무덤 주인공을 눕히는 공간을 만들었습니다. 으뜸덧널에서는 항아리가 들어 있는 화로모양 그릇 받침과 함께 큰 항아리, 굽다리 접시, 덩이쇠와 갑옷, 투구 등이 출토되었습니다. 으뜸덧널 한쪽 편에서는 순장 인골 3구도 함께 발견되었습니다. 딸린덧널에서도 큰 항아리와 같은 그릇들이 다량 출토되었는데, 덧널의 한쪽 편에 빈 공간이 남아 있어 순장자를 1명 더 묻었을 것으로 추정됩니다.

사진 11. 김해 대성동 3호 딸린 대형 덧널무덤 전경

화로모양 그릇받침은 납작한 몸통이 아래로 펼쳐지며 넓은 띠 모양의 손잡이가 붙어 있습니다. 토기에는 삼각형의 선을 그은 무늬 안에 가는 선을 새기고 반원 형태의 연속무늬가 새겨져 있는 점이 특징적입니다. 이런 모양의 토기는 짧은 목 항아리와 함께 대부분 김해, 부산 지역 대형 무덤에서 출토됩니다.

033
화로모양 그릇 받침
爐形器臺
Brazier-shaped Vessel Stand

김해 대성동 3호
높이 32.5

034
화로모양 그릇 받침
爐形器臺
Brazier-shaped Vessel Stand

김해 대성동 3호
높이 28.5

035
바리모양 그릇 받침
鉢形器臺
Bowl-shaped Vessel Stand

김해 대성동 3호
높이 35.3

036
바리모양 그릇 받침
鉢形器臺
Bowl-shaped Vessel Stand

김해 대성동 3호
높이 30.7

037
굽다리 접시
高杯
Mounted Dish

김해 대성동 3호
높이 10.3

038
뚜껑 있는 굽다리 접시
有蓋高杯
Mounted Dish with Lid

김해 대성동 3호
높이 17.7(오른쪽)

039
뚜껑 있는 굽다리 항아리
有蓋臺附壺
Mounted Jar with Lid

김해 대성동 3호
높이 15.6(오른쪽)

040

뚜껑 있는 굽다리 항아리
有蓋臺附壺
Mounted Jar with Lid

김해 대성동 3호
높이 18.9(오른쪽)

참고유물

긴목 항아리
長頸壺
Long-necked jar

김해 대성동 3호
높이 25.5

참고유물

두 귀 달린 큰 항아리
兩耳附大壺
Big jar with two-lugs

김해 대성동 3호
높이 45.3

대성동 2호 대형 덧널무덤

2호 덧널무덤은 대성동 고분군 내 동쪽의 최정상부에 위치합니다. 구덩이 규모가 길이 850cm, 너비 480cm, 깊이 최대 184cm로 대형입니다. 3호 덧널무덤과 마찬가지로 으뜸덧널에 무덤 주인공을 눕히기 위해 편평한 돌을 깔았는데, 이 돌의 전면을 붉게 칠한 흔적이 남아 있습니다. 도굴로 인해 출토 정황을 명확히는 알 수 없지만, 남겨진 상태로 보아 주로 덧널 네벽을 따라 유물을 놓은 것으로 생각됩니다. 다양한 종류의 그릇과 함께 100여 매의 겹겹이 쌓인 덩이쇠가 발견되었고, 그 외에 갑옷과 투구, 바람개비모양 청동기, 뼈화살촉, 돌화살촉 등 여러 유물들이 함께 발견되었습니다.

사진 12. 김해 대성동 2호 대형 덧널무덤

041
뚜껑 있는 굽다리 접시
有蓋高杯
Mounted Dish with Lid

김해 대성동 2호
높이 9.4(오른쪽)

042
뚜껑 있는 굽다리 접시
有蓋高杯
Mounted Dish with Lid

김해 대성동 2호
높이 12.9(오른쪽)

043
원통모양 그릇 받침
筒形器臺
Cylinder-shaped Vessel Stand

김해 대성동 2호
높이 44.0

044
뚜껑 있는 굽다리 항아리
有蓋臺附壺
Mounted Jar with Lid

김해 대성동 2호
높이 13.1(오른쪽)

045
화로모양 그릇 받침
爐形器臺
Brazier-shaped Vessel Stand

김해 대성동 2호
높이 25.3

046
화로모양 그릇 받침
爐形器臺
Brazier-shaped Vessel Stand

김해 대성동 2호
높이 25.6

대성동 1호 대형 덧널무덤

1호 딸린 대형 덧널무덤은 대성동 고분군 내 남동쪽 가장 높은 정상부에 위치합니다. 주인공을 눕히는 덧널도 대형이지만 껴묻거리만을 위해 따로 만든 딸린 덧널의 규모까지 갖춘 왕 무덤입니다. 무덤 주인공이 눕히는 내부에는 덩이쇠 5겹을 2열로 쌓아 올렸고 토기와 철기, 중장기병의 말갖춤들을 함께 묻었습니다. 딸린덧널 속에는 많은 수의 바리모양 그릇받침과 긴목 항아리가 있었고 그 아래에서는 여러 벌의 철갑옷이 출토되었습니다.

사진 13. 김해 대성동 1호 딸린 대형 덧널무덤

바리모양 그릇받침은 긴목 항아리와 함께 출토됩니다. 긴목 항아리는 문양을 나누는 띠를 거의 같은 간격으로 돌리고 그 사이 실타래 모양 무늬를 중심으로 원, 점줄, 줄 모양을 새겼습니다. 바리모양 그릇받침 굽다리에는 돌대를 나누고 아치형에 가까운 삼각형 구멍 6개를 위아래로 각각 한 줄로 뚫었습니다. 이 토기는 곡선미가 넘치고 화려한 문양으로 4세기 가야토기 가운데 가장 조형미가 뛰어납니다.

047
뚜껑 있는 긴목 항아리 · 바리모양 그릇 받침
有蓋長頸壺·鉢形器臺
Long-necked Jars with Lid·Bowl-shaped Vessel Stands

김해 대성동 1호
높이 42.0(왼쪽)

048

뚜껑 있는 긴목 항아리 · 바리모양 그릇 받침

有蓋長頸壺·鉢形器臺

Long-necked Jar with Lid·
Bowl-shaped Vessel Stand

김해 대성동 1호
높이 46.9

원통모양 그릇받침은 그릇을 받치는 부분과 그릇 몸통, 아래의 굽다리 부분으로 구분됩니다. 그릇받침의 몸통은 띠로 6단을 구분하고 좁은 장방형의 굽구멍을 뚫었습니다. 굽다리는 바리를 엎어 놓은 모양으로 전체를 2단으로 구분하여 좁고 긴 네모형 투창을 뚫었습니다. 그릇받침 위에는 항아리가 얹어지며 자연유가 잘 부착되어 있습니다.

049

짧은목 항아리 · 원통모양 그릇 받침

短頸壺·筒形器臺

Short-necked Jar·Cylinder-shaped Vessel Stand

김해 대성동 1호

높이 67.5

050
소형토기
小形土器
Small Pottery

김해 대성동 1호
높이 16.5(오른쪽 아래)

051
쇠삽 · 쇠산 · 쇠끌
鐵鍤·鐵鏟·鐵鑿
Iron Shovel·Iron shovel·Iron Chisel

김해 대성동 1호
길이 20.3(오른쪽)

052
덩이쇠
鐵鋌
Iron Ingot

김해 대성동 1호
길이 25.6

3) 쇠衰, 맹주국의 쇠퇴

대성동 73호 돌덧널무덤

73호 돌덧널무덤은 남쪽 구릉 끝에 조성된 5세기의 왕급 무덤입니다. 이 무덤에는 다양한 가야 양식 토기와 함께 금동 화살통, 금 귀걸이, 판갑옷, 투구, 사슴뿔로 만든 재갈, 은으로 만든 말안장 장신구가 부장되었습니다. 껴묻거리에서 덩이쇠의 부장은 확연히 줄어들고 금 · 은제 장신구의 부장이 증가하였습니다. 비록 규모와 껴묻거리에서 가야의 쇠퇴가 보이지만 서기 400년 고구려의 남정 이후로도 김해 대성동 고분군의 특별한 지위가 지속되었음을 알려줍니다.

사진 14. 김해 대성동 73호 돌덧널무덤 전경

053

뚜껑있는 굽다리 접시 · 뚜껑있는 굽다리 항아리 ·
바리모양 그릇 받침 · 원통모양 그릇 받침

有蓋高杯·有蓋臺附壺·鉢形器臺·筒形器臺

Mounted Dishes with Lid·Mounted Jar with Lid·
Bowl-shaped Vessel Stands·Cylinder-shaped Vessel Stand

김해 대성동 73호
높이 43.8(오른쪽 위)
대성동고분박물관

054

칼꾸미개

大刀裝飾

Sword Ornaments

김해 대성동 73호
길이 1.7~4.1
대성동고분박물관

055

쇠솥

鐵鍑

Iron Cauldron

김해 대성동 73호
길이 6.8
대성동고분박물관

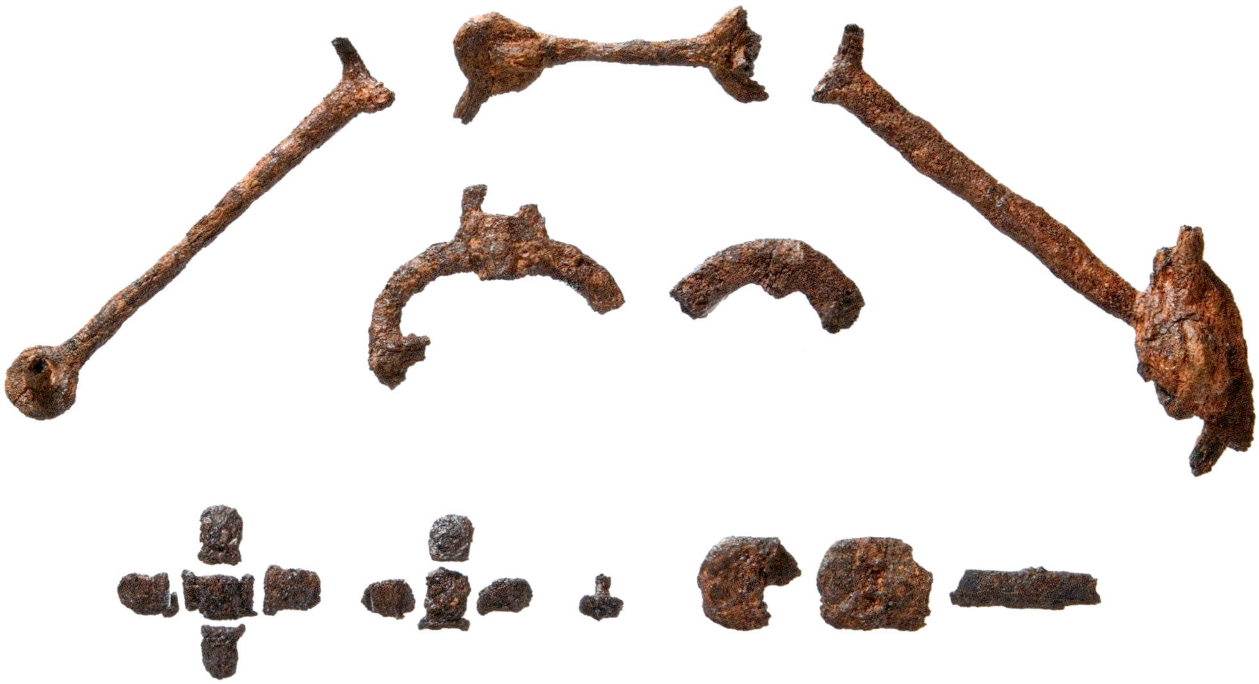

056
말갖춤
馬具
Horse Trappings

김해 대성동 73호
길이 15.5
대성동고분박물관

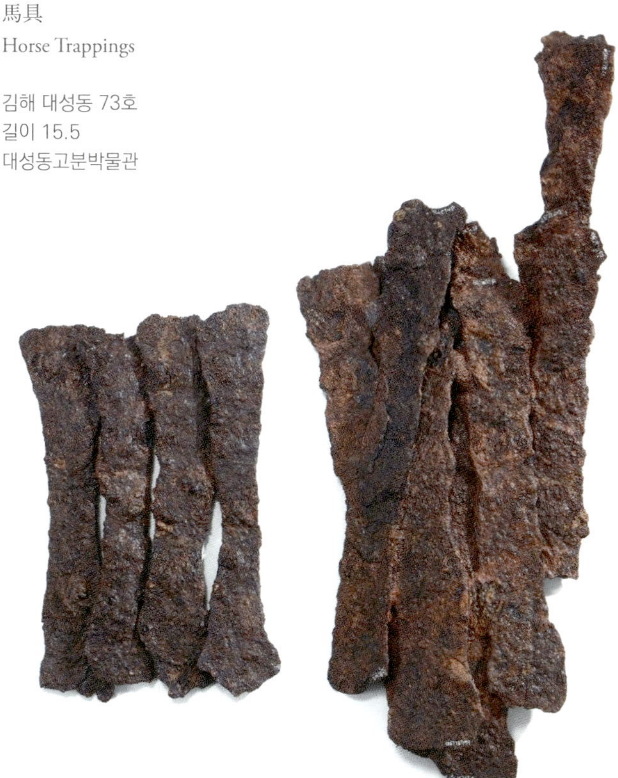

057
덩이쇠
鐵鋌
Iron Ingots

김해 대성동 74, 85호
길이 21.7~25.6(오른쪽)
대성동고분박물관

058
화살통 꾸미개
矢箙裝飾
Quiver Ornaments

김해 대성동 73호
너비 2.1
대성동고분박물관

김해 대성동 고분군의 축조 원리

심 재 용
김해시청

Ⅰ. 머리말

공동묘지의 분포 정형은 무덤 및 그 부장품들의 상대편년을 밝혀 주며, 공동묘지 확대 정형의 구성원리로는 선형적 확대 유형, 위계/동심원 확대 유형, 분단 확대 유형 등이 있다. 뚜렷하게 구분되는 군집들이 나타나지 않을 때는 시신의 두향이나 매장 자세 등을 통해 공동묘지의 군집들을 식별해 낸다. 그리고 공동묘지는 부장품의 변이와 편년을 넘어서는 많은 사실을 드러내며, 분단된 군집으로부터 친족 관계, 젠더(성차: 性의 문화적 구축물), 여타 사회 지위의 지표들에 관한 증거를 얻을 수 있다. 즉 공동묘지의 군집들은 젠더나 지위(위계)나 나이, 족속 집단(종족, 친족), 종교(신앙) 등에 따라 분단된다[1].

대성동 고분군의 축조원리도 이러한 지표들과 크게 다르지 않을 것이다. 다만 성별과 나이, 두향, 매장 자세는 뼈가 남아 있어야 정확히 알 수 있는데, 대성동 고분군은 도굴 때문에 묘주의 인골은 흔적만 남아 있고, 순장자 인골이 그나마 비교적 잘 남아 있다.

대성동 고분군은 북쪽에서 남동쪽으로 완만하게 뻗어 있는 '애구지' 구릉(해발22.6m)과 그 주변에 위치한 전기가야 왕들과 그와 관련된 집단의 분묘유적으로, 현재 구릉의 길이는 약 280m, 너비는 약 50m, 높이는 최대 23m로서 야트막한 편이다. 그리고 이 애구지 구릉의 남동쪽으로 약 300m 떨어져 수로왕이 위치한다.

국립중앙박물관 소장 일제강점기 도리이 류조鳥居龍藏의 유리건판 사진 중 '수로왕릉 부근 고분'으로 명기된 봉분 사진 3장(그림 1-2)이 있는데, 사진의 배경을 통해 이 봉토분의 위치가 수로왕릉 북서쪽에 근접한 대성동 고분군임을 알 수 있다. 이 봉분들은 후대의 경작행위와 도굴 등으로 인해 없어져 정확한 묘제는 알 수 없지만, 고분군에서 석실묘들이 조사되었으므로 석실묘로 생각한다. 또 도리이가 찍은 '김해읍과 봉황대 구릉'명 사진(그림 1-1)을 보면, 애구지 구릉이 봉황대 구릉 근처까지 낮게 이어지며, 이는 1954년에 찍은 김해지역 항공사진(그림 2)에서도 잘 확인된다. 그러나 1967년 남쪽 구릉 대부분이 김해공설운동장 조성으로 사라졌음이 2004년 '가야의 숲(현 수릉원)' 조성부지 시굴 · 부분 발굴조사에서 확인되었다. '가야의 숲' 부지 내 서쪽에서 목관(널) · 목곽(덧널) · 석곽(돌덧널) · 토광

1 마이크 파커 피어슨/이희준 옮김, 『죽음의 고고학』, 사회평론, 2010, 26~32.

봉황대구릉과 대성동 고분군(⬇) 　　　　수로왕릉 부근 봉토분

그림 1. 국립중앙박물관 소장 도리이 류조(鳥居龍藏) 촬영 유리건판 [왼쪽 130178, 오른쪽 130166]

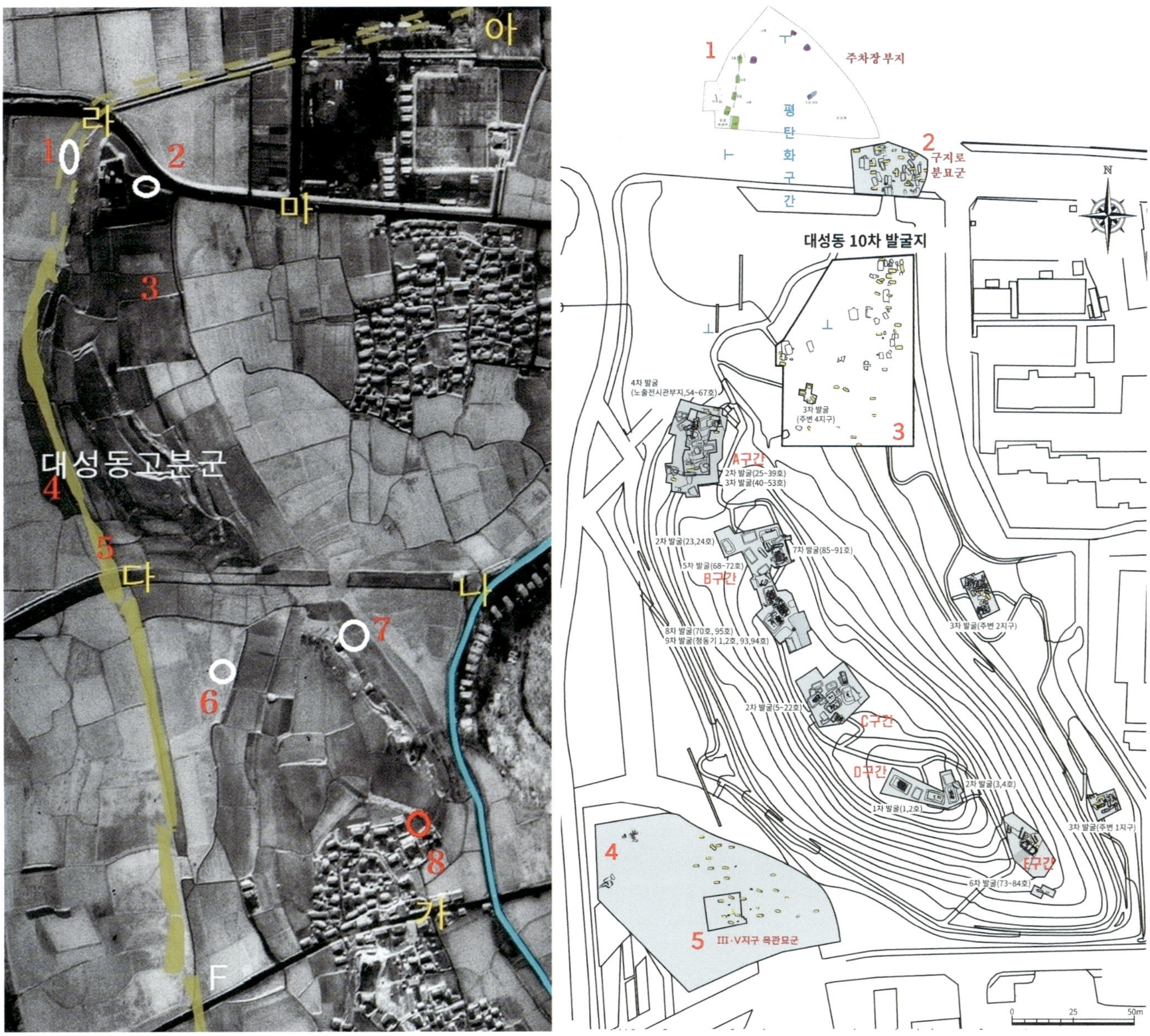

그림 2. 대성동 고분군 : 왼쪽 1954년 항공사진(국토지리원), 오른쪽 대성동 고분군과 북쪽 발굴지
※ 조사구간 : 1 주차장부지, 2 구지로 분묘군, 3 10차, 4·5 V지구, 6·7 가야의 숲, 8 한옥체험관부지

묘가 총 7기 조사되었고, 동쪽에서 6세기 이후의 석곽 · 석실 · 옹관묘 등 총 16기가 발굴되었다. 그리고 그림 1-2의 봉분의 위치는 사진의 배경인 분산 자락의 위치로 볼 때 없어진 구릉으로 추정된다.

한편, 그림 2를 보면 대성동 고분군의 구릉이 현재보다 북쪽으로 낮게 뻗어 있고, 1993년 구지로 분묘유적(**그림 2-2**)과 2011년 가야사조성사업 주차장부지유적(**그림 2-1**)이 위치한다. 이 두 유적 사이 공간에서 무덤 없이 바로 암반층만 확인되므로, 이 구릉은 1954년 이전에 행한 평탄 작업에 의해 파괴되었음을 알 수 있다. 이러한 평탄화 작업은 대성동 고분군 10차 발굴조사 구간 부근까지 행해져 무덤들이 많이 사라지거나 훼손되었다.

이러한 후대의 평탄화 작업으로 인해 대성동 고분군의 분포 정형 파악에 어려움이 크지만, 고분군 요소요소에 발굴조사가 이루어져 무덤별 구조와 편년, 무덤간 중복, 무덤간 위계 검토가 가능하다. 이러한 검토를 통해 대성동 고분군 축조원리를 부분이나마 복원할 수 있다.

한편, 전기가야는 대성동 29호분을 기준으로 하여 29호분 앞 단계는 국가 성립 전, 29호분부터는 국가 초기 단계로 구분된다[2]. 따라서 국가 성립 전 단계와 국가 단계로 구분하여 대성동 고분군의 축조원리를 검토하였다.

그림 3. A구간 목관묘와 3세기 목곽묘

II. 국가 성립 전 대성동 고분군 축조원리

1. 목관묘木棺墓(나무널무덤)

대성동 애구지 구릉 남쪽 낮은 등성이에 위치한 기원전 1세기 전엽의 84호 석개목관묘와 1세기 후반의 '가야의 숲' 목관묘 3기를 제외한 80여기의 목관묘들은 2세기 전반에 해당한다.

목관묘의 위계位階(지위나 계층 따위의 등급)는 목관묘들의 규모 차이가 크지 않은 점에서 무덤의 규모보다는 껴묻거리를 기준으로 하는 것이 타당하다[3].

가장 높은 계층인 최상위층(1등급)의 목관묘는 청동거울(동경銅鏡)과 청동꺽창(동과銅戈), 부채, 옻칠한 칼집(칠초漆鞘) 등 최상위층의 권위를 상징하는 물건인 위세품威勢品과 철제 무기(화살촉 · 투겁창 · 양날칼) · 농구류(도끼, 낫, 따비), 토기 등을 껴묻거리가 묻는다. '가야의 숲' 3호 목관묘가 1등급 무덤이므로, 대성동 고분군에서 1등급묘와 1세기대의 목관묘들은 '가야의 숲' 구릉에 있었을 것이다.

높은 계층인 상위층(2등급)의 목관묘에는 토기와 철제무기류, 철제농구류 등이 같이 묻히며, 2등급묘에 대성동 27 · 60 · 140 · Ⅰ-13 · Ⅴ-11호묘, 구지로 12 · 23호묘가 있다.

낮은 계층인 하위층(3등급)의 목관묘는 토기와 철기

2 심재용, 「동아시아 정세변화와 가야-전기가야를 중심으로-」, 『가야 역사·문화 연구 총서』 II, 2022, 224~225.

3 심재용, 『狗邪國의 成長過程에 대한 考古學的 檢討』, 釜山大學校大學院 碩士學位論文, 2007, 42.

가 적게 묻히는 3-상등급묘와 껴묻거리가 거의 없는 3-하등급묘로 나뉜다. 3-상등급묘에 대성동 53 · 63 · 66 · 67 · 115 · 120 · 133 · 134 · 145 · 146 · Ⅴ-14호, 구지로 7 · 10 · 11 · 25 · 48호, '가야의 숲' 1호묘가 있고, 3-하등급묘에 대성동 64 · 96 · 98 · 99 · 101 · 127 · 142 · 103 · 111 · 126 · 139 · Ⅰ-12호 · Ⅴ-2 · 6 · 8 · 13 · 15 · 16호, 구지로 31 · 40호, 가야의 숲 2호가 있다.

대성동 고분군 출토 목관묘는 구릉의 북쪽과 북서쪽을 제외한 동 · 남 · 서남쪽의 평지에 가까운 낮은 구릉에 주로 위치하며, 목관묘의 길이 방향은 등고선에 거의 직교하면서 동 · 서향을 띠며 머리는 동쪽에 둔다(그림 2-오른쪽). 2등급과 3-上등급이 가까이 위치하고 그 밖으로 3-하등급묘들이 위치하는 경향이 확인되지만, 위계에 상관없이 모든 구간에서 길이 방향으로 병렬 배치되는 양상을 보이는 것에서 대성동 목관묘 사회는 계층화가 명확하게 진전된 사회는 아니었다.

2. 전기 목곽묘前期木槨

많은 수의 껴묻거리를 묻기 위한 시설인 딸린덧널(부곽副槨)의 등장을 기점으로 그 앞 시기는 전기 목곽묘(2세기 말기~3세기 후기), 뒷 시기는 후기 목곽묘 시기로 나뉜다(심재용 2007). 대성동 고분군의 전기 목곽묘는 애구지 구릉 북쪽과 동쪽 해발 9.0~12.8m에 위치한다.

구릉 북쪽 말단부(A구간)에 입지한 45 · 46 · 29 · 55호묘는 무덤구덩이(묘광墓壙) 면적이 20㎡ 이상인 대형묘이고, 54 · 61 · 52호는 면적 8~20㎡미만인 중형묘이다. 이 6기 모두 길이 방향은 동-서향이고 머리 방향은 동쪽이며 등고선에 평행하게 조성되었다. 묘광 면적이 30㎡가 넘는 초대형묘들인 45호묘(3세기 전기)과 46호묘(3세기 후기), 29호묘(3세기 말기)가 가까이 위치하고, 이 1등급묘군 주변에 2등급묘인 54호묘(3세기 후기)와 55호묘(3세기 말기), 52호묘(4세기 전기)가 있다. 1등급묘는 수장층首長層, 2등급묘는 상위층 무덤으로 추정된다.

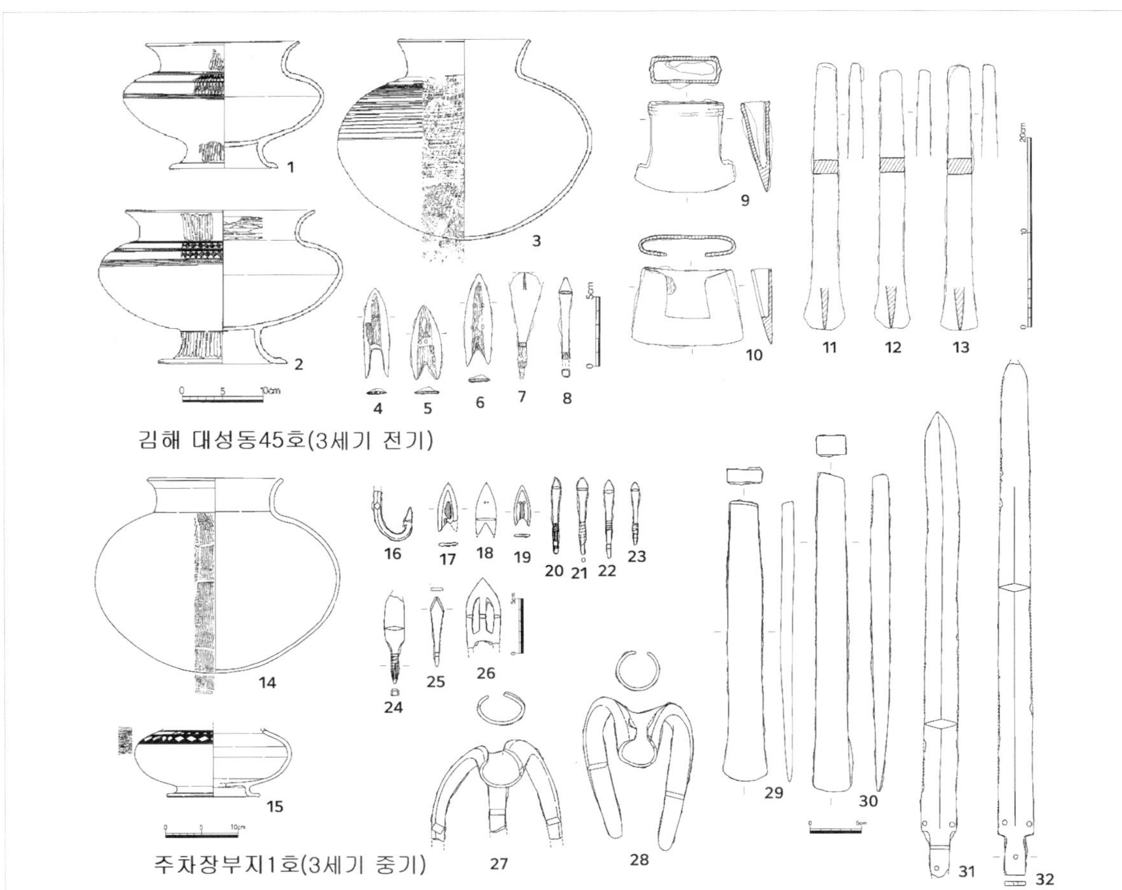

그림 4. 3세기 전반 대형 목곽묘

A구간의 북쪽에 위치하는 주차장 1호묘와 북동쪽의 구지로 38 · 27 · 28 · 21 · 18호묘, 10차 122 · 132 · 143 · 100 · 129 · 107 · 116호묘 등은 길이방향이 남-북향이고, 등고선에 평행하게 조성되었으며, 머리 방향은 남쪽이다. 3세기 2/4기의 소형무덤들이 북동쪽 구간에 주로 위치하고, 대형 목곽묘는 주차장 1호묘와 구지로 38호묘 사이의 서남쪽에 존재할 가능성이 크다. 구지로 남쪽의 10차 발굴 조사지에서 2세기 말기~3세기 목곽묘 10기가 조사되었으며, 132호묘는 대형급이지만, 3세기 말기의 129호묘는 중형묘, 그 외 8기는 소형묘에 해당한다.

3세기 대형 목곽묘는 구릉 북쪽 해발 11m 등고선을 기준으로 동쪽보다 약간 높은 서남쪽 구릉 능선이에 조성된다. 입지에 따른 위계 차의 시작이라 할 수 있지만, 본격적인 대형 목곽묘군의 입지의 우월성은 대성동 29호분부터 시작한다.

Ⅲ. 국가 단계 대형 목곽묘 조성구간의 축조원리

대성동 29호분은 복원 면적이 53.8㎡인 초대형묘로, 부곽과 순장 습속이 처음으로 등장하고 도질토기와 금공품(금동관편), 오르도스(Ordos)형 청동솥인 동복銅鍑 등도 최초로 출토하였다. 같은 시기 대성동 29호분에 견줄만한 무덤이 가야권역에서 확인되지 않는 것에서 대성동 29호분을 초기국가 최초의 왕묘로 생각한다. 대성동 고분군은 4세기 중기부터 초대형의 이혈주 · 부곽식異穴主 · 副槨式과 단독 목곽묘에 금동제품과 청동제품, 칠기, 철제 말갖춤(마구馬具)와 갑옷 · 투구(갑주甲胄) 등을 본격적으로 껴묻는다. 이혈주 · 부곽은 주곽主槨(시신을 안치한 덧널)과 부곽을 넣기 위해 '日'자 모양으로 구덩이를 따로 판 것이다.

이 시기 대형 목곽묘들은 구릉 능선이를 따라 조성하고, 중 · 소형 목곽묘들은 구릉 주변부에 축조하였다. 이는 상위 지배층이 묘역 입지의 우월성을 통해 자신들의 권력을 과시하면서 지배와 피지배의 관계를 명확히 확인하기 위함이다. 이러한 묘역 입지의 우월성과 같은 묘역 축조원리들이 반영되어 무덤간 중복현상과 봉분의 존재, 무덤이 줄지어 축조되는 열상列狀 축조, 대형묘를 중심으로 한 무덤들의 근접 배치 등이 대성동 고분군에서 확인된다.

1. 무덤 중복현상

대성동 고분군의 중복현상을 부여족의 이동에 의한 의도적인 선행분묘의 파괴[4]로 보거나, 예안리 고분군의 중복을 종족의 이동과 상관이 없으며, 오히려 혈연적 친연성을 계승한 것[5]으로 파악하기도 한다. 다나카(田中)는 친자계승을 기본으로 하지 않고 혈연친족 내 유력인물을 선택하여 계승한다고 주장하였다. 그 외 예안리 고분군과 구지로 분묘군의 중복은 전대 분묘에 대해 계승자가 직계계승의 의미만을 인지하였기에 최소한 3代를 올라가는 선대분묘에 대한 인지가 없었기 때문에 나타나는 현상이라는 견해[6]도

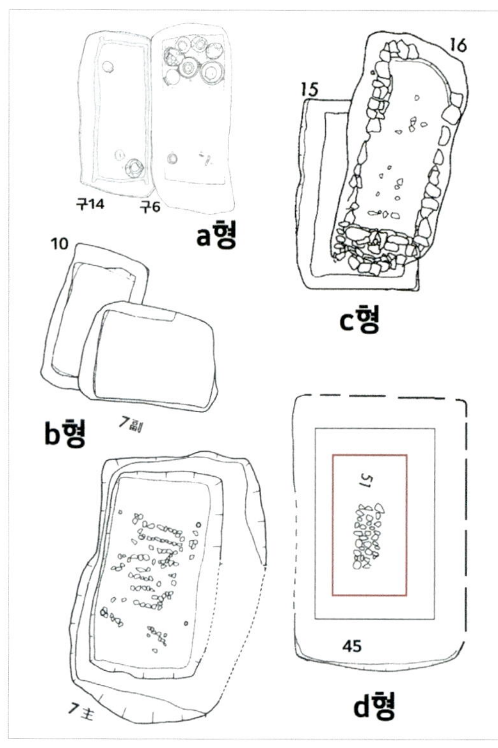

그림 5. 중복 형식

4 신경철, 「古代의 洛東江, 榮山江, 그리고 倭」, 『韓國의 前方後圓墳』, 忠南大學校 出版部, 2000.

5 田中良之, 「埋葬人骨による日韓古墳時代の比較」, 『4·5世紀 韓日考古學』, 영남고고학회·구주고고학회, 1996

6 김재우, 「김해 예안리와 구지로의 분포 비교·검토」, 『伊藤秋男先生 고희 기념논총』, 2006.

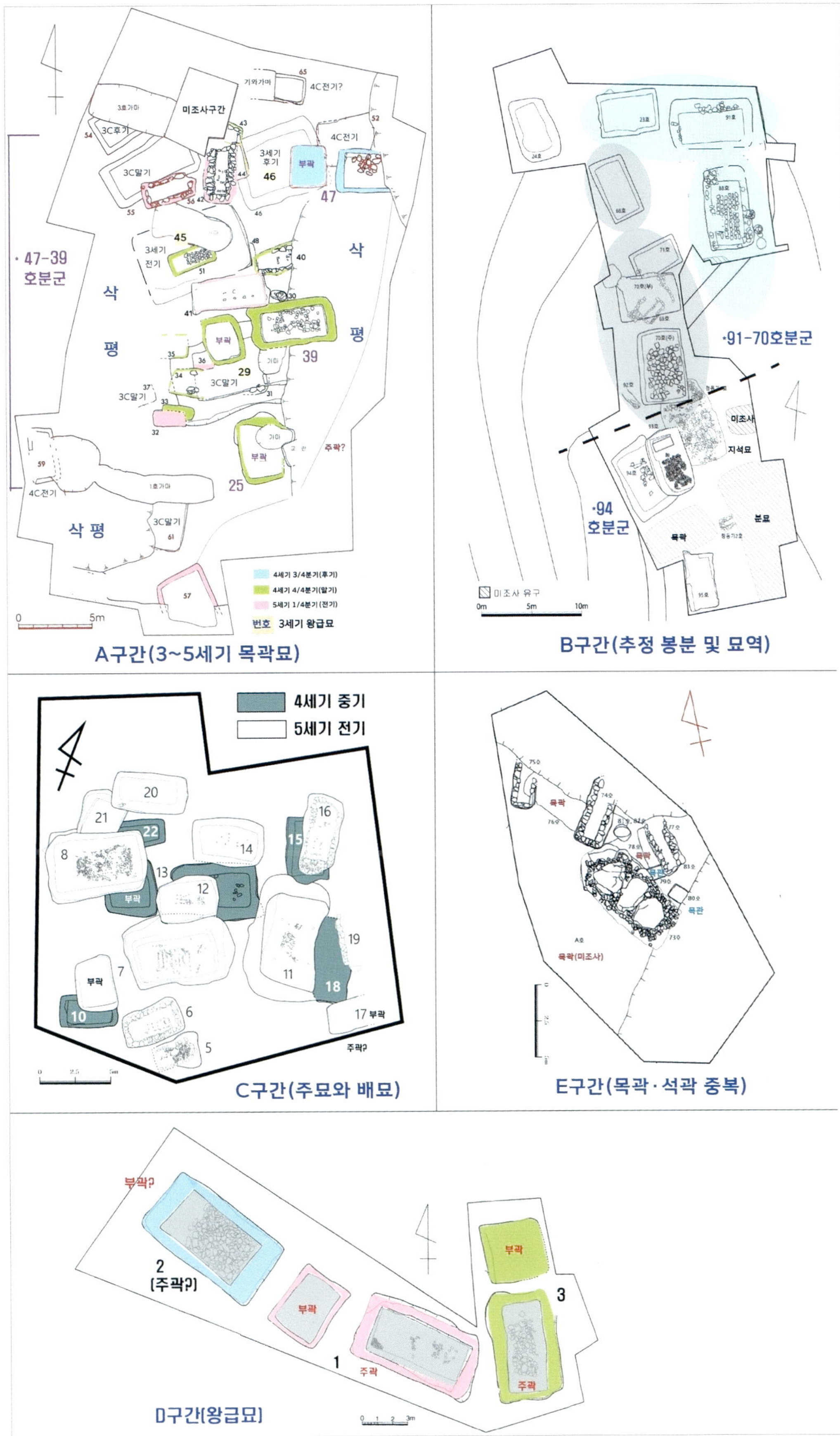

그림 6. 시기별 대형 목곽묘 배치 양상

있다. 김재우는 같은 시기의 분묘들이 권역을 달리하여 조성되면 이는 1세대의 구성차에 의한 것이며, 동일 권역 내에서 후대분묘가 선대분묘에 근접하여 조성한다면 이는 공통된 조상이라는 최소한 혈연관계에 기초한 직계直系 혹은 방계傍系의 가족 구성원임을 보여주는 것으로 가정하였다.

대성동 고분군에서 목곽묘와 목곽묘 · 수혈식석곽묘 간 중복이 확인되며, 중복유형은 선행하는 목곽묘의 묘광과 매장주체부의 파손 범위를 중심으로 a~d형의 4가지로 구분된다. a형은 앞선 무덤의 묘광 어깨선 일부만, b형은 한쪽 장벽이나 단벽 내 바닥까지, c형은 절반이상을 파괴한 것이며, d형은 늦은 시기 무덤이 중앙에 위치한 것이다.

표 1. 구간별 목곽묘 시기 및 중복 형식 (*숫자는 무덤의 호분/ 석=석곽묘)

A구간	3세기			4세기	4세기		5세기
규모	전기	후기	말기	전기	후기	말기	전기
초대형묘	45	46	29				
대형묘		54	55	52	47(주부곽)	25·39(주부곽)	57
중형묘			61	59		51	41
소형묘						33,34,35·40(석)	32,36,44,42·56(석)
중복	45〉51(d), 46〉52(a)·47(b), 55〉56(a), 29〉39(b), 52〉47(b), 39〉41(a), 32〉33(b), 44〉42(a)						

B구간	4세기		5세기	C구간	4세기		5세기
규모	중기	후기	중기	규모	중기	말기	전기
초대형묘	91	88,70		초대형묘	13		7
대형묘		23,68, 94	24,93	대형묘			8,11
중형묘	95	71		중형묘	18,15		14, 21, 20, 16(석)
소형묘				소형묘	10,22	17(부)	12,6(석)
중복	71〉70(a), 94〉93(b)			중복	13〉12(c), 10〉7(b)〉12(a), 22〉21(b)〉20(a), 22〉8(c)		

D구간	4세기		5세기	E구간	4세기	5세기
규모	후기	말기	전기	규모	전기	후기
초대형묘	2	3	1	초대형묘		
대형묘				대형묘	76	73(석)
중형묘				중형묘		74(석)
소형묘				소형묘	78	75·77(석)
중복	없음(왕묘 근접 조성)			중복	76〉74(b)·75(b), 78〉77(b)	

대성동 대형 목곽묘 조성구간에서 목곽묘 중복의 최초 사례는 3세기 후기의 46호분과 4세기 전기의 52호분이며 중복 a형에 해당한다. 그리고 앞 시기 목곽묘의 바닥층까지 파 내려가는 중복은 b · c형에서 처음 확인되며, 중복 b형은 4세기 후기부터 등장하고, 중복 c형의 늦은 시기 목곽묘는 대부분 5세기 전기의 목곽 · 수혈식석곽묘이다.

한편, 중복 a형은 무덤간 시간차가 1세대인 것이 다수이다. 앞 시기 분묘의 바닥층까지 파괴하는 중복 b · c · d형의 시간차는 3세대 이상 나는 것이 대부분이며, 앞 시기의 무덤들은 거의 4세기 3/4분기 이전에 만들어진 것들이다. 다만, 중복 c형 중 5세기 1/4분기의 1세대 내에서 이루어지는 것도 있다(**표1 참조**).

2. 봉분과 무덤의 배치 양상

4세기 후기인 대성동 88호분의 봉토는 약 120cm 두께로 목곽 내부에 함몰되었고, 패각이 다량 혼입된 토층과 적갈색 점질토층을 교대로 쌓아 만들었다. 대성동 70호분은 녹황색점토로 목개 위를 밀봉하였고 그 밀봉토 위로 약 120cm 두께의 봉토 함몰층이 조사되었다. 5세기 전기인 대성동 1호분 주곽의 묘광 깊이는 최대 300cm, 최소 183cm이며 묘광 안에 함몰된 판축상 봉토의 높이가 약 200cm 전후이다.

묘광 깊이가 200cm를 넘는 대형 목곽묘가 등장하는 4세기 후기 봉분의 최소 높이는 약 120cm이고, 깊이가 300cm이상 깊어지는 5세기 전기 봉분의 최소 높이는 약 200cm이다.

봉분의 외형이 남아 있는 것이 없어서 그 형태와 규모는 정확히 알 수 없지만, 목곽묘의 시기와 무덤 간 거리를 검토한 결과, 고분군 내 4가지의 군집 유형이 있다.

군집묘 Ⅰ유형은 45호분 등 3세기대 초대형묘 3기의 바깥에 3세기대 중대형묘가 거의 중복 없이 근접 조성한 것(**그림 3**)이며, 주군과 신속적 관계가 반영되기 시작하는 유형이다.

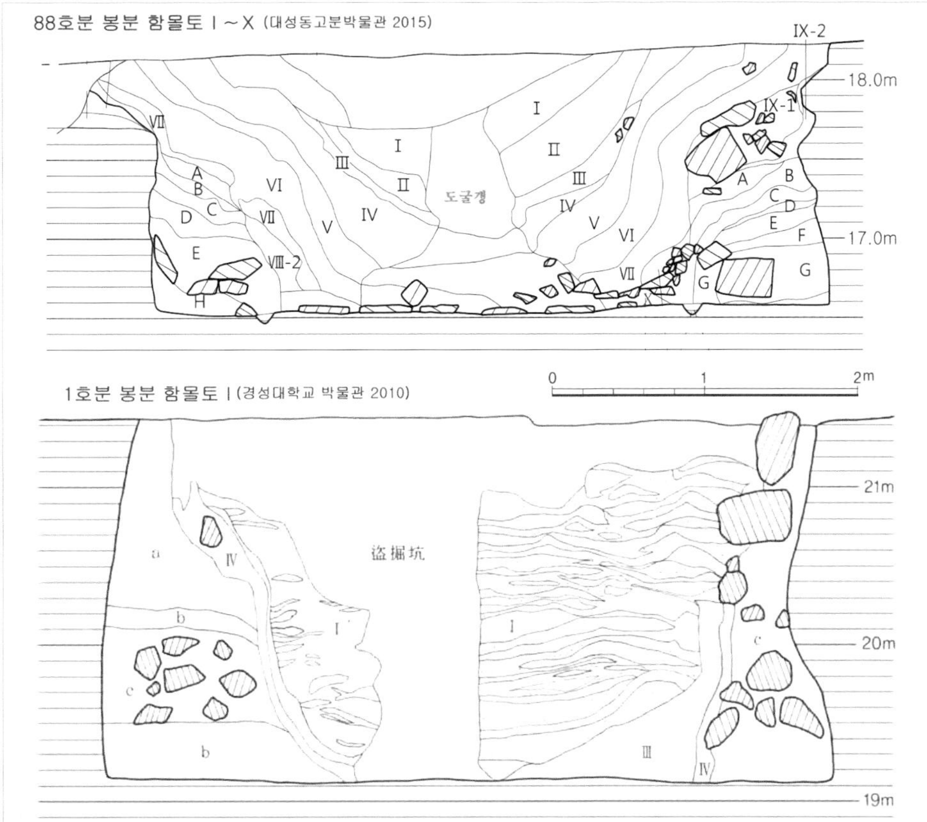

그림 7. 대성동 왕급묘 봉분 함몰 토층도

군집묘 Ⅱ유형은 같은 분기이거나 1분기 차가 있는 왕(왕비)묘 1기와 중·대형묘 1~2기로 구성된 봉분 3개가 이어져 하나의 묘역을 갖춘 것으로, 91호분+23호분-88호분+미조사분-70호분+71·68호분이 해당한다. 91·88·70호분이 왕(왕비)묘로 비정된다.

군집묘 Ⅲ유형은 왕급묘인 13호분을 중심으로 그 둘레를 같은 시기의 10·15·18·22호분이 감싼 것이며, 주묘와 배묘의 관계[7]가 명확히 나타난다. 이 13호분 군집묘역을 같은 Ⅲ유형인 5세기 전기의 7호분 군집묘역(도 6-C)이 파괴하면서 조성하였다. 그 외 39·25호분 군집묘(도 6-A)도 Ⅲ유형이다.

군집묘 Ⅳ유형은 애구지 구릉의 최정상에 왕묘인 2·3·1호분을 시기 순으로 조성한 것이다. 그리고 가장 높은 곳에 왕묘만 있는 것에서 왕권이 절정에 이르렀던 시기임을 알 수 있다.

한편, 군집묘 Ⅱ유형과 군집묘 Ⅲ유형의 길이 약 21m 내외로써 고령 지산동 고분군 중 가장 빠른 고총고분인 73호분의 봉분 규모(길이 23m, 너비 22m)와 비슷하다. 지산동 73호분에서 확인되는 충전토 내 순장의 원형이 대성동 91·88호분인 점에서도 대성동 고분군의 군집묘 유형은 지산동 73호분의 봉분처럼 하나의 묘역으로 봐야 할 것이다.

앞에서 서술한 것처럼 공동묘지의 군집들은 젠더나 지위(위계), 나이, 족속 집단(종족, 친족), 종교(신앙) 등에 따라 분단된다면, 대성동 고분군의 대형묘 축조는 초대형묘를 중심으로 4가지 군집 유형으로 나뉘는 점에서 사회적 위계인 주군과 신속 관계 및 혈연적 위계인 직계와 방계의 관계 원리가 크게 작동했던 것으로 추정된다. 이를 도식화한 것이 〈표 2〉다.

7 배묘는 '한 무덤의 옆에 딸린 조그마한 무덤으로써 종속적인 성격을 가지는 무덤'(한국고고미술연구소, 1984, 『한국고고학 개정용어집』, 1984.)이다.

표 2. 가야 왕가의 사회적 · 혈연적 계열

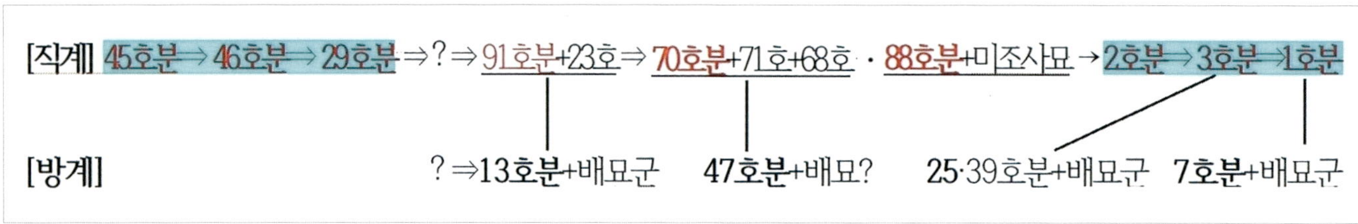

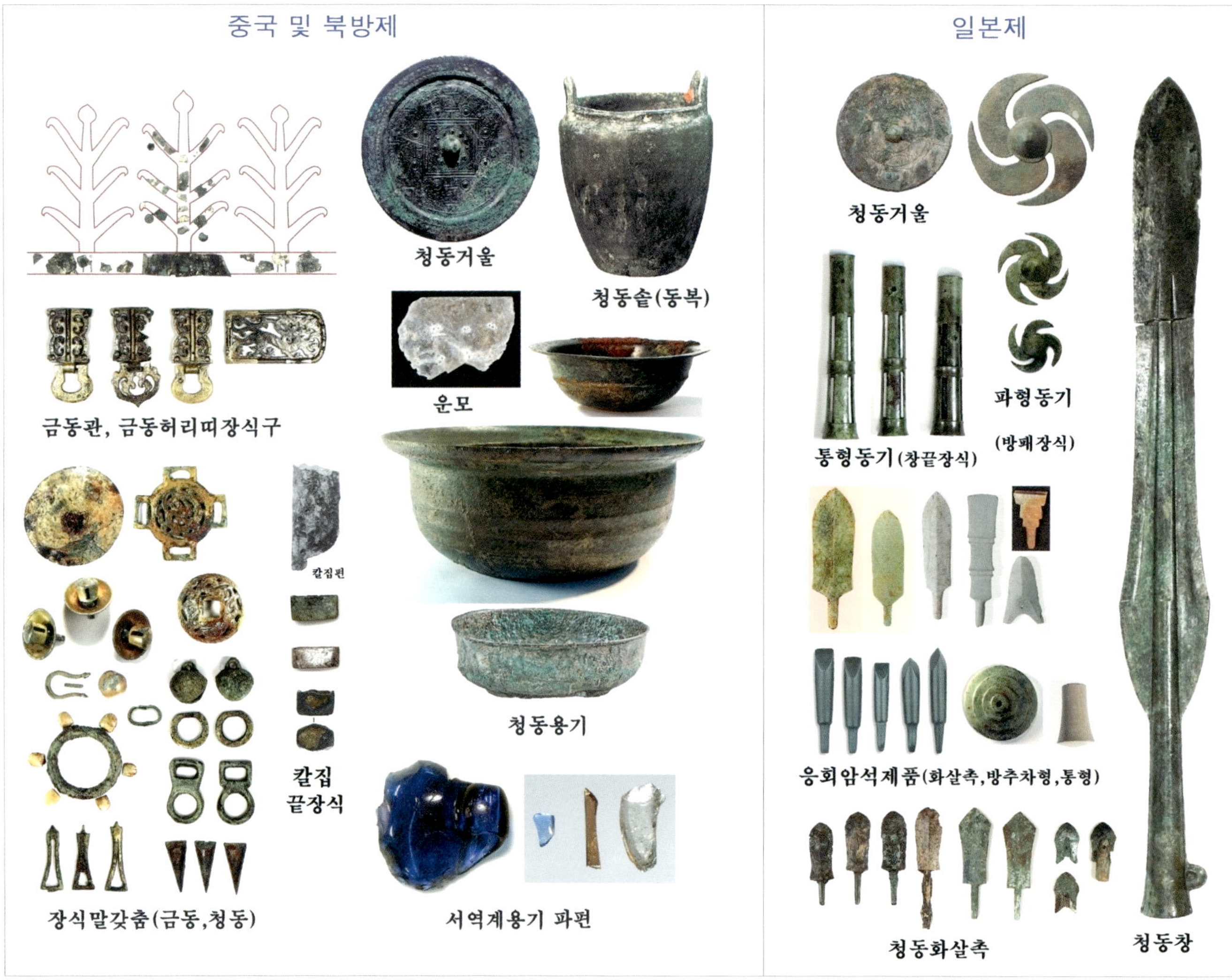

그림 8. 대성동 고분군 출토 위세품

91호분 계열의 초대형묘는 무덤의 규모나 유물의 양질에서 왕묘 또는 왕비묘이며, 인접한 중대형묘는 배묘로 추정된다.

91호분과 같은 시기의 13호분은 이혈주부곽식 목곽묘이며, C구간 내 군집묘 Ⅲ유형의 주묘다. 13호분은 규모가 91호분과 비슷하고 대형의 파형동기가 출토되지만, 91호분에서 출토된 금동 · 청동제 장식마구와 청동용기, 마구가 부장되지 않는다. 따라서 대성동 13호분은 29호분 묘주의 직계 후손이 아닌 방계로 추정되며, 묘제가 이혈주부곽식묘이고 시상으로 돌을 사용한 점에서 직계에 버금가는 권력을 지녔던 것으로 생각된다. 이렇게 이혈주부곽식 목곽묘가 왕묘로 비정되는 70호분보다 1분기 빠른 13호분에서 먼저 채택되는 이유는 묘제가 지니는 보수성이 강하게 유지되었기 때문일 것이다. 수혈식석곽묘가 대형묘에 채택되는 시기가 늦은 이유도 그와 같다.

대성동 고분군에서 가장 높이 있는 왕묘 2 · 3 · 1호분은 이혈주부곽식 목곽묘인 것에서 대성동 70호분 이후부터 왕(왕비)의 묘제로 이혈주부곽식 목곽묘가 채택되었고, 차상위 지배층묘와 왕가의 방계묘로 이혈주부곽식과 단독식 목곽묘가 사용되었다. 후자의 대표적인 군집묘는 A구간의 25 · 39호분 군집묘(Ⅲ유형)이 있고 이 가계의 시조는 47호분 묘주로 추정된다.

대성동 고분군의 4세기~5세기 전기의 대형 목곽묘에서 높이 50cm 이상의 큰 항아리(대호大壺)들이 대부분 부장되며, 단독곽일 때 시신의 발 너머, 주부곽식일때 부곽에 놓인다. 그리고 왕급묘는 부곽 바닥이 주곽 바닥보다 약 1m 이상 높다. 따라서 현재 2호분은 대호大壺가 없고 주곽 서쪽의 깊이가 최소 1.3m 이상인 점을 고려하면, 후대의 경작으로 인해 부곽이 없어진 이혈주 · 부곽식 목곽묘로 추정된다.

D구간을 제외한 모든 구간에서 '군집묘역 간 중복'이 확인되며, 중복된 군집묘역 간 3분기 이상의 시간차가 있다(표 1). 따라서 중복현상은 앞뒤 시기의 무덤 축조 종족이 다르기 때문이 아니라, 한 가계의 묘역 조성 시 한정된 범위 내에서 입지선정의 우월성을 유지하기 위해 최상위 지배층 및 직계를 우선시하면서 최소한 3代를 올라가는 무덤들까지도 무시하였기 때문에 발생하였다.

Ⅳ. 맺음말

초기국가 최초의 왕묘로 비정되는 29호분을 시작으로 왕가의 무덤들은 39호군의 남쪽 구릉 등성이에만 조성되는데, 입지가 우월한 남쪽의 최정상을 향해 북쪽 말단부에서 순차적으로 입지한다. 특히 왕묘는 시기별로 경관이 탁월하면서 왕권의 상징물로써 권위를 가장 잘 보여주는 곳에 조성된다. 3세기대는 해발 11m~13m의 구릉 북쪽 등성이에, 4세기 중기와 후기는 남쪽의 해발 17m 내외에, 4세기 후기~5세기 전기는 남쪽의 구릉 최정상인 해발 21m 내외에 축조되었다. 이렇듯 왕가 묘역의 입지선정은 주군主君과 신속新屬이라는 사회적 위계 또는 직계와 방계 같은 혈연적 위계 등의 원리들이 지배와 피지배의 관계를 엄격히 보여주는 방향으로 사전에 철저히 기획되었다.

II

지도자의 힘,
남겨진
부장품으로 말하다!

권력자의 무덤인 대성동 고분군은 그와 함께 묻힌 껴묻거리로 주인공의 위상과 힘을 알 수 있습니다. 이러한 권력을 뒷받침하는 하나는 군사력이었습니다.

『삼국유사三國遺事』, 『삼국사기三國史記』에는 가야에도 보병과 기병이 나뉘어져 있고 왕이 직접 전장에 참여하는 것을 상당히 중요한 비중으로 기록하고 있습니다.

대성동 고분군에서는 강력한 공격력을 지닌 칼과 창, 도끼, 휘어진 칼曲刀 등과 같은 근거리의 무기가 많이 출토되었습니다. 또한, 가야인은 다양한 모양의 원거리용 화살과 이전보다 뛰어난 방어력과 공격력을 가진 투구와 갑옷, 방패를 만들었습니다.

대성동 고분군에서 출토된 많은 무기들이 지금은 녹슨 채로 남아있지만 가야의 장수가 전장에서 가야를 지키기 위해 얼마나 치열하게 싸웠을지를 상상하게 해줍니다.

1.
발달된 철기로
무장한 가야 무사

고대 군사조직의 모습과 당시의 전쟁은 쇠로 만든 무기를 통해 상상할 수 있습니다. 특히, 고구려 벽화에는 고구려 개마무사의 모습, 군사 행렬이 그려져 있습니다. 안악 3호분(357년) 벽화에는 무덤 주인공을 중심으로 좌우에 근거리 무기인 도끼, 둥근 칼을 든 보병이 서있고, 그 주변에 원거리 무기인 화살을 사용하는 궁병이 서있습니다. 그 외곽 가장자리에는 말을 탄 중장기병이 주인공을 호위하고, 그 앞으로 쇠갑옷을 입고 창을 든 병사가 서있습니다.

대성동 고분군에서도 강력한 공격력을 가진 칼과 창, 도끼, 굽은 칼曲刀 같은 근거리 무기, 화살 같은 원거리 무기가 많이 출토되었습니다. 이전보다 뛰어난 방어력을 가진 방패와 투구, 갑옷도 출토됩니다. 이런 가야 무사의 모습은 기마인물형토기에서도 드러납니다.

1) 공격무기

근거리 무기-모와 창고달

모矛는 적을 위협하여 자신을 방어하는 동시에 상대를 베거나 찔러 제압하는 무기입니다. 창날 반대편에는 단면이 원형 혹은 마름모 형태의 고달(물미)을 장착하기도 합니다. 고달이 달린 창은 뒤에서 다가오는 적에 대한 대응이 쉽습니다.

모矛의 사용법

모矛는 긴 자루 끝에 날카로운 쇠붙이 날을 자루에 씌워 만듭니다. 양손에 쥐고 직선적으로 찌르거나 휘둘러서 적을 공격합니다. 칼보다 먼 거리에서 상대방을 공격하는 무기여서 중장기병의 출현과 기마 전술의 발전과 매우 관련이 있는 무기입니다.

059

고달

鐏

Spear Ferrules

김해 대성동 2호
길이 20.6(오른쪽)

060

쇠투겁창

鐵鉾

Iron Spearhead

김해 대성동 108호
길이 61.6
대성동고분박물관

061

쇠투겁창

鐵鉾

Iron Spearheads

김해 대성동 57, 68호 등
길이 34.8(오른쪽)
대성동고분박물관 등

창

창槍은 모矛와 비슷한 듯 하지만 날의 모양과 자루의 연결 방식에서 구분됩니다. 모는 단면이 원형 혹은 마름모 모양으로 관통력에서 유리한 구조이지만 창은 짧은 검을 자루에 매달은 듯한 무기로 베기에 유리한 구조입니다. 자루와 연결 방식의 경우 모는 자루 끝에 슴베(목)를 씌우고 못으로 고정하지만, 창은 슴베(목)를 자루에 끼워 넣고 연결부를 가죽이나 직물로 돌려감아 마무리 합니다.

062
쇠창
鐵槍
Iron Spearhead

김해 대성동 13호
길이 29.5

063

쇠창

鐵槍

Iron Spearheads

김해 대성동 1, 18호 등
길이 32.0(오른쪽 아래)
대성동고분박물관 등

굽은 칼

굽은 칼曲刀은 가야의 특징적인 무기입니다. 낫과 비슷한 형태이지만 날의 방향이 철낫과 반대 방향인 바깥쪽으로 형성되어 있습니다. 몸체 아래에는 나무에 못구멍을 통해 묶었을 것으로 생각됩니다.

참고유물
굽은 칼
曲刀
Curved Knife

김해 대성동 23호
길이 41.4

064
굽은 칼
曲刀
Curved Knives

김해 대성동 2, 13호
길이 17.7(아래)

검

검劍은 베는 무기로 칼몸의 날이 양날인 것을 검이라 부릅니다. 길이에 따라 긴 검과 짧은 검으로 구분되는데 긴 검은 50cm이상입니다. 단검은 찌르는 용도, 긴 검은 베는 용도이며 신분을 상징하는 경우에도 사용되었습니다.

065

철검
鐵劍
Iron Swords

김해 대성동 76, 88호 등
길이 61.9(오른쪽)
대성동고분박물관 등

도

도刀는 칼몸의 날이 한쪽에만 있는 것을 말합니다. 그중에서도 손잡이 끝을 둥글게 장식한 것을 고리자루칼環頭大刀이라 부릅니다. 처음에는 나무로 칼의 손잡이를 만들었고, 5세기 때가 되면 가야 각지에서 칼의 손잡이, 칼집 등을 금과 은으로 장식하여 사용했습니다. 당시 최고의 금속제작기술을 사용하여 만들어진 화려하게 장식된 고리자루칼은 전쟁에서 무기로 사용되었다기보다는 왕이나 귀족, 군사 지휘자를 상징하는 대표적인 위세품으로 사용되었습니다.

066
큰칼
大刀
Iron Sword

김해 대성동 91호
길이 41.1
대성동고분박물관

067
고리자루 큰칼
環頭大刀
Swords with Ring Pommel

김해 대성동 18, 39호
길이 87.2(위)

068
둥근 고리자루
環頭
Ring Pommel

김해 대성동 88호
지름 6.0
대성동고분박물관

069
칼집 끝 장식
鞘尾裝飾
Scabbard Ornament

김해 대성동 88호
길이 1.3(위)
대성동고분박물관

원거리무기-화살촉

화살矢은 크게 화살촉 · 화살대로 구성되며 살촉과 화살대를 연결하는 고달, 깃, 활 시위에 걸기 위해 만든 오늬로 구분됩니다. 화살대 대부분이 유기물로 실물이 남아있기 어렵지만 쇠로 만든 화살촉은 다양한 형태로 출토됩니다. 화살촉은 평면 형태에 따라 버들나무잎 모양, 뱀머리 모양, 도끼 모양, 송곳 모양 등 매우 다양합니다. 대성동 14호 화살통 끝에 화살촉이 무더기로 출토되어 껴묻거리에서도 상당히 중요한 의례품이었습니다.

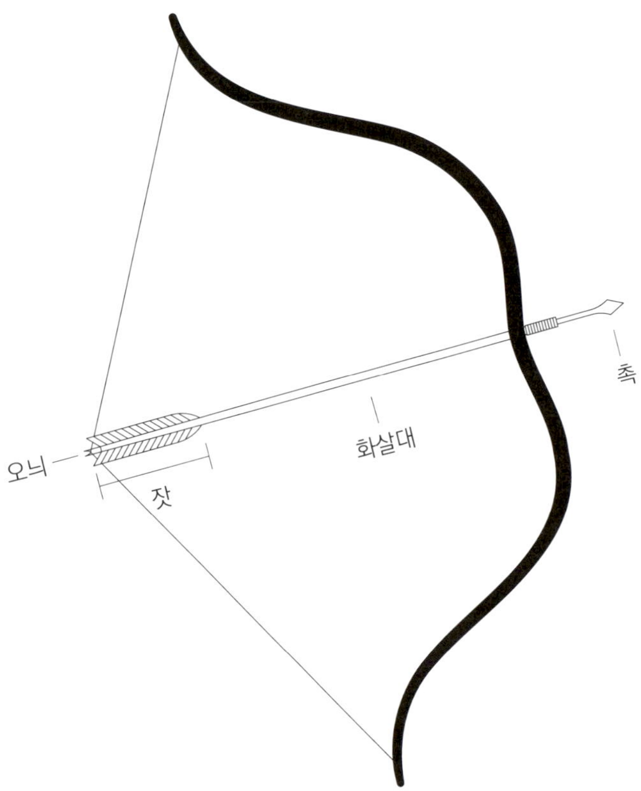

070
쇠화살촉
鐵鏃
Iron Arrowheads

김해 대성동 45호
길이 6.3(오른쪽)
대성동고분박물관

071
쇠화살촉
鐵鏃
Iron Arrowheads

김해 대성동 88호
길이 7.6(오른쪽)
대성동고분박물관

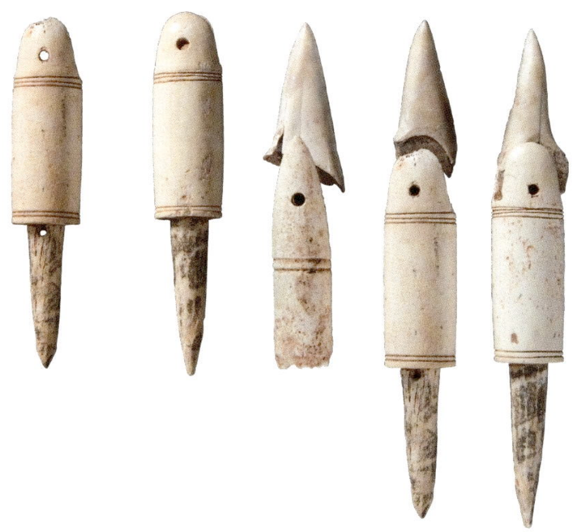

072
고달
鼓達
Bone Arrowheads

김해 대성동 88호
길이 3.4(왼쪽)
대성동고분박물관

073
뼈화살촉
骨鏃
Bone Arrowheads

김해 대성동 88호
길이 10.1(오른쪽)
대성동고분박물관

074
쇠화살촉
鐵鏃
Iron Arrowheads

김해 대성동 18호
길이 7.6(왼쪽 위)

075
쇠화살촉
鐵鏃
Iron Arrowheads

김해 대성동 85호
길이 12.4(오른쪽)
대성동고분박물관

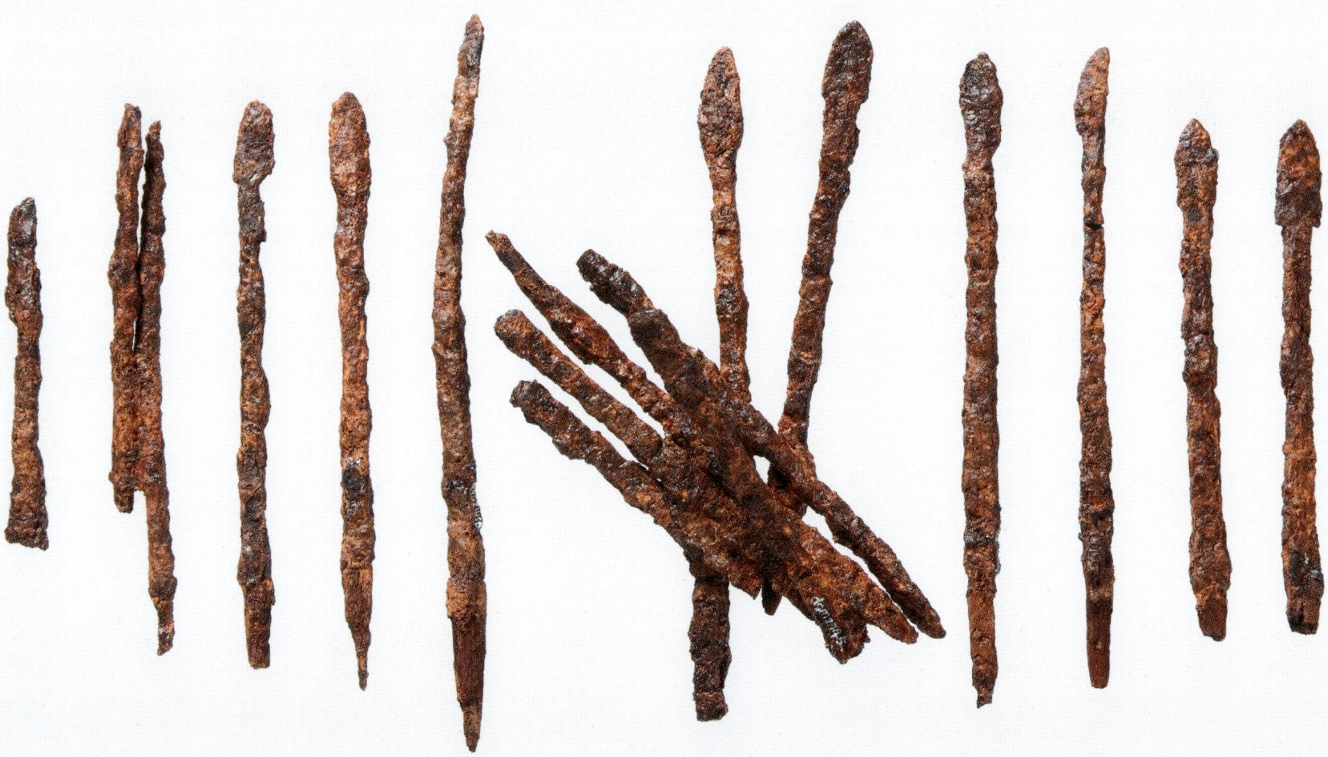

076

쇠화살촉
鐵鏃
Iron Arrowheads

김해 대성동 76호
길이 7.1(오른쪽)
대성동고분박물관

077

쇠화살촉
鐵鏃
Iron Arrowheads

김해 대성동 70호
길이 9.3(왼쪽 위)
대성동고분박물관

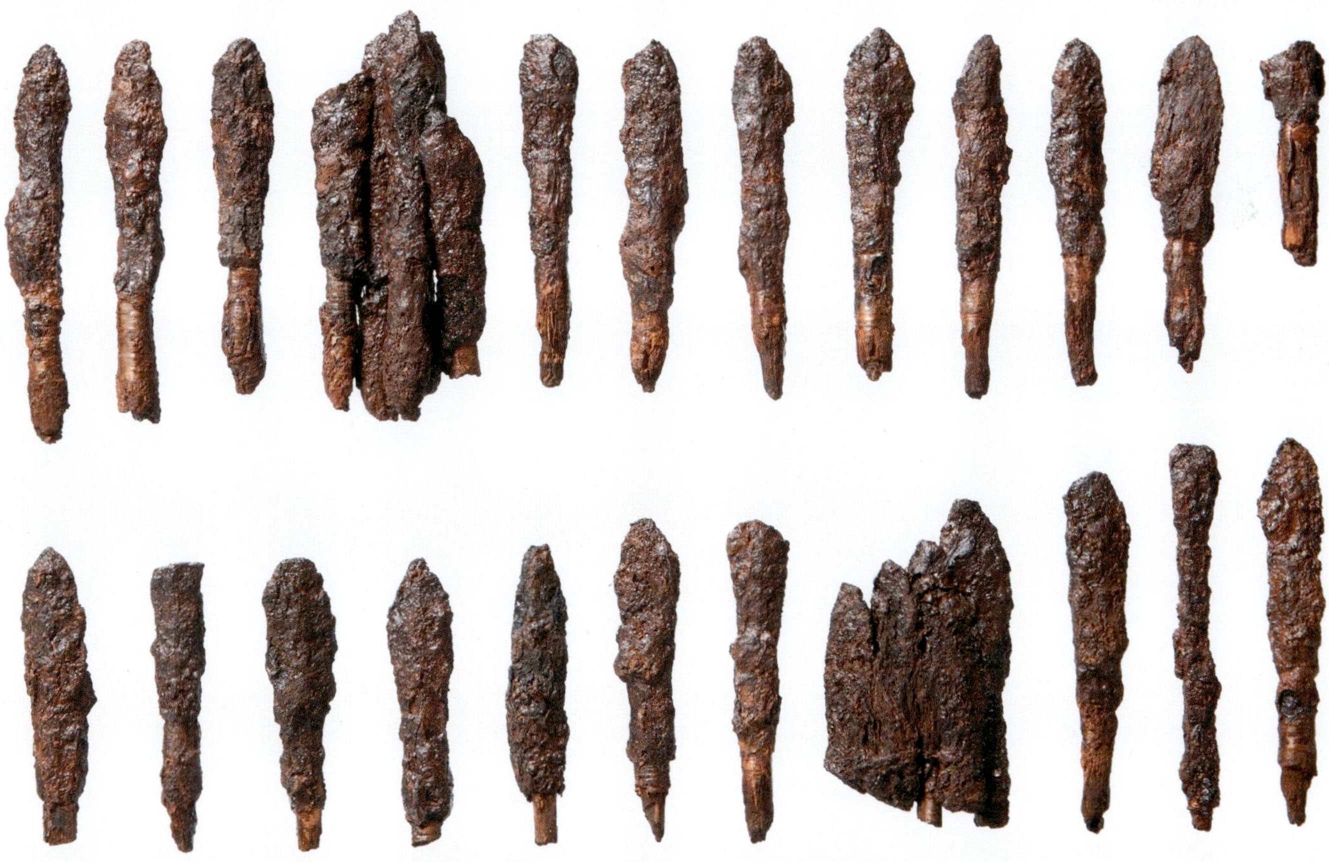

다양한 재질의 화살촉

화살촉鏃은 먼 거리에서 적을 공격하는 무기입니다. 대성동 고분군에서는 금속(청동, 철) 석재(벽옥, 응회암), 골제(사슴뿔, 상어 이빨, 돼지뼈) 등 다양한 재료의 화살촉이 출토되었습니다. 이 중 특히 주목되는 것은 벽옥으로 만든 화살촉과 돼지뼈로 만든 고달인데 이러한 재료의 사용과 제작 기법은 한반도 내에서는 찾아볼 수 없는 사례여서 가야의 국제성을 이해함에 매우 귀중한 자료입니다.

078
청동 화살촉
銅鏃
Bronze Arrowheads

김해 대성동 88호
길이 2.7(왼쪽)
대성동고분박물관

079
청동 화살촉
銅鏃
Bronze Arrowheads

김해 대성동 88호
길이 7.2(오른쪽)
대성동고분박물관

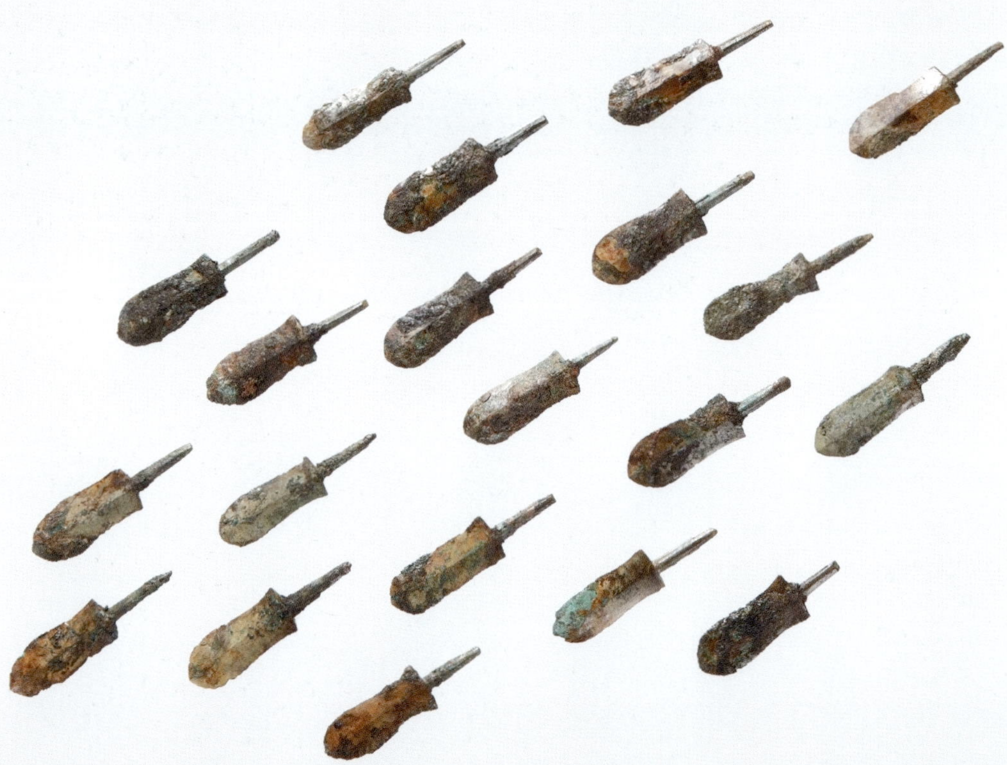

080
청동 화살촉
銅鏃
Bronze Arrowheads

김해 대성동 108호
길이 5.8~6.75
대성동고분박물관

081
돌화살촉
石鏃
Stone Arrowheads

김해 대성동 2, 13호
길이 5.1(오른쪽 아래)

082
돌화살촉
石鏃
Stone Arrowheads

김해 대성동 13호
길이 10.4(오른쪽)

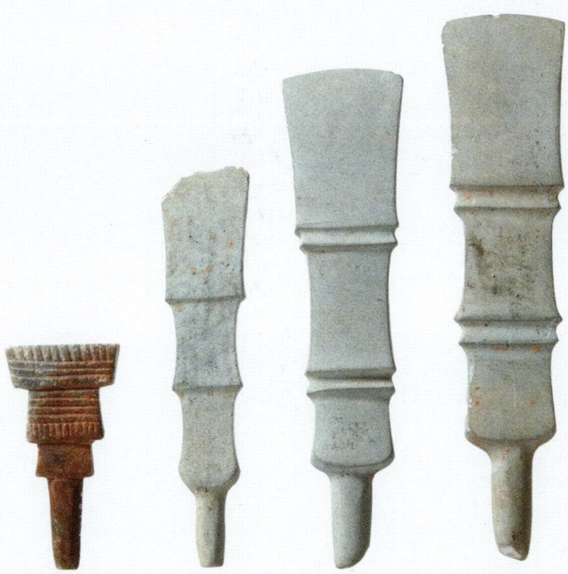

083
돌화살촉
石鏃
Stone Arrowheads

김해 대성동 13호
길이 10.6(오른쪽)

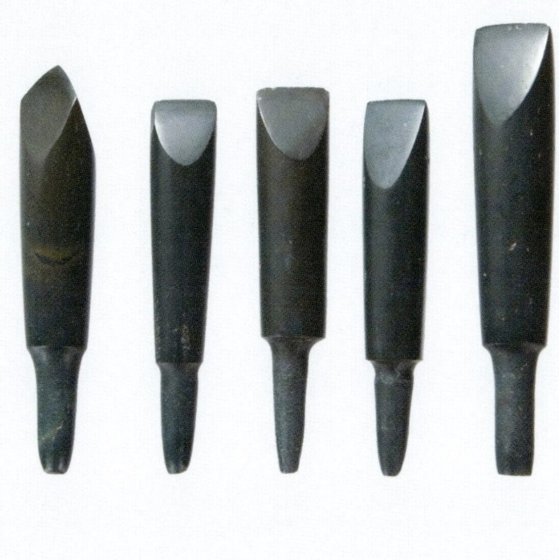

084
옥화살촉
玉鏃
Jade Arrowheads

김해 대성동 108호
길이 7.05(오른쪽)
대성동고분박물관

화살통

화살통은 화살을 넣고 휴대할 수 있는 도구입니다. 화살통은 나무로 만들어진 화살대를 보호하고 병사들이 말을 탄 채로 화살을 쏠 때 화살을 담아두는 역할을 하였습니다. 14호분에서 출토된 화살통에는 16점의 화살촉 묶음이 화살통 위로 향하여 담겨진 채 출토되었습니다. 확인된 유기물과 화살촉의 모습으로 화살통의 구조를 추정할 수 있습니다. 전체 길이는 57.8cm로 추정됩니다. 14호분 화살통은 목재로 추정되는 바닥판을 놓고 그 옆을 좁고 긴 사각형의 상자로 둘러싸는 목재 틀을 만들었습니다. 그 외면은 가죽으로 덧씌운 후 여러 겹의 마름모 무늬를 실로 감아 화살통 표면에 장식하였습니다. 이러한 구조의 화살통은 대성동 고분군과 일본 고훈시대 유적에서만 확인되고 있습니다.

085
화살통[복원품]
箭筒[復原品]
Quiver[Restoration]

김해 대성동 14호
길이 60.0

086

화살통[복원품]

箭筒[復原品]

Quiver[Restoration]

김해 대성동 14호
길이 60.0

2) 방어구

판갑옷과 투구

갑옷은 날아오는 화살도 막을 수 있게 만든 몸을 보호하기 위한 옷입니다. 가야 판갑옷은 세로로 긴 철판을 못으로 이어 붙혀서 만들었습니다. 쇠 조각을 사람의 몸에 맞게 제작해야 했기 때문에 고도의 기술력이 필요했습니다. 대성동 고분군에서는 출토되는 판갑옷에는 새의 깃털을 붙혀 장식하거나 몸통 뒤에 새 모양을 넣어 방어구 이상의 장식성을 나타내고 있습니다. 장식된 판갑옷은 보호장비로서 기능만이 아니라 권위를 나타내는 격식 있는 옷으로 사용되었을 것으로 추정됩니다.

087
판갑옷
板甲
Plate Armor

김해 대성동 2호
높이 35.0

투구는 사람의 머리를 보호하는 방어구입니다. 투구의 제작은 머리 정수리 부분은 사발을 뒤집어 놓은 것을 두고 그 둘레로 여러 매의 얇고 긴 철판을 세로로 연결하며 좌우에는 볼가리개를 붙혀 만들었습니다. 투구 중앙에는 수를 달아 장식성이 강화되어 투구를 쓴 사람의 위세를 높아 보이게 하는 역할을 하였습니다.

참고유물
목가리개
頸甲
Gorget, Neck Armor

김해 대성동 1호
길이 10.0~28.0

088
투구
冑
Helmet

김해 대성동 18호
높이 37.0

비늘갑옷

비늘갑옷은 작은 철판을 끈으로 엮어서 몸에 맞게 만들어 판갑옷에 비해 유동성이 좋고 방어력이 뛰어납니다. 이런 장점은 움직임이 많은 말을 타는 병사에게 더 유리하였던 것으로 고구려 고분벽화의 기마부대에 등장하는 병사들의 갑옷에서 알 수 있습니다.

대성동 8호분 출토 비늘갑옷은 몸의 상반신을 보호하는 부분, 허리, 허리 아래 하반신을 보호하는 부분으로 나뉩니다. 특히, 8호분 비늘갑옷은 폭이 넓은 철판과 허리의 굴곡이 적은 이전 시기 비늘갑옷의 전통이 남아 있어 정형화된 중장기병용 비늘갑옷이 자리잡히는 시기인 4세기경에 만들어진 것으로 볼 수 있습니다. 따라서 중장기병 비늘갑옷이 출현하는 과정을 보여주는 좋은 자료입니다.

사진 15. 가야 무사 복원도
출처: 제7회 가야 웹툰&일러스트 공모전 수상작
제목: 철의 왕국 가야 무사의 기상
작가: 이진성

089
비늘갑옷
札甲
Lamellar Armor

김해 대성동 8호

090

비늘갑옷 [복원품]

札甲[復原品]

Lamellar Armor[Restoration]

김해 대성동 8호

높이 70.0

방패

방패는 전장에서 몸을 보호하기 위한 방어하는 도구입니다. 무덤에 껴묻거리로 부장된 방패는 나쁜 액운을 무덤 안으로 들어오지 못하게 한다는 상징적인 의미로 부장되었습니다. 대성동 고분군에서는 대형 덧널무덤에 주로 부장되었고 특히, 11호분에는 무덤의 긴 쪽 벽면을 따라 여러 매의 유기질제 가죽 방패가 부장되었던 것으로 나타납니다.

11호 방패는 목재 틀 6개를 가로로 고정하고 그 위에 가죽을 대어 형태를 잡았습니다. 가죽 외면에는 삼각 집선문과 이중 거치문의 문양대를 명주실로 바느질하고 그 내부를 붉은칠과 흑색으로 칠했습니다. 화려한 문양과 색으로 장식된 방패는 당시 가야 최고의 재료와 기술을 보여줍니다.

사진 16. 김해 대성동 11호 방패 출토 상태

091

방패[복원품]

盾[復原品]

Shield[Restoration]

김해 대성동 11호

길이 130.0~160.0

고대 국가에서 군사의 구성과 가야무기 특징

우 병 철
영남문화유산연구원

Ⅰ. 머리말

고대 국가에서의 무기체계와 군사조직은 해당 국가의 인구 규모, 지리적 환경, 무기의 제작기술 등의 내적 요소와 상대 국가의 군사적 특성의 외적 요소에 따라 전략적 필요에 의해 발전하였다.

고대 동아시아 지역에서 그 패권을 장악했던 중국 한나라(BC202~AD220)의 쇠퇴와 멸망은 주변 지역의 정치 지형과 군사 구조에 큰 변화를 초래하였다. 『삼국지』「한전韓傳」의 기록에 따르면, 후한 말기 국력이 약화된 2세기 중엽 이후 각 지역 세력들이 급속히 성장하였으며, 이를 계기로 고대 국가들이 등장하였다. 이러한 변화는 한반도에서도 뚜렷하게 나타나, 북부 지역에서는 고구려가 부여 · 동예 · 옥저 등의 세력을 통합하여 고대 국가로 자리매김하였고, 남부 지역에서는 삼한의 소국들이 병합되면서 백제 · 신라 · 가야가 성립하였다.

가야는 남부 해안과 내륙이라는 서로 다른 지리적 조건 속에서 금관가야와 아라가야, 소가야, 대가야를 중심으로 각기 특화된 군사체계와 무기 운용 방식을 발전시켰다. 전기가야는 해양 교역과 해상 방어에 적합한 무기와 전술을, 대가야는 내륙 방어와 육상 전투에 최적화된 무기체계를 운용하였다. 이러한 차이는 군사조직의 구성, 군사조직의 편제, 무기의 형태와 제작 기술 등에서 뚜렷하게 나타난다.

한편 가야의 무기체계와 군사조직을 살펴 봄에 있어, 고대 동아시아의 군사적 특성을 거시적으로 살펴보고, 이를 바탕으로 가야의 특징을 구체적으로 규명하는 것이 중요하다. 이를 통해 가야의 군사적 정체성과 전략적 선택이 어떠한 내외적 요인에 의해 형성 · 발전하였는지를 알 수 있다.

Ⅱ. 동아시아 고대 국가의 군사적 환경

1. 동아시아에서 한반도지역 및 가야권역의 군사 · 지리적 환경

한반도의 대부분 지역은 크고 작은 산지로 이루어져 있으며, 일부 북서부와 서남부 지역은 서해안 인근의 평야 지형을 형성하고 있다. 그러나 한반도 서부의 평야 지역 역시 동쪽의 태백산맥에서 이어지는 여러 산맥에 의해 둘러싸여 있어, 자연적인 방어선을 이루고 있다. 특히 한반도 동남부에 위치한 소백산맥은 북서방의 중국 대륙 세력, 북동쪽의 북방 기마민족, 그리고 서남부 지역 집단에 대응할 수 있는 강력한 지리적 방어선 역할을 하였다.

고대 가야가 자리했던 한반도 동남부 지역은 태백산맥과 소백산맥으로 둘러싸여, 다른 지역과 뚜렷이 구분되는 폐쇄적인 지형을 형성하였다. 영남 지방은 태백산맥, 소백산맥, 그리고 남부 해안 산맥(한산산맥)에 의해 감싸인 거대한 분지로, 내부에는 낙동강과 그 지류들이 지나가며 다수의 중 · 소규모 분지를 이루고 있다. 이 지역은 경기 · 호남 · 호서 지방에 비해 산지가 많고 토지가 비옥하지 않지만, 분지의 규모가 작아 소규모 공동체가 형성 · 정착하기에 유리하였다. 이러한 폐쇄적인 자연환경은 지역 내부의 통합을 촉진하였으며, 시간이 흐르면서 영남지방에는 독자적인 사회 체계와 생활 양식을 지닌 분지 문화가 다수 형성되었다.

전기가야는 김해만 해안을 중심으로 한 김해 지역에서 성장하였다. 이와 같은 전기가야의 해안 거점형 입지는 내륙 중심의 고구려 · 백제 · 신라와는 상이한 무기체계의 발전을 가능하게 했다. 이상과 같이 가야의 무기체계는 지리적 환경에 큰 영향을 받아, 폐쇄적이고 산지로 둘러쌓여 있는 분지형 거점과 바다를 중심으로 한 해안형 거점지역 등의 환경적 영향에 적합하도록 구성되었으며, 군사적 필요에 따라 다양한 형태로 발전하였다.

2. 고대 동아시아 주요 국가의 무기체계 구성과 군사조직의 운용

중국 전연前燕과 한반도 고구려의 무기체계는 유사성이 강한데, 이러한 이유는 이들 국가가 중국 중원의 동북부지역에 위치하는 지리적 환경과 주변 국가의 상황이 많은 영향을 받았기 때문이다. 이들 국가는 북부지역에 흉노 등 기마전술체계를 주력으로 하는 국가가 위치하고 있고, 남서쪽으로는 중국 중원의 여러 국가가 위치하고 있다. 즉 중국 중원의 다수 국가와 마찬가지로 보병 중심의 군사조직을 기본으로 하되 북쪽지역과의 전쟁을 위해 기마병 군사조직이 활성화되거나 흉노 등의 기마전술체계에 대응한 여러 무기류가 발달하였다.

구체적으로 삼연과 고구려는 도刀 + 창(철모) + 활(화살) + 찰갑이 조합된 무기체계가 주류를 이루며, 군사조직은 철모를 소지한 장창병이 중심을 이루고 있다. 또한 북방의 기마부대를 대응하기 위한 화살촉 중 착두형 철촉과 삼익형 철촉이 실전용으로 사용되고 있다. 또한 중국의 여러 국가와 고구려는 중보병의 갑옷에 대응한 추형 철촉도 실전용으로 사용된다. 무구는 기동성을 높이고 방어력을 증대시킨 찰갑이 유행한다. 의장용 무기로는 삼루환두대도, 삼엽환두대도가 유행한다.

한반도 남부의 백제, 신라, 대가야는 한반도 북부 고구려의 무기체계 영향을 강하게 받으며 이 대응한 무기체계를 갖추게 된다. 역시 삼연과 고구려와 마찬가지로 도刀 + 창(철모) + 활(화살) + 찰갑이 조합된 무기체계가 주류를 이루며, 군사조직은 철모를 소지한 장창병이 중심을 이루고 있다. 차이점은 산지가 많은 지형을 고려하고 북방의 기마민족과 직접 국경을 맞대고 있지 않은 특성 때문에 화살촉 중 착두형 및 삼익형 철촉은 실전용이기 보다는 의장용 성격이 강하다. 찰갑 역시 위세적 성격으로 전사 중 수장급에서 주로 사용하고 일반병은 혁제 갑옷이 유행한다.

전기가야는 고구려, 백제, 신라 등의 무기체계와 유사한 양상이지만 해안을 중심으로 한 전술이 발달하여, 타 국가에 비해 검과 철창의 비율이 크고, 무구로는 기동성이 떨어지나 방어력이 높은 판갑의 비율이 크다.

일본열도의 왜는 전형적인 해양 국가의 무기체계 양상을 보이며, 북방의 기마민족에 대응한 무기체계는 오랜 기간 유행하지 않는다. 타 국가에 비해 도검 중 검의 비율이 큰 것이 가장 큰 특징이며, 창(철모, 철창)도 철모보다는 철창이 오랜 기간 유행한다. 왜의 철모는 신부의 단면이 삼각형인 것이 특징적인데 5세기 중후반 이후에 출현한다. 무구는 오랜 기간 삼각혁철판갑, 삼각정유판갑, 횡장판정유판갑 등 판갑이 오랜 기간 동안 유행하다가 6세기에 요찰의 단면이 'Ω'자형인 찰갑이 유행한다.

왜의 무기 및 무구는 동아시아 국가 중 화살촉과 판갑 등에서 무기 및 무구의 지역성이 강한 특성을 지니고 있다. 특히 화살촉의 경우, 비대칭역자형 철촉, 이중역자형 철촉, 이단역자형 철촉, 독립역자형 철촉 등의 위세적 성격이 강한 특수 철촉이 유행한다. 또한 갑주류에서 다양한 판갑의 유행하고 차양주, 충각부주 등 정체성을 반영하는 무기류가 많다.

이러한 배경에는 4~5세기 왜를 제외한 동아시아 타 국가에서는 금, 은, 청동으로 제작한 관, 관식, 이식, 지환, 장식대도 등이 의장용으로 제작하여 정체성을 반영하는 반면, 왜에서는 무기 및 무구류를 특수한 형태로 제작하는 의장용 성격이 강하기 때문이다.

3. 한반도 고대 국가의 의장무기 제작과 지역적 특성

한반도 지역에서 국가 간 영토 전쟁이 심화됨에 따라, 각 국가는 자국의 정체성을 반영하는 의장무기를 독자적인 제작기술로 고도화하였다. 대표적인 의장무기로는 군사 지휘용으로도 활용된 장식대도가 있으며, 이는 국가별로 상징성과 제작 기법에서 차별성을 보인다.

백제의 의장무기류는 용봉 문양을 장식한 용봉환두대도가 중심을 이루며, 삼루환두대도와 삼엽환두대도를 주로 사용한 고구려 · 신라와 뚜렷한 차이를 나타낸다. 또한 백제권역에서는 영산강 유역을 중심으로 지방 제작의 장식대도가 출현하는데, 이는 화려하게 제작된 중앙의 용봉환두대도와 달리, 백제 · 신라 · 대가야의 제작기술이 혼합된 독자적 제작 양식을 보인다.

신라의 경우 삼루환두대도, 삼엽환두대도가 주류를 이루었으며, 대가야에서는 용봉환두대도가 유행하였다. 특히 이러한 장식대도는 세부 제작기술에서 각 지역만의 특징이 나타나, 타 지역 제작품과의 구분이 가능하다. 예를 들어, 대가야계 용봉환두대도는 환두부와 용봉문 내환 장식을 별도로 제작하여 부착하며, 외환 장식은 대칭을 이루는 두 마리 용의 머리 형상을 갖추는 것이 특징이다.

이외에도 신라의 의장용 무기에는 고구려의 영향을 받아 정착한 반부 철모, 가지형 철모, 착두형 철촉, 삼익형 철촉 등이 포함된다. 이러한 의장무기류는 주로 신라와 대가야의 상위 피장자의 무덤에서 집중적으로 확인되며, 지방 수장급 무덤에서는 소수만이 출토되고 있다.

Ⅲ. 전기가야와 대가야의 무기체계와 군사조직

1. 전기가야의 무기체계와 군사조직의 운용

전기가야는 고김해만 일대의 김해 지역을 중심으로 해양을 기반으로 성장한 국가로, 내륙 중심의 타 국가 무기체계와는 이질적인 성격을 지닌다. 김해 대성동 고분군에서 확인되는 무기류의 조합은 표면적으로는 도刀 · 창槍 · 궁弓의 결합으로 영남 지방 전반과 유사하나, 세부적으로는 타 지역이 창 중심인 데 비해 도와 궁이 핵심을 이루고 있다는 점에서 차이를 보인다. 방어구의 경우, 철제 갑옷 중 판갑은 김해와 부산 등 해안 지역에서 약 80%의 비율로 확인되며, 이는 해양 전술 및 거점 방어에 유리한 특성을 지닌다. 특히 종장판갑은 방어력이 우수하여 기동성은 다소 떨어지나, 수군水軍과 친위군의 운용에 효과적이다. 김해 지역에서는 4세기 중엽 철제 찰갑이 등장하였음에도 불구하고 혁제 찰갑이 오랜 기간 사용되었으며, 이는 주로 중 · 하위 계층에서 선호되었을 것으로 추정된다.

김해 지역에서는 중국 동북계 전연前燕의 위세품인 동경銅鏡, 금동대금구金銅帶金具, 장식 마구 등과 일본 열도계 위세품인 파형동기, 통형동기, 석제품 등 다양한 외래 유물이 확인되는데, 이는 전기가야가 해양 교역을 기반으로 한 국제도시국가의 성격을 지녔음을 시사한다. 이상과 같이 전기가야의 무기체계는 공격 무기로 도와 궁을, 방어 무기로 판갑을 선호하였으며, 군사조직은 수군水軍과 성곽 방어를 위한 수성군修城軍 및 친위군을 중심으로 구성되었을 가능성이 높다.

2. 대가야의 무기체계와 군사조직의 운용

대가야는 내륙에 위치하며 기본적으로 신라와 유사한 장창병(철모) 중심의 보병 군사체계를 오랫동안 유지하였다. 그러나 세력 확대와 더불어 고구려 · 백제 · 신라 등 외부 세력에 대응하기 위해 무기체계가 점차 변화하였으며, 도병 · 장창병 · 궁병 등 전문화된 경보병 편성과 중장기병의 증가가 이루어졌다. 대가야의 독자성은 의장무기에서 뚜렷하게 드러나는데, 특히 백제의 영향을 받은 용봉환두대도가 유행하였다. 대가야계 용봉환두대도는 환두부와 용봉문 내환 장식을 별도로 제작하여 부착하였으며, 외환 장식은 두 마리 용의 머리가 교차하지 않고 대칭을 이루는 것이 특징이다.

방어구로는 찰갑이 가장 보편적으로 사용되었으며, 일본열도의 왜倭와 관련된 차양주 · 충각부주 · 대금식 판갑도 확인된다. 5세기 이후 대가야의 고령 · 합천, 아라가야의 함안 지역에서는 마갑류가 다수 출토되어 중장기병의 존재가 확인되지만, 영남 지방의 험준한 산악 지형을 고려할 때, 이들의 운용은 전면전보다는 친위군 또는 특수부대 등 제한적인 범위에 국한되었을 가능성이 크다.

Ⅳ. 맺음말

동아시아 한반도 동남부 지역에 위치한 가야는 전기가야와 후기가야의 대가야를 통해 그 무기체계와 군사조직의 특성을 파악할 수 있다. 전기가야의 무기체계는 공격 무기로 도刀와 궁弓을 주로 사용하고, 방어 무구로는 판갑을 선호하였다. 이러한 무기체계의 특성은 전기가야가 해양 중심의 국제도시국가로서, 수군水軍과 성곽 방어를 위한 수성군修城軍을 중심으로 하는 군사조직을 운용하였음을 시사한다.

대가야는 내륙에 위치하며, 기본적인 무기체계가 인근의 신라와 매우 유사하였으나, 의장용 무기류에서 독자성이 확인된다. 대가야의 군사조직은 장창병과 철모를 갖춘 보병을 중심으로 오랜 기간 유지되었으며, 세력 규모 확대와 함께 영남지방 내, 더 나아가 고구려 · 백제 · 신라에 대응하기 위해 무기체계가 점차 변화하였다. 이에 따라 장창병을 비롯한 도병, 궁병 등 전문화된 경보병이 편성되고, 중장기병의 비중이 증가하는 방향으로 군사조직이 재편되었다.

가야권역에서는 다수의 기승용 마구와 마갑이 확인되며, 함안 마갑총 출토 갑주를 통해 중장기병의 존재를 일부 추정할 수 있다. 그러나 영남 지방은 태백산맥과 소백산맥으로 둘러싸인 험준한 산악 지형이 많아, 중보병과 중장기병이 대규모로 운용되었을 가능성은 낮다. 따라서 일부 중보병과 중장기병은 최상위 지배층이 보유한 위세품적 성격의 무구 · 마구이거나, 군사조직 내에서 친위군親衛軍 또는 별동부대와 같은 특수부대로 편성되었을 가능성이 크다.

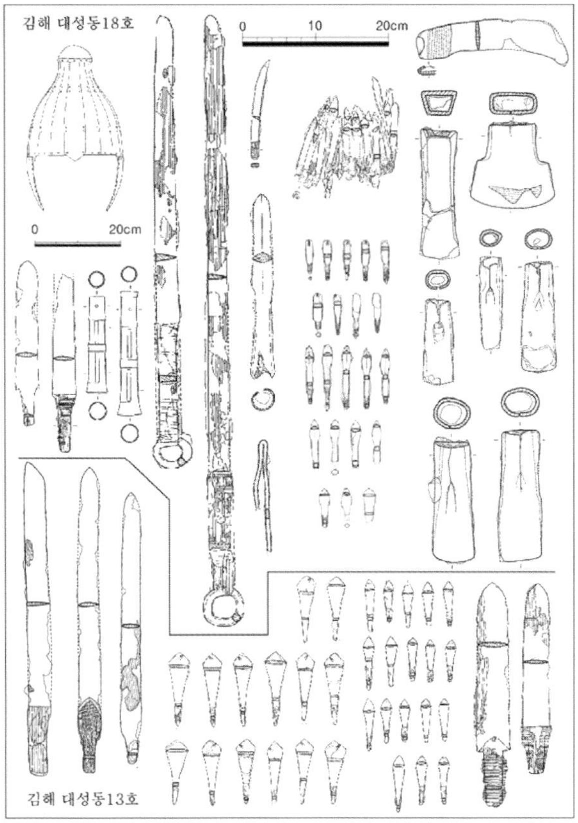

금관가야의 무기체계(4세기)

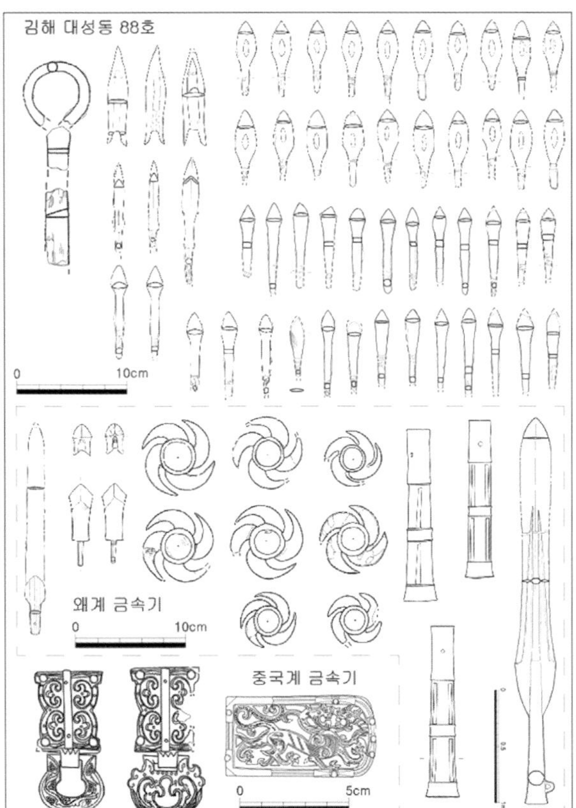

금관가야의 외래 및 의장무기

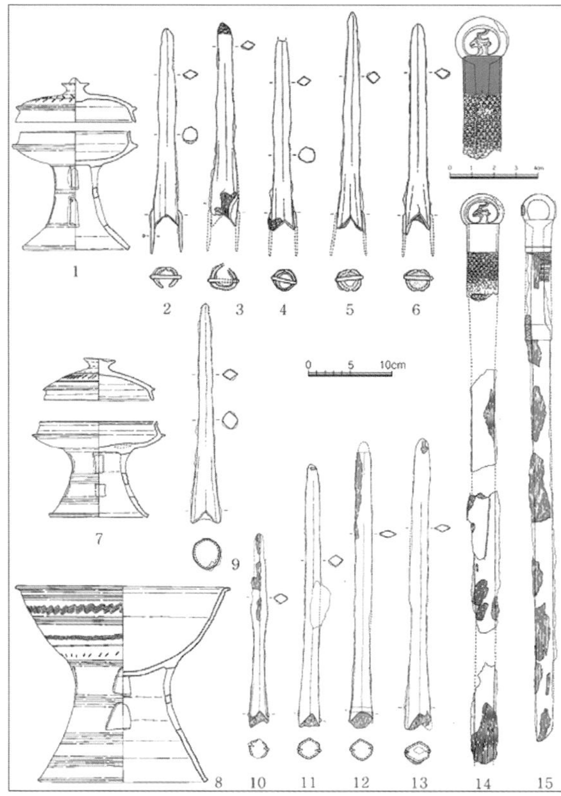

대가야의 무기체계(5세기)
1~6,14.고령 지산동73호, 7~9.고령 지산동74호,
10~13,15.고령 지산동75호

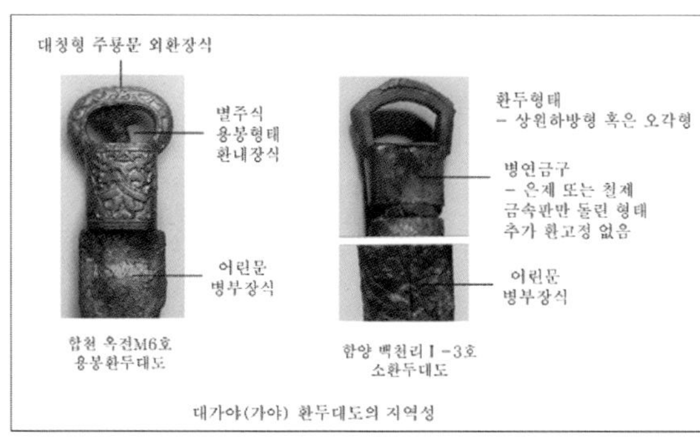

대가야(가야) 환두대도의 지역성

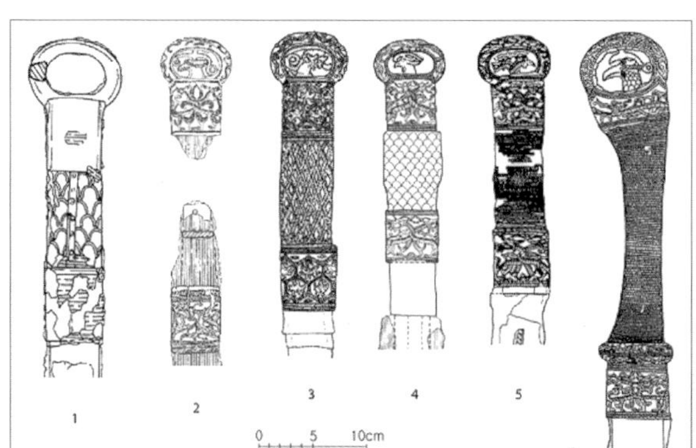

대가야의 의장무기
1.합천 옥전75호, 2.산청 생초M13호, 3.고령 지산동39호,
4.합천 옥전M6호, 5 · 6.합천 옥전M3호

유기물 분석으로 본 김해 대성동 고분군 가야 화살통과 방패

임 지 영
부산대학교박물관

Ⅰ. 머리말

화살통은 공격용 무기인 화살을 보관하는 도구이고 방패는 적의 공격으로부터 몸을 보호하기 위한 방어구 중 하나이다. 이처럼 성격이 다른 공격용 무기의 구성품과 방어구를 하나의 주제로 설명하는 것은, 방패와 화살통이 가죽이나 나무의 단독, 또는 복합재질로 구성되는 재질적 유사성 때문이다.

가죽이나 나무로 제작된 유기물은 땅속에서 쉽게 썩고 부패하기 때문에 저습지 유적과 같은 특수한 환경이 아니면 발굴 조사를 통해 확인하기 어렵다. 따라서 삼국시대 화살통과 방패는 고구려 벽화나 상형토기를 참고하여 구조와 복원 연구가 진행되고 있다.

한편, 고분 출토품에는 유기물 본체는 소멸하여도 청동이나 철제유물의 녹에 수착收着되거나 칠도막漆塗膜에서 유기물 흔적이 확인되는 사례가 있다. 특히 후자의 경우 대성동 고분군과 복천동 고분군에 출토사례가 집중되고 있다.

다수의 연구자가 대성동 14, 88의 유기물은 화살통으로, 대성동 11, 14, 29, 70, 88, 91, 108호, 복천동 21 · 22호와 54호의 칠도막은 방패로 추정하는데 칠흔적에는 적색과 흑색 안료와 거치문, 산형문 등 문양대도 관찰된다[1]. 여기에서는 대성동 11호와 14호 출토 칠도막 조사 사례를 중심으로 분석 내용을 소개하고 제작기법과 재질의 특성을 살펴보고자 한다.

Ⅱ. 대성동 고분군의 화살통과 방패

1. 대성동 14호 화살통

14호 화살통은 비교적 출토상태가 양호하여 제형梯形의 외형과 외면에서 능형菱形문을 확인할 수 있다. 바닥의 너비는 16cm인데 입구부는 파손되어 정확한 크기를 알 수 없지만 수납된 화살촉의 위치를 기준으로 최상단을 10cm, 전체 길이는 57.8cm로 추정된다.

화살통 전면을 장식하는 능형 문양은 모두 동일한 구조로 반복되는데 화살통의 외형이 아래로 갈수록 넓어지

1 김성호, 2023, 「김해 대성동 고분군 출토 창과 방패」, 『모순-창과 방패』.
이성훈, 2015, 「삼국시대 한반도 출토 방패(防牌)와 무기류의 변화」, 『한국고고학보』97.
임지영, 「칠도막 분석으로 살펴본 전기가야 칠기 제작기술」, 『고고광장』(2020), p 110.

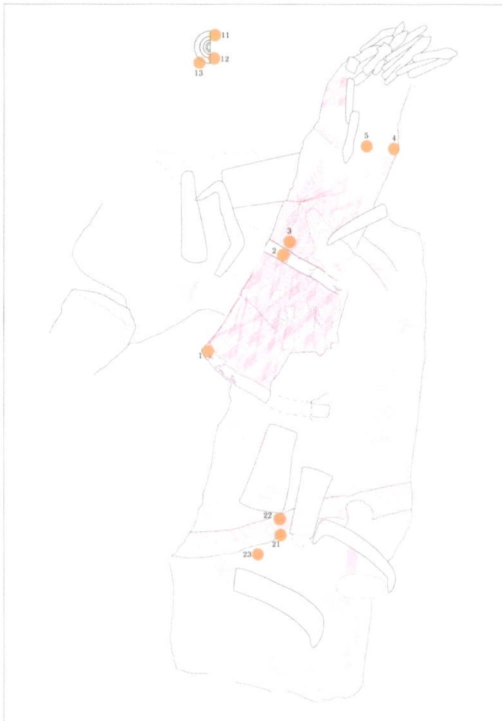

1. 화살통 도면과 분석 시료 위치

2. 시료 2 횡대(위) 및 바닥면(아래) 출토상태

3. 횡대 X-선 이미지(왼쪽)와 유물 사진(가운데) 및 능형부 확대(오른쪽)

그림 1. 대성동 14호 화살통 도면과 유물 사진

는 만큼 능형의 크기도 커진다. 비교적 능형문의 형태가 잘 남아있는 하단 횡대 주변을 기준으로 능형의 길이는 8.4cm, 너비는 2.8cm 전후이며 한 면에 단마다 5열의 능형문이 배열되고 총 7.5단이 배치된다.

능형문은 직경 0.3mm의 Z꼬임 실을 약 1mm 간격으로 화살통 전면을 감아 문양대를 구성한다[2]. 칠도막 내면에는 가죽 외면의 동물털이 확인되는데, 큐티클이 유실되어 메듈라가 관찰된다. 즉, 화살통 외면이 가죽의 내면에 해당한다.

따라서 가죽 화살통의 제작순서는 다음과 같다. 화살통의 형태와 같은 목재틀에 가죽 외면이 내면으로 향하도록 감아 부착한 후, 실로 가죽 화살통 전면을 단단하게 감아 능형문을 배치하고 흑칠하여 가죽과 실을 고정하였다. 견고히 형태를 고정하고 착장을 위한 고리[3]를 배치하기 위하여 바닥부터 입구까지 총 4개의 횡대를 다시 실로 감아 흑칠하였다. 칠도막은 단면에서는 4~6층의 칠층이 확인되는데, 흑색 안료는 그을음煉煤을 사용하였다. 칠 도막 내부

2 실을 감아 능형문을 장식하는 가죽 화살통은 일본열도에서 사례를 확인할 수 있는데 대성동 14호 화살통의 실 직경이 가장 얇다.

3 대성동 14호 가죽 화살통에서는 착장용 고리 흔적을 확인할 수 없었지만, 제형의 외형에 능형문이 배치된 일본 시가현 雪野山고분, 니가타현 城の山고분(北鞍)에서 확인되는 고리 구조를 참고하여 복원하였다. 전자는 대성동 14호와 같이 바탕이 가죽제 화살통인데, 후자는 바탕에 가죽이 없는 목제 화살통이다. 또 양 고분에서는 능형문 장식 화살통 외에도 대성동 14호에서는 확인되지 않는 외면을 직물로 감싼 화살통도 공반되고 있다.

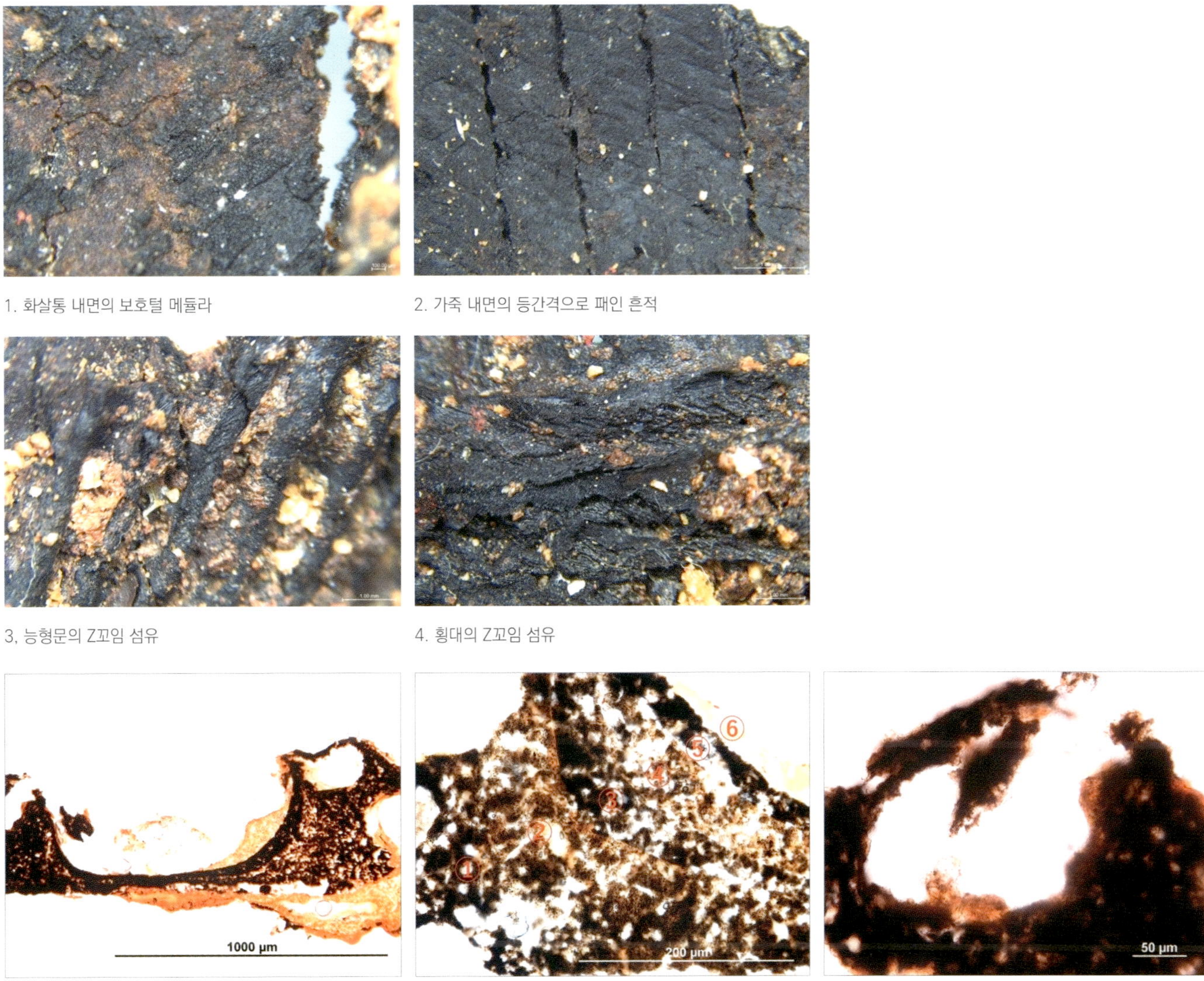

1. 화살통 내면의 보호털 메듈라

2. 가죽 내면의 등간격으로 패인 흔적

3. 능형문의 Z꼬임 섬유

4. 횡대의 Z꼬임 섬유

5. 시료 1의 박편 단면

6. 5의 칠층 부분 확대

7. 5의 상부 섬유 부분 확대

그림 2. 가죽 화살통 내외면의 실체현미경과 칠도막의 광학현미경 이미지

에 단면 이등변삼각형의 섬유가 관찰되어 견사絹絲로 동정된다.

2. 대성동 11호 방패

대성동 11호는 심각한 도굴로 파손되어 방패 문양의 일부만 확인할 수 있는데, 흑색칠과 적색칠, 문양대의 잔존 상태로 보아 적어도 4점 이상의 방패가 일부는 겹친 상태로 부장된 것으로 추정된다. 적색칠 부분에는 방패 테두리와 문양 구획대를 따라 W자상의 산형문이, 문양 구획대 내부에는 거치문과 거치문 내부에 종방향의 집선문이 관찰된다. 거치문 내부에도 작은 삼각형이 배치되며 그 내부에는 종방향 집선문이 확인되지 않는다. 전체적으로 역V상의 도안이다. 문양 구획대를 기준으로 유구 내부의 공간을 고려하여 길이 168cm, 폭 62cm의 방패로 복원하였다.

방향의 집선문이 배치된 거치문은 밝은 적색, 내부 삼각형은 자주색을 띠는데 문양 구획대 내부와 외곽선에서도 이러한 색상 차이가 확인된다. SEM-EDS 맵핑분석 결과 적색은 수은(Hg)과 황(S)이, 자주색에서는 철(Fe)이 추

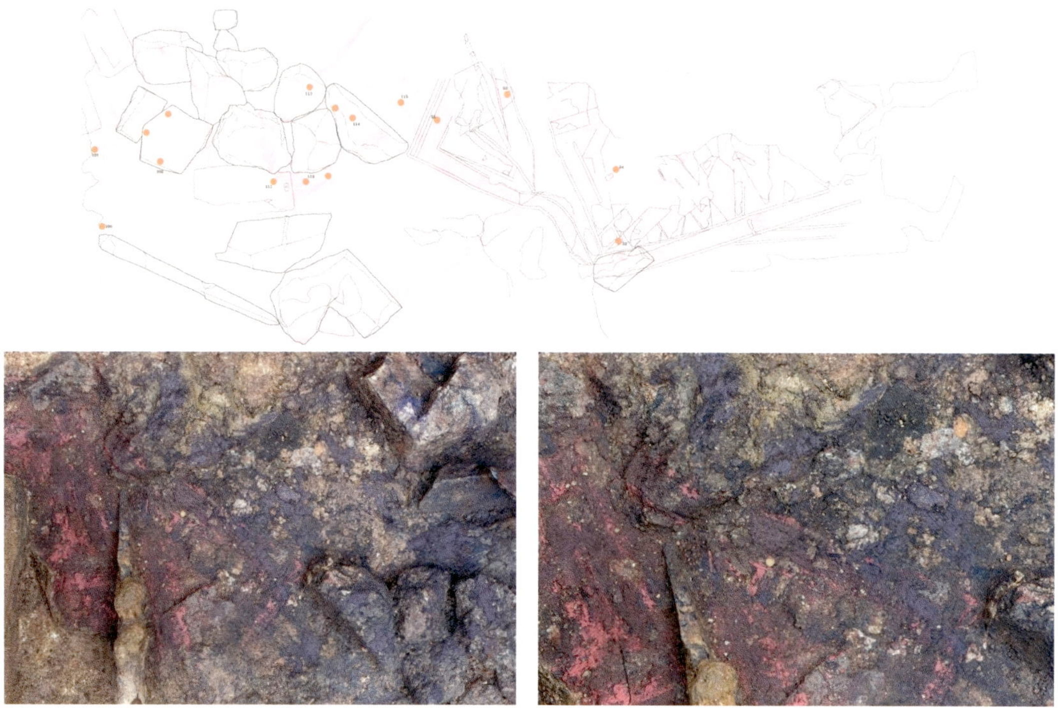

그림 3. 대성동 11호 방패 도면(위)과 시료 51, 52(왼쪽 아래) 및 확대(오른쪽 아래) 사진

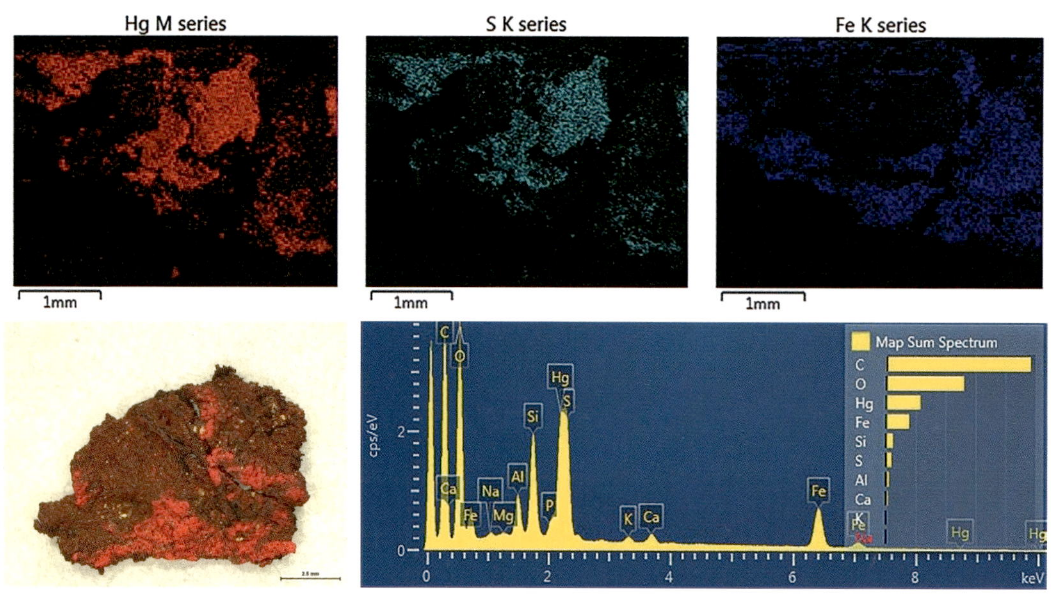

대성동 11호 적색칠 표면의 SEM-EDS 맵핑분석 결과

시료 55(좌, 중)과 시료 102(우) 박편의 현미경 이미지

그림 4. 대성동 11호 적색칠 표면의 SEM-EDS 맵핑분석 결과 및 박편 이미지

가로 검출되어 문양 위치에 따라 적색안료를 구별하여 사용한 것을 알 수 있다[4]. 박편 관찰에서는 가죽에 적색과 흑색칠을 한 구조를 확인할 수 있는데, 가죽과 실은 소실되어 공간만 흔적으로 남는다. 가죽 상하부에 직경 0.5mm, 0.3mm 전후의 실 두 종류가 흔적으로 확인되는데, 대성동 14호와 같이 가죽 외면을 실로 감싼 것이 아니라 가죽에 실이 통과할 수 있도록 투공한 후 실로 바느질하여 문양대를 장식한 것이다.

실 외곽에 얇은 흑칠층이 확인되므로 바느질에 먼저 칠을 한 실을 사용했을 가능성이 있다. 또, 시료 55 하부에는 흑칠 외에도 일부 자주색의 적색 칠층도 확인되므로 후면도 흑칠 단색이 아닌 적색으로 장식하였을 가능성을 추정해 볼 수 있다[5].

Ⅲ. 맺음말

대성동 11호와 14호 가죽제 방패와 화살통은 가죽면을 바느질하거나 외면을 실로 감아 문양을 장식하고 칠을 도포하여 가볍지만 견고하고 화려하게 제작하였다. 흑칠 외에도 성분이 다른 적색 안료를 칠해 장식한 가죽방패는 철제무기를 방어하는데는 역부족이지만 무덤 내부에 수매가 부장된 양상으로 보아도 벽사의 의미를 가늠해 볼 수 있다.

특히, 한 줄의 견사로 화살통 전면을 감아 능형문으로 장식한 기법은 이후 대도나 철모의 병부에서도 확인되는데, 기능적인 실용성에 뛰어난 조형성을 보여준다.

4 일본열도에서는 고훈시대 중기부터 가죽방패가 출현한다(橋本達也, 「盾の系譜」, 『季刊考古学』76(2001)). 54개 고분에서 108예 이상의 출토사례가 확인되는데(青木あかね, 「古墳出土革盾の構造とその変遷」, 『古文化談叢』49(2003)) 대부분 흑칠 단색, 또는 흑칠과 적칠의 두 가지 색상 조합으로 구성된다. 색상이 다른 2종류의 적색칠이 채색된 사례는 5세기 후반에서 6세기 초두로 추정되는 미야기현 센다이시 春日社고분 출토 가죽방패가 유일하다.

5 방패 후면은 구조를 잘 알 수 있는 일본 오사카부 御獅子塚고분 출토품을 참고하였다. 방패의 형태를 지지하기 위해 가죽 뒷면에 등간격으로 6곳에 봉상의 목재 지지대를 횡방향으로 설치하였다. 손잡이의 형태는 경주 월성 해자출토품의 형태를 참조하였다.

2.
가야 무사가 탄 무장한 말

1) 전투용 말갖춤

말머리 가리개

말이 쓰는 투구를 말머리 가리개라고 합니다. 말머리 가리개는 얼굴을 덮는 얼굴 덮개, 말머리 위와 귀를 가리는 챙, 볼을 가리는 볼가리개의 세 부분으로 만들어졌습니다. 얼굴 덮개와 볼가리개는 가죽으로 덮고 나머지는 못을 연결하여 사용하였습니다. 대성동 1호와 57호에서 출토되었습니다.

092
말머리 가리개
馬冑
Horse Headguard

김해 대성동 1호
길이 60.0

말갑옷

전쟁에 나가는 말도 사람처럼 갑옷을 입혔습니다. 말갑옷은 작은 철판을 이어서 만든 사람이 입는 갑옷보다 철판의 크기가 훨씬 크고 두껍습니다. 말 체형에 맞게 목을 보호하는 곳, 가슴을 보호하는 곳, 몸과 엉덩이를 보호하는 곳으로 구분됩니다. 여러 매의 철판으로 출토되는 말갑옷은 철판의 형태나 구멍 위치 및 크기 등을 고려하여 복원이 이루어집니다.

093
말갑옷
馬甲
Horse Armor

김해 대성동 11호

말 안장과 발걸이

말을 탄 사람이 균형과 안정 유지에 도움을 주는 장치로 발걸이와 말 안장이 있습니다. 발걸이는 말 안장에 연결된 둥근 테모양으로 여기에 발을 걸어 사용하며 말을 안정적으로 탈 수 있게 도와줍니다. 안장은 말이 움직일 때 말 탄 사람이 말의 뼈 사이의 충격을 완화해 주어 장기간 편안하게 탈 수 있도록 합니다. 주로 가죽이나 나무로 만들고 겉을 장식하였습니다. 대부분 유기물로 만들어져 잘 남아 있지 않고 금구와 교구 등 부속구가 남아 있어 형태를 추정해 볼 수 있습니다.

094
안장
鞍橋
Saddle

김해 대성동 8호
길이 33.0

095
안장 부속구
鞍橋
Saddle

김해 대성동 70호
길이 0.9~3.3
대성동고분박물관

096
발걸이
鐙子
Stirrups

김해 대성동 1호
길이 3.9(왼쪽)

말 제어구

말 제어구는 재갈로 말의 앞니와 어금니 사이에 넣어 말을 다루고 부리는 가장 기본적인 말갖춤 장치입니다. 이 때 입에서 빠지지 않게 하기 위해 재갈 멈추개가 양쪽에 달리는데 그 형태에 따라 표비, 판비, 환판비, 원환비로 나뉩니다.

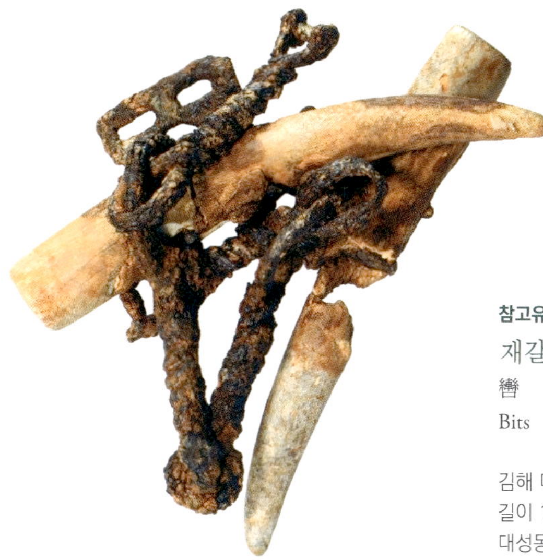

참고유물
재갈
轡
Bits

김해 대성동 91호
길이 10.2
대성동고분박물관

097
재갈
轡
Bit

김해 대성동 2호
길이 11.0(위)

098
재갈
轡
Bits

김해 대성동 57호
길이 10.5
대성동고분박물관)

099
재갈
轡
Bit

김해 대성동 68호
길이 10.5
대성동고분박물관

100
재갈
轡
Bit

김해 대성동 90호
길이 11.0
대성동고분박물관

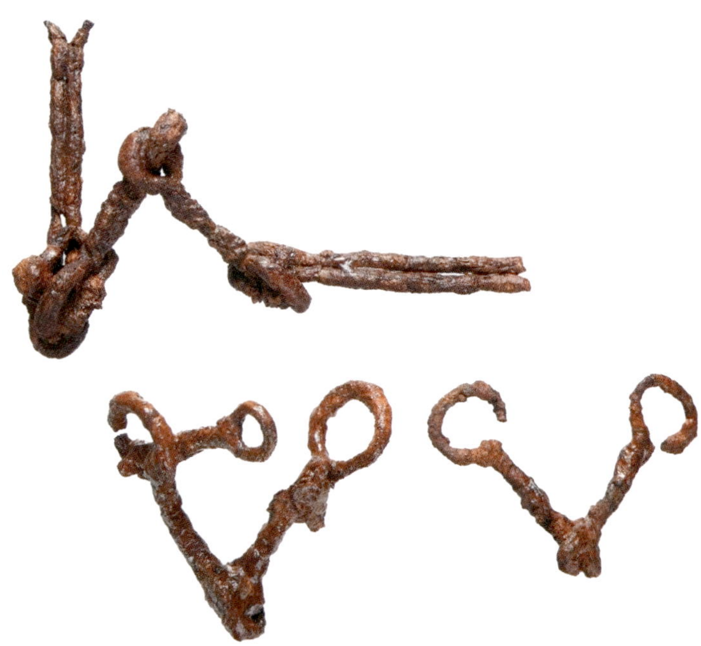

101
재갈
轡
Bits

김해 대성동 11, 39, 47호
길이 11.5(위)
대성동고분박물관(왼쪽 아래 1점)

2) 장식용 말갖춤

말의 고정구는 말갖춤을 연결하는 것으로 원래의 기능에 장식성이 강해집니다. 특히 대성동 출토 금동제 투조장식은 중국계 삼연 三燕의 말갖춤과 형태나 구성에서 공통점이 있어 가야가 이른 시기부터 장식용 말갖춤을 도입했음을 알 수 있습니다.

말띠 꾸미개

말띠 꾸미개는 운주, 십금구, 장식금구를 전부 이르는 것으로 말의 굴레, 가슴걸이, 후걸이의 교차점을 고정 및 연결하는 끈 위에 박아서 장식하는 말갖춤입니다. 형태에 따라 환형, 판형, 반구형, 무각소반구형, 입주부로 구분됩니다. 가장 기본적이고 단순한 형태인 둥근 환형이 많이 사용되었습니다.

102
금동 띠꾸미개
金銅帶金具
Gilt-Bronze Belt Ornament

김해 대성동 91호
지름 4.5
대성동고분박물관

103
조개로 만든 말띠 꾸미개
貝製雲珠
Shell Harness Fittings

김해 대성동 91호
지름 6.4(가운데)
대성동고분박물관

104

말띠 꾸미개
雲珠
Harness Fittings

김해 대성동 2, 70호
지름 3.2(오른쪽)
대성동고분박물관(오른쪽)

105

말띠 꾸미개
雲珠
Harness Fittings

김해 대성동 57, 70, 91호
지름 6.0(오른쪽 아래)
대성동고분박물관

106

말띠 꾸미개
雲珠
Harness Fittings

김해 대성동 91호
길이 4.0(오른쪽)
대성동고분박물관

말띠 드리개-행엽

말띠 드리개는 굴레, 가슴걸이, 후걸이의 끝부분에 매달아 장식하는 말갖춤입니다. 말띠 드리개는 모양에 따라 하트 모양心葉型 , 타원형 모양과 물고기 꼬리모양, 칼끝 모양, 나뭇잎 모양으로 구분할 수 있습니다. 대성동 고분군에서는 대체로 하트 모양이 출토됩니다.

107
말띠드리개
杏葉
Horse Strap Pendant

김해 대성동 85호
길이 5.3
대성동고분박물관

108
말띠드리개
杏葉
Horse Strap Pendant

김해 대성동 8호
길이 8.0

말방울

말의 목에 다는 말방울은 말의 움직임과 흔들림에 따라 소리가 울려 말 탄 사람의 위계를 잘 나타냅니다. 화려한 장식용 중국계 삼연三燕 말갖춤과 함께 대형 무덤의 껴묻거리로 출토되었습니다.

109
금동말방울
金銅馬鈴
Gilt-bronze Horse Bells

김해 대성동 91, 93호
높이 3.3(왼쪽)
대성동고분박물관

110
청동 말방울
靑銅馬鈴
Bronze Horse Bells

김해 대성동 91, 95호
길이 2.0(왼쪽)
대성동고분박물관

111
청동 못
靑銅釘
Bronze Nail

김해 대성동 95호
길이 2.3
대성동고분박물관

III

가락국,
아시아 교역의 중개자로
성장하다!

가락국 사람들은 낙동강의 강가와 남해안 연안의 바다를 오가는 뱃길 위에서 서로의 이야기를 나누었습니다.
『삼국지三國志』 위서魏書 동이전東夷傳의 기록에 따르면 대방군帶方郡에서 왜倭로 가는 해상로는 구야한국狗邪韓國을 거쳐 7천여 리에 달한다고 합니다. 이는 한반도 서남해가 3세기 고대 동아시아에서 유럽의 지중해와 유사한 교류 통로였음을 보여줍니다. 또한 다양한 교류품들은 지배 계층의 권위와 세력을 과시하는 동시에 제의와 연회, 외교 활동 등 다양한 사회적 기능에 활용되었습니다.
변한의 작은 씨앗이었던 가락국이 강인한 가야의 찬란함으로 피어나기까지 교역은 단순한 물품의 교환이 아니라 믿음과 연대, 미래를 함께 꿈꾸는 약속이었습니다.

1.
다른 지역 지도자들과 주고 받은 물품

단단한 토기와 쇠를 생산하는 기술을 기반으로 성장한 가야의 물품들은 낙동강의 물길로 이어져 멀리 목지국目支國, 사로국斯盧國과도 교류하며 그들의 말 모양과 호랑이 모양의 허리띠를 받았습니다. 안라국安羅國 사람들은 그들의 특산품을 토기 안에 담아 김해로 보내고 가락국 사람들은 쇠 만드는 기술을 전달하며 서로 간의 신뢰를 다졌습니다. 이러한 교역은 연맹의 씨앗이 되어 가야가 본격적으로 성장할 무렵 더욱 다채롭고 정교하게 꽃 피었습니다.

1) 마한, 진한, 안라국과의 교역

청동 허리띠고리는 가죽으로 만든 허리띠의 양쪽을 연결하는 갈고리 모양의 부분으로 주로 호랑이나 말모양으로 만들어집니다. 원래는 중국 북방지역에서 장식할 때 사용했던 것으로, 진한에서는 호랑이모양이, 마한에서는 말모양이 선호되었습니다. 대성동 고분군에서는 호랑이모양과 말모양 모두 출토되고 있어 이 두 지역과 이른 시기 부터 교류가 있었음을 알 수 있습니다.

112
청동 허리띠고리
青銅帶鉤
Bronze Buckles

김해 양동리, 김해 퇴래리, 김해 구지로, 김해 대성동 115호
길이 13.7(왼쪽 아래)

장신구

크리스탈은 가야가 가장 잘 다루는 장신구로 그 크기나 투명도에서 최상품이었습니다. 이 외 금박 유리 구슬은 백제와의 교류품으로 김해 양동리와 김해 대성동 주차장 부지발굴조사에서 확인되었습니다. 마노구슬 역시 마한, 백제에서 원석이나 가공품이 유입되어 가야에서 선호하는 여러 면의 형태로 제작되었을 가능성이 높습니다. 대성동 76호 목걸이는 투명한 수정옥 10점, 주황색의 마노옥 77점, 하늘색, 남색, 초록색 등 다양한 색깔의 유리구슬 2,386점이 길이가 서로 다른 세 줄로 엮어져 독특한 구성을 이루고 있습니다. 그 심미적 아름다움은 색감적으로 화려하면서도 정교한 구성을 보여 대성동 고분군 출토품 중 유일하게 보물로 지정되었습니다. 쇠를 잘 다루었던 가락국의 지배층은 다양한 재료의 구슬을 사용하여 자신에게 어울리는 장신구를 만들어 그 신분과 권위를 드러내었습니다.

113
목걸이
頸飾
Necklace

김해 양동리 462호
길이 28.6

114
목걸이
頸飾
Necklace

김해 대성동 76호
지름 3.0(여러면옥)
대성동고분박물관
보물

금동관

고대의 관은 왕의 권위를 상징하는 대표적인 장신구입니다. 삼국시대의 관은 금이나 금동으로 만들며, 각 나라마다 특색있는 문양과 형태를 가지고 있습니다. 가야의 관은 머리 테두리에 단순한 나뭇가지 모양을 세운 형태 수지형樹枝型, 뾰족하고 불길이 타오르는 형태인 보주형寶珠型의 세움장식을 세우거나 이마를 다 가리는 액대식額帶飾 관이 대표적입니다.

대성동 고분군에서는 3세기 후반 29호분에서 출토된 금동관이 유일합니다. 이마를 두르는 테두리 폭이 3cm이며 이마 뒤쪽으로 묶은 부분이 확인되었습니다. 장식을 달기 위한 구멍을 일정하게 뚫은 부분도 확인이 됩니다. 장식 달개를 달아 세운 좁고 긴 편은 테두리 위에 세운 입식으로 추정됩니다. 대륜과 입식의 구조는 이른 시기 신라 금관인 경주 교동 출토품과 호림박물관 소장품과도 유사하지만 '山'자형의 신라 입식과는 다릅니다. 대성동 출토 금동관은 5세기 부산 복천동 11호 출토의 나뭇가지로 늘어지는 형태의 금동관과 유사할 것으로 추정됩니다.

115
금동관
金銅冠
Gilt-bronze Crown

김해 대성동 29호
높이(대륜) 1.9

팔찌와 귀걸이

대성동 고분군 지배층은 금·은·금동제 장신구로 신체를 장식해 그들의 권력을 차별화하고 과시했습니다. 팔찌는 속이 찬 금·은 봉을 구부려 아무런 장식이 없이 만든 것이 대부분입니다. 금귀걸이는 대부분 5세기 이후 늦은 시기에 가는 고리이거나 둥근 작은 고리를 이어붙인 중간고리를 가진 하트모양心葉型의 신라양식으로 신라의 문물과 함께 들어오는 것이 확인됩니다.

116
금팔찌
金製釧
Gold Bracelet

김해 양동리 19호
지름 6.5

117
은팔찌
銀製釧
Silver Bracelets

김해 대성동 68호
지름 5.0(왼쪽)
대성동고분박물관

118
금귀걸이
金製耳飾
Gold Earrings

김해 대성동 87호
지름 2.2
대성동고분박물관

사진 17. 호림박물관 소장 금관
높이 22.0

사진 18. 경주 교동 금관
높이 12.8

금동 허리띠

금동 허리띠는 비단 옷의 허리에 두르는 장신구입니다. 금동 허리띠의 중심은 몸통이 두껍고 발톱이 날카롭게 앞을 향하는 용 문양을 투조했고 그 아래 매달린 드리개에는 세 개의 잎 문양을 투조로 정교하게 표현하였습니다. 이런 금동 허리띠는 중국 서진西晉에서 동진東晉 시기에 만들어 당시 중국 동북부 삼연三燕과 한반도, 일본 등 4세기에서 5세기 동아시아 주변 권력자들에게 나누어 준 선진 물품이었습니다. 금동 허리띠의 출토지가 명확하게 확인된 것은 중국과 일본에서도 많지 않은 사례이며 대성동 고분 축조 시기를 결정지을 수 있는 중요한 자료입니다.

119

허리띠 꾸미개

帶金具

Gilt-bronze Belt Ornaments

김해 대성동 88호

길이 6.35(왼쪽)

대성동고분박물관

다양한 양식 토기의 유통

대성동 고분군에는 상위 계층의 소비품과 함께 일상 용기인 토기도 많이 부장하였습니다. 안라국安羅國 양식의 저장용 토기 상당수도 대성동 고분군에 껴묻거리로 부장되면서 안라국과 많은 물자 이동과 사람의 교류가 있었음을 알 수 있습니다. 경북 포항에서는 대성동 출토품과 유사한 소형 기대와 원통모양 청동기, 판갑옷 등이 부장되어 삼국 각 지역에서도 대성동과 다양한 교류가 있었음을 알 수 있습니다.

120
두드린무늬 항아리
打捺文壺
Paddled Jar

김해 대성동 10호
높이 32.4

121
두드린무늬 항아리
打捺文壺
Paddled Jars

김해 대성동 6, 10호 등
높이 32.3(오른쪽 위)

122
두드린무늬 항아리
打捺文壺
Paddled Jar

김해 대성동 13호
높이 27.1

123
손잡이를 단 굽다리 바리
臺附把手盌
Mounted Dish with Handle

김해 대성동 7호
높이 13.0

124

뚜껑있는 손잡이 달린 굽다리 항아리

有蓋臺附把手附

Mounted Jar with Handle

김해 대성동 32호
높이 16.2(오른쪽)

125

굽다리 접시

高杯

Mounted Dishs

김해 대성동 2호, 포항 마산리 1호
높이 13.5(왼쪽)
국립경주박물관(오른쪽)

2) 원통모양 청동기

원통모양 청동기는 작은 돌이나 쇠, 벽옥제로 만든 다양한 재질의 도구를 넣어 흔들 때마다 소리가 나도록 만들었습니다. 대부분은 청동제와 같은 재질을 원통형동기의 구분된 마디 크기로 만들어 소리내는 도구로도 원통형 청동기의 크기를 짐작할 수 있습니다. 대성동 고분군에서 출토되는 원통형 청동기는 일본계 유물이 많이 출토되는 대형 무덤을 중심으로 확인됩니다. 반면 대성동 이외의 지역에서 출토되는 원통모양 청동기는 4세기 후반에 집중적으로 확인됩니다. 이 시기에는 금관가야의 교역품이 각 지역 지배 계급 고분군에 확산되는 경향이 있어, 대성동 고분군과 김해 양동리, 부산 복천동, 창원 석동, 포항 남성리 등과의 교류 관계를 엿볼 수 있습니다.

사진 00. 김해 대성동 고분군 1호 원통모양 청동기 출토 모습

126
원통모양 청동기
筒形銅器
Bronze Cylindrical Ornament

김해 대성동 91호
길이 13.2
대성동고분박물관

127
원통모양 청동기 내
소리 내는 도구
筒形銅器 附屬品
Bronze Cylindrical Ornament Components

김해 대성동 1, 18호 등
대성동고분박물관 등

128

원통모양 청동기

筒形銅器

Bronze Cylindrical Ornaments

김해 대성동 1호

길이 13.6(오른쪽)

129

원통모양 청동기

筒形銅器

Bronze Cylindrical Ornaments

김해 대성동 2호

길이 13.0(오른쪽)

130
원통모양 청동기
筒形銅器
Bronze Cylindrical Ornament

김해 대성동 15호

131
원통모양 청동기
筒形銅器
Bronze Cylindrical Ornaments

김해 대성동 39호
길이 14.4(오른쪽)

132
원통모양 청동기
筒形銅器
Bronze Cylindrical Ornaments

김해 대성동 18호
길이 16.5(왼쪽)

133
원통모양 청동기
筒形銅器
Bronze Cylindrical Ornaments

김해 대성동 88호
길이 13.9(왼쪽)
대성동고분박물관

134
원통모양 청동기
筒形銅器
Bronze Cylindrical Ornaments

김해 대성동 94호
길이 15.2(오른쪽)
대성동고분박물관

135
원통모양 청동기
筒形銅器
Bronze Cylindrical Ornament

김해 대성동 108호
길이 11.3
대성동고분박물관

136
원통모양 청동기, 철기
筒形銅器·鐵器
Bronze·Iron Cylindrical Ornaments

김해 양동리 Ⅳ지구-1호
길이 15.5(왼쪽)

137
원통모양 청동기
筒形銅器
Bronze Cylindrical Ornaments

김해 양동리 304호
길이 12.4(왼쪽)

138
원통모양 철기
筒形鐵器
Iron Cylindrical Ornament

김해 양동리 453호
길이 12.4

140

원통모양 청동기

筒形銅器

Bronze Cylindrical Ornament

김해 양동리 447호
길이 13.2

139

원통모양 청동기

筒形銅器

Bronze Cylindrical Ornaments

김해 양동리 Ⅰ-13호
길이 13.9(왼쪽)

141

원통모양 청동기

筒形銅器

Bronze Cylindrical Ornaments

김해 양동리 331호, 김해 양동리 447호
길이 10.3(위)

142

원통모양 청동기

筒形銅器

Bronze Cylindrical Ornament

김해 양동리 331호
길이 10.3

143

원통모양 청동기

筒形銅器

Bronze Cylindrical Ornament

김해 양동리 340호
길이 13.9

복천동 고분군 원통모양 청동기

144
원통모양 청동기
筒形銅器
Bronze Cylindrical Ornaments

부산 복천동 38호, 부산 복천동 42호
길이 13.3(오른쪽)
복천박물관

145
원통모양 청동기
筒形銅器
Bronze Cylindrical Ornament

부산 복천동 64호
길이 13.5
부산대학교박물관

146
원통모양 청동기
筒形銅器
Bronze Cylindrical Ornament

부산 복천동 71호
부산대학교박물관

147
원통모양 청동기
筒形銅器
Bronze Cylindrical Ornament

부산시립박물관

148
원통모양 청동기
筒形銅器
Bronze Cylindrical Ornament

창원 석동 다지구 388호
길이 12.1

149
원통모양 청동기
筒形銅器
Bronze Cylindrical Ornament

포항 남성리 2구역 12호
길이 13.5
국립경주박물관

150
원통모양 청동기
筒形銅器
Bronze Cylindrical Ornament

포항 남성리 2구역 13호
길이 12.0
국립경주박물관

151
원통모양 청동기
筒形銅器
Bronze Cylindrical Ornament

傳 함안 사도리
길이 15.2
국립중앙박물관

152
원통모양 청동기
筒形銅器
Bronze Cylindrical Ornaments

傳 김해 양동리
길이 11.2~14.7
국립경주박물관

153
원통모양 청동기
筒形銅器
Bronze Cylindrical Ornaments

길이 18..5
리움미술관

김해 대성동 고분군 출토 통형동기와 4세기 한일 교섭

이와모토 타카시
일본 시마네대학

Ⅰ. 머리말

통형동기筒形銅器는 4세기 한반도와 일본열도의 교섭관계 실태를 파악하기 위한 핵심 고고자료 중 하나이다. 지금까지 출토자료는 한반도에서 약 60점(수집품 등을 포함하면 약 80점 정도가 된다), 일본열도에서는 약 70점이 확인되었으며, 특히 한반도에서는 1990년대 이후 발굴조사를 통해 사례가 축적되어 최근에도 출토가 이어지고 있다. 그 결과 밝혀진 점은 한반도 출토 수량의 절반 가까이가 대성동 고분군에서 출토된 점으로, 보유 정도의 탁월성이다.

따라서 여기서는 통형동기를 대상으로 한 연구 성과의 도달점과 과제를 확인하면서 새로운 지견을 추가하여 대성동 고분군과 4세기 한일 교섭에 대해 개론한다.

Ⅱ. 통형동기를 둘러싼 논의와 연구시각

주요 논점에 한정하여 통형 동기를 둘러싼 연구의 도달점과 과제를 확인해 보겠다.

용도론 본래 통형동기는 그 자체로 기능을 발휘하는 것이 아니라, 아이템에 부속하는 부품으로서의 성격이 제1의 의의이다. 이에 따라 연구는 용도 · 기능의 해명에 중점을 두었다. 처음에 검파설이 제시되었으나(鳥居 1888, 高橋 1910, 末永 1941), 곧 출토상황 등으로부터 창 등 장병무기의 석돌설石突說(梅原 1921, 森本 1929, 村井 1956, 網干 1974), 형상이 연약하였기 때문에 장식품의 자루 즉, 장두설杖頭說(小林 1951, 原 2002)과 설舌의 존재에서 소리를 내는 명물설(소리를 내는 도구, 鳴物說)이 나타났다(三木 · 小林 1959, 大塚 1961). 각각의 설은 개별 자료 검토를 거쳐 제시되었지만, 출토 상황의 종합적 검토에 따른 장병무기의 석돌설(山田 1969 · 2000), 출토 상황을 통해 장병무기와 대응하지 않는 사례로부터 상정할 수 있는 장두설과의 공존을 고려한 장식 부품설(玉井 1997)이 현 시점에서는 가장 타당한 이해이다. 또한 중요한 것은, 출토 상황에서 공통점이 있어 한일 양쪽에서 통형동기의 용도 · 기능이 공유되고 있던 점이다(岩本 2005b, 細川 2012). 단, 시기와 지역에 따라 통형동기는 용도가 달랐다는 지적도 있다(田中 2006 · 2009). 그 밖에 관련 시각으로 통형동기의 접합 방법 검토도 이루어지고 있다(細川 2010a).

형태론 고고학적 검토의 기초가 되는 분류 연구는 통형동기에서는 형태론으로 시작된다. 먼저 체부 중앙 부근에 있는 절대節帶의 유무에 근거해 중간 유대식에서 중간

1. 목정공 외면의 합범흔 (니이자와 500호분A)

2. 목정공 내면의 합범흔 (니이자와 500호분E)

3. 투창 단면의 합범흔 (니이자와 500호분C)

4. 목정공 단면의 연마흔적 (복천동 64호분)

그림 1. 통형동기의 제작기술 흔적

무대식으로의 이행이 상정되었다(森本 1929). 이후 절대가 여러 개 있는 중간 다대식을 제Ⅰ류, 구연부를 한층 더 두껍게 만들어 체부 중앙에 절대가 있는 중간 유대식을 제Ⅱ류, 구연부를 한층 더 두껍게 만들어 체부 중앙에 절대가 없는 중간 무대식을 제Ⅲ류, 전체가 일정한 굵기의 무대식을 제Ⅳ류, 투창이 없는 무투식을 제Ⅴ류로 하는 세분안이 제시되었다. 그리고 이 유형 차이는 주로 제작 시기 차이로 추정되며, 제Ⅰ류→제Ⅱ류→제Ⅲ류→제Ⅳ류로 변화하였으나 그 차이는 부장시기 차이와 결부되지 않는다고 보았다(山田 1969 · 2000). 이후, 야마다의 분류가 통형동기의 형태론적 검토의 기초를 이룬다(鄭 · 洪 2000, 原 2001). 또한 야마다의 분류 유형 차이는 통형동기의 전체 길이와 의장意匠 차이에 직결되는 부분이 있어, 형태 차이가 질적인 격차로 이어질 가능성도 주목해야 한다고 생각된다.

기술론 기술론의 시각은 원재료와 주조 기법으로 크게 나누어진다. 다만 원재료에 대해서는 주석 함유량이 거의 없는 것부터 약 15%까지 개체차가 크다는 점(久野 1988), 납 동위원소 비율 분석 결과를 확인하는 데 머물러 있다(高田 2006).

기술론의 핵심을 차지하는 주조기법에 대해서는, 목정공目釘孔(주형결합공)이나 투창에 남은 주조돌기(합범흔) 혹은 주조 결함(그림 1-1~1-4) 등을 통해 복원안이 검토되었다. 그 결과, 절삭중자 기법(削り中子技法; 가공형 내형 제작법)으로 제작된 내형을 2장의 외형에 넣는 합범 주조기법(岩本 2005a · 2006 · 2008), 외형을 합범하지 않는 실랍법에 의한 밀랍형 주조기법(原 2007, 細川 2010b)의 두 가지 안이 상정되고 있다. 호소카와 신타로細川 晋太郎는 밀랍형 주조기법을 기본으로 하면서, 양동리 447호분 사례만을 합범 주조기법으로 본다. 밀랍형 주조기법을 상정하는 것은 외면의 연마가 철저하여 합범의 흔적이 남지 않음에도 불구하고, 목정공 주변에만 주조돌기가 관찰되는 불일치를 해소할 수 있기 때문이다. 그러나 목정공의 주조 돌기에 대해서는 최근에 몇 가지 자료를 관찰한 결과, 구멍 벽면에 연마 흔적을 남기는 사례나 구멍에 변형을 상정할 수 있는 사례가 있다(그림 1-4). 이에 따라 목정공 외면의 주조

표 1. 전기가야 주요 고분군의 통형동기 조합과 상대연대

고분명		통형동기				파형동기	전기가야 토기편년	일본열도 고분편년
		총점수	A군	B군	C군			
대성동 고분군	15호분	1	1				전기가야Ⅲ단계	광역편년Ⅳ기
	18호분	2	2				전기가야Ⅲ단계	광역편년Ⅳ기
	91호분	1	1				전기가야Ⅲ단계	광역편년Ⅳ기
	108호분	1		1			전기가야Ⅲ단계	광역편년Ⅴ기
	13호분					6	전기가야Ⅲ단계	광역편년Ⅴ기
	2호분	2	2			1	전기가야Ⅳ단계	광역편년Ⅴ기
	88호분	3	1	2		13	전기가야Ⅳ단계	광역편년Ⅴ기
	94호분	4	3	1			전기가야Ⅳ단계	광역편년Ⅴ기
	70호분	1	불명				전기가야Ⅳ단계	광역편년Ⅴ기
	39호분(주곽)	2	2				전기가야Ⅴ단계	광역편년Ⅵ기
	11호분	1	불명				전기가야Ⅵ단계	광역편년Ⅶ기
	1호분(주곽)	8	6	2			전기가야Ⅵ단계	광역편년Ⅶ기
복천동 고분군	38호분(주곽)	2	1	1			전기가야Ⅲ단계	광역편년Ⅴ기
	73호분(주곽)	2	2				전기가야Ⅲ단계	-
	60호분(주곽)	3	2	1			전기가야Ⅳ단계	-
	64호분	2	1	1			전기가야Ⅳ단계	-
	71호분(주곽)	2	1	1			전기가야Ⅳ단계	-
	42호분(주곽)	1			1		전기가야Ⅳ단계	광역편년Ⅵ기
양동리 고분군	443호분(주곽)	3	불명				전기가야Ⅳ단계	-
	105호분	1	불명				전기가야Ⅴ단계	-
	331호분	1		1			전기가야Ⅴ단계	-
	340호분	1			1		전기가야Ⅴ단계	광역편년Ⅵ기
	352호분	2	불명				전기가야Ⅴ단계	-
	304호분(주곽)	3	2	1			전기가야Ⅵ단계	-
	321호분(주곽)	1		1			전기가야Ⅵ단계	-
	447호분(주곽)	2	1		1		전기가야Ⅵ단계	광역편년Ⅵ기
	4C지구1호분	1	1				불명	-

[범례] 파형동기는 정형화 형식의 수를 표기. 일본열도 고분편년의 ( ) 표기는 통형동기에만 의한 위치로 -는 왜계유물이 없는 것을 나타낸다.

돌기의의 흔적은 주조 후의 천공에 의한 것일 가능성도 고려할 필요가 있다. 그럼에도 불구하고 목정공에 통형 형상에 맞춰진 합범흔을 확인할 수 없고, 주조 결함에 의한 변형 사례가 적지 않음으로 목정공이 맞춤못 형상의 내범을 내형과 외형에 끼워 넣어 주조된 점에는 이견이 없을 것이다. 기술론에서 밝혀진 것은 통형동기의 제작 흔적이 기본적으로는 한일 양국에서 공통하며, 그 기술 체계의 동일성이다(岩本 2006, 2007). 이에 따라 야마다의 분류에서 아류로 취급되는 사례를 모방품으로 보는 이해(鄭·洪 2000, 申 2004)는 성립하기 어렵다.

그런데 양동리 447호분의 사례는 다른 사례와 비교하여 두꺼운 개체이며, 외면에 형할선이 남는 것은 연마가 철저하지 않았기 때문이다. 그렇다면 이를 예외적인 모방품으로 볼 것이 아니라 통형동기의 주조기법을 단적으로 반영한 구체적인 예로 평가할 수도 있다. 또한 통형동기에 밀랍형 주조기법을 상정했을 경우, 같은 시기 일본열도의 청동기 제작기술로는 이례적인 존재가 되는 점도 포기할 수 없다. 그런 점에서는 제작기술 측면에서 전기가야 지역 출토 청동기의 비교 검토(細川 2019)를 더욱 심화시키는 것도 필요하다.

연대론 앞서 언급한 대로 형태 차이에 따른 야마다의 분류로는 각 유형의 시기 차이는 부장연대로 파악할 수 없

다(山田 1969 · 2000). 이에 대해 합범 주조기법을 상정하는 입장에서 목정공과 투창 위치 관계가 주형 구조의 차이와 통한다고 보고 목정공과 투창의 위치가 나란한 A군, 목정공이 투창 사이에 위치하는 B군, 목정공이 없는 C군으로 구분하여 A군 → B군 → C군의 순서로 대략적으로 변천하는 안이 제시되어 있다(岩本 2006 · 2013). 이 세 군의 차이는 제작 기술의 세부 차이에 따른 것이며, 기본적으로 기술 계통 차이에 있다고 추정하지만(細川 2012b), 부장품 편년이 세대 차 수준까지 파악할 수 있는 일본열도의 고분 부장품 편년에 근거하면 시기 차이로도 볼 수 있다. 즉, A군이 광역편년 Ⅳ기, B군이 광역편년 Ⅴ기, C군이 광역편년 Ⅵ기에 출현한 것으로 확인되었다(岩本 2018). 그리고 통형동기가 한일 양쪽에서 출토되므로 이를 통해 한반도와 일본열도 각각의 상대연대 병행 관계를 파악하는 것도 기대할 수 있다(岩本 2007). 실제 통형동기를 통해 일본열도와 한반도의 관계를 검토하면(표 1) 전기가야의 토기 편년과는 약간 차이가 있으나 일본열도의 고분 편년과는 모순 없이 대응한다(岩本 2018). 또한 역연대에 대해서는 광역편년 Ⅳ기가 4세기 1/4분기 후반부터 2/4분기, 광역편년 Ⅳ기가 4세기 3/4분기, 광역편년 Ⅵ기가 4세기 4/4분기, 광역편년 Ⅶ기가 5세기 1/4분기 전반으로 추정된다(岩本 2018 · 2024). 일본열도의 기년명 · 준기년명 자료에 의거하면 일부는 5세기에 걸치지만, 통형동기에 나타나는 한일 교섭은 4세기대가 메인이다.

제작지론 통형동기는 한일 양쪽에서 거의 같은 수의 출토 자료가 있어 제작지에 대해서는 한반도 제작설과 일본열도 제작설, 두 가지 설이 있다. 한반도설의 근거는 ①낙동강 하류역에서 집중적인 출토, ②한반도에서 다량 부장 사례의 존재, ③한반도 부장 배치에 보이는 높은 정형성, ④일본열도에서 지속적인 부장(보유) 집단의 부재, ⑤일본열도에서 분산적 분포, ⑥일본열도에서 폭넓은 계층 보유 경향 등이다(申 1993 · 2004; 田中 1998 · 2006 · 2009; 鄭 · 洪 2000; 井上 2003; 岩本 2005b · 2006; 田中 2006 등). 한편 일본열도설의 근거는 ①대성동 · 양동리 · 복천동의 3개 고분군에 집중되어 주변으로의 확산을 보이지 않는 점, ②한반도 통형동기 출토 사례에서 보이는 왜계 유물과의 동반 경향, ③통형동기와 결합하는 창 혹은 관옥제 설이 일본열도 제작일 가능성 등이다(山田 1969 · 2000; 小田 1993, 柳本 2001; 東 2006; 細川 2012; 申 2013 등). 다만 ①에 대해서는 최근, 망덕리 고분군이나 석동 고분군 등 중소 고분군에서 출토된 사실이 확인되었으며, ②와 함께 앞으로 재검토가 필요할 가능성이 높다. 어쨌든 위의 근거는 상황 증거일 뿐이고, 통형동기의 제작지를 쉽게 결정하기 어렵다. 현시점에서는 다양한 상황 증거를 축적하고 이를 종합적이고 정합적으로 해석하는 것이 요구된다.

유통론 1990년대 이후에 대성동 고분군에서 다수의 통형동기가 출토되고, 이후 낙동강 하류역에서 출토 사례가 축적됨에 따라 통형동기는 한일 교섭을 실증하는 고고자료로 자리매김하였다. 따라서 한반도 제작설에서는 전기가야세력에서 왜 왕권으로(鄭 · 洪 2000; 田中 1998, 2006; 井上 2003; 申 2004 등), 일본열도 제작설에서는 왜 왕권에서 전기가야세력으로(小田 1993; 柳本 2001 등) 증여가 이루어졌고 해석되어 왔다. 또 한반도설에서는 일본열도에 출토 사례가 격차 없이 매우 폭넓은 계층에 이르는 점에 주목해, 열도 내 모든 통형동기가 왜 왕권을 매개로 유통한 것이 아니라 열도 여러 지역과 한반도와의 독자적인 교섭을 상정하는 견해도 있다(岩本 2006). 또한 일본열도설에서는 중소규모분에서의 출토를 중시했을 때, 열도의 신흥 중소 세력에 의한 증여 가능성을 지적한다(山田 2000; 福永 2005).

한반도 내 유통에 대해서는 전기가야 세력을 상징하는 기물로 평가하는 경향이 강하며(申 2004 등), 대성동 집단을 중심으로 복천동 집단이나 양동리 집단에 배포했을 가능성도 상정된다(鄭 · 洪 2000). 한편 일본열도 내 유통에는 대 한반도 교섭과 연관한 왜 왕권 내부의 정권 교체를 중시하는 입장에서 신흥 중소 세력이 수용한 기물(田中 1998, 2006; 井上 2003), 신흥 세력이 배포한 기물(福永 1998)이라는 견해도 있다. 전자는 통형동기의 한반도 제작설, 후자는 일본열도 제작설에 의존하고 있는 점에 주의가 필요하다. 통형동기의 유통론은 대외 교섭론과 떼려야 뗄 수 없으며, 그 전제로 제작지론이 복잡하게 연계되어 논의되고 있다.

Ⅲ. 통형동기를 통해 본 한일교섭과 대성동 고분군

통형동기를 둘러싼 기존의 논의를 바탕으로, 여기서는 몇 가지 검토를 통해 4세기 한일교섭의 실상과 함께 당시 중요한 역할을 수행한 대성동 고분군의 위상을 고찰하고자 한다.

통형동기 보유현황 현재까지 대성동 고분군에서는 총 26점의 통형동기가 출토되었으며, 이어 양동리 고분군 15점, 복천동 고분군 12점이 확인된다. 이 세 고분군만으로도 총 53점이나 되는 통형동기가 확인되고 있어, 낙동강 하류역의 유력 집단에 통형동기가 사실상 독점되어 있는 사실은 명백하다. 이외에 중소 고분군인 망덕리 고분군이나 석동 고분군 등에서는 아직까지 통형동기가 대량의 묶음 상태로 부장된 사례는 확인되지 않고 있다. 이와 같이 특정 집단에 편중되지 않은 부장 양상은 일본열도의 출토 사례와도 유사한 경향을 보인다. 이러한 통형동기의 보유에 대해서는 한반도 조사사례의 축적과 함께 대성동 고분군의 독보적인 위상이 더욱 부각 되었다고 할 수 있다.

청동기로서의 통형동기 대성동 고분군이 보유량에서 뚜렷한 우위를 보이는 반면, 현재로서는 이들 유물의 제작지를 단정할 수 있는 근거는 여전히 부족한 실정이다. 이에 선행연구에서는 논의가 부족했던 청동 원료를 검토해 보고자 한다. 비교 자료는 통형동기와 같은 시기 고분시대 전기 왜경倭鏡 신新단계 거울군鏡群 및 파형巴形동기이다. 납 동위원소 비율 분석 결과를 도식화한 A형 그래프(그림 2)를 보면, 전기 왜경과 파형동기는 B영역에서도 우측 상단의 범위에 다수 분포하는 반면, 통형동기는 A영역에도 다수의 자료가 분포하며, B영역을 포함한 넓은 범위에 걸쳐 산포된다. 즉, 통형동기의 납 원료는 전기 왜경과 파형동기와 다른 산지의 것을 포함할 가능성이 높다. 앞서 지적한 바와 같이, 통형동기는 절삭중자 기법이나 복합적인 주형 구조가 전제된다는 점에서, 파형동기와는 기술적 계보가 다르다(岩本 2013). 즉, 이 청동기들은 제작기술이나 납 동위원소 비율에 있어서도 원료가 되는 금속에 차이가 있었음을 알 수 있다. 그렇다면 통형동기와 파형동기는 원료 금속의 조달 단계에서부터 서로 다른 청동기 공급 체계에 있었던 것으로 볼 수 있으며, 통형동기의 제작지를 일본열도 외부에서 찾을 수 있는 여지가 생긴다. 원료와 기술이라는 두 측면에서 보더라도, 분포가 집중된 전기가야 세력, 특히 대성동 고분군 조영 집단을 제작지 후보로 고려하는 것은 결코 비현실적인 주장이 아니다.

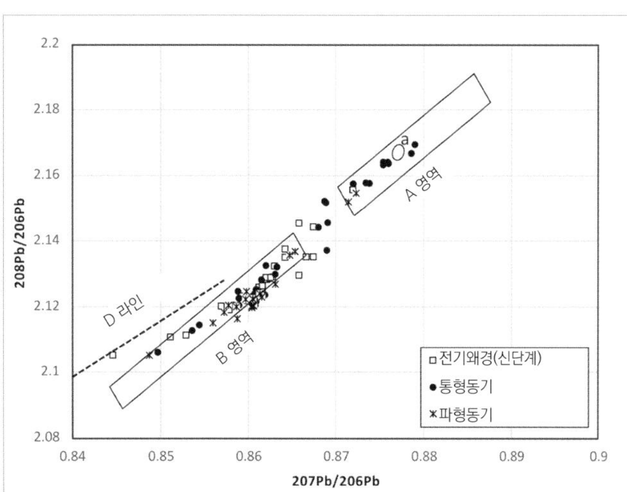

그림 2. 통형동기·전기 왜경·파형동기의 납동위원소

대성동 고분군과 4세기 한일교섭 지금까지의 논의를 종합하면, 통형동기와 대성동 고분군 간의 밀접한 관련성은 4세기 한일 교섭에 있어 이 고분군이 주도적인 역할을 했음을 입증하는 물질적 증거라고 평가할 수 있다. 이 시기 한반도에서는 통형동기에 한정되지 않고, 다수의 왜계 유물이 대성동 고분군에 집중되어 출토되는 현상도 대성동 고분군이 한일 교섭을 주도적으로 이끌었던 것을 보여준다. 또한 일본열도 내에서도 긴키 중부 지역에 통형동기가 가장 밀집 분포하는 사실로부터, 그 일부가 왜 왕권이 통제하에 있었던 것은 틀림없다(그림 3). 이러한 한일 교섭의 배경에는 전기가야 세력과 왜 왕권 간의 외교적 관계가 깊게 작용했음을 상기시켜 준다.

한편, 일본열도에서의 통형동기 출토 사례에는, 서일본의 전역에 걸쳐 산재하는 양상도 있다. 이들 대부분은 보유량도 1점에 그친다. 일본열도 고분에서는 일반적으로 상위 계층일수록 다양한 기물들을 다량 부장하는 경향이 있으며, 특히 왜 왕권의 중추 및 그 주변에서는 희소재를 독점하는 양상이 두드러진다. 통형동기는 이러한 왜 왕권 내의 희소재와는 성격이 다소 다른 점이 많다. 그렇다면 모든

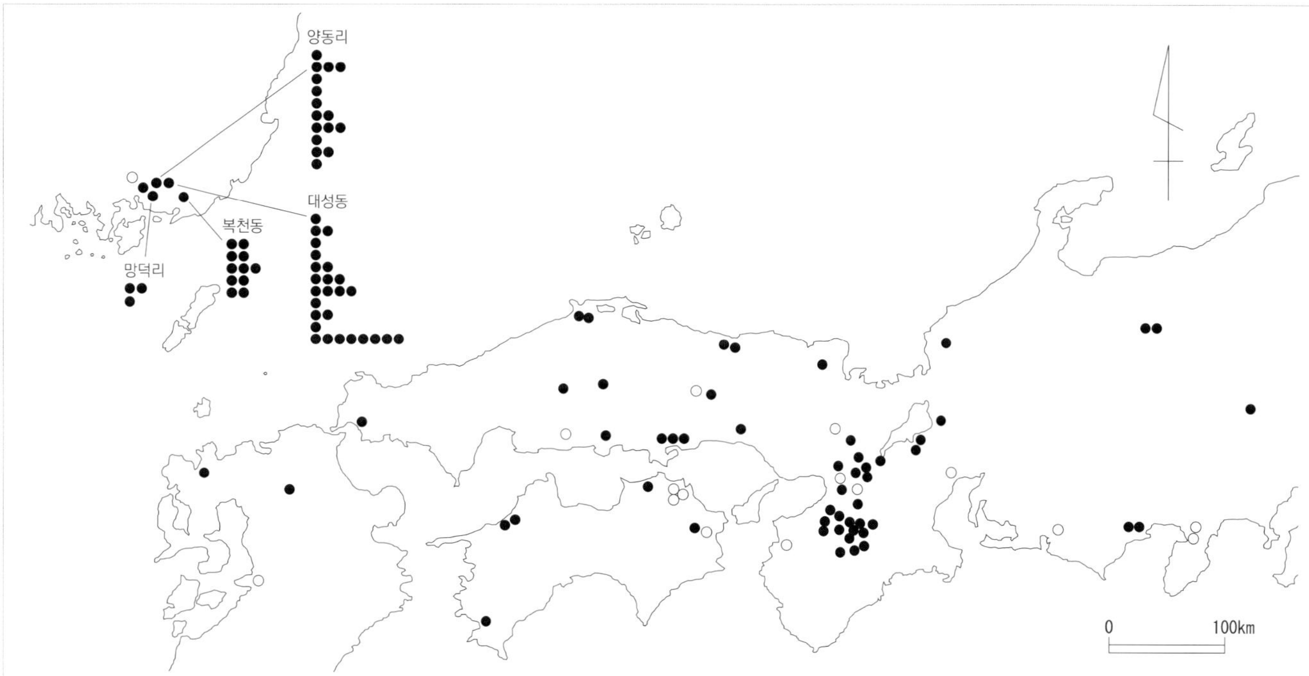

그림 3. 통형동기의 분포(○는 전출토 자료)

통형동기가 왜 왕권을 매개로 열도 각지에 유통되었다고 보기는 어렵고, 상대적으로 중소 규모 고분에서 1점만 부장되는 경우가 많은 서일본 해안 지역의 사례는 전기가야로부터 독자적으로 입수했을 가능성도 함께 고려할 필요가 있을 것이다.

이처럼 4세기 한일 교섭은 단순한 왕권 간의 외교를 넘어서, 지역 집단을 둘러싼 다층적인 대외 관계를 포괄하는 다양한 경로를 허용하고 있었던 것으로 보인다. 그 가운데 주도적인 역할을 수행한 것이 대성동 고분군 조영 집단이었음을, 한일 양 지역에서 출토된 통형동기는 잘 말해주고 있다.

Ⅳ. 맺음말

이상에서 살펴본 바와 같이, 한일 양 지역에서 출토된 통형동기를 둘러싼 연구의 도달점과 과제를 정리하고, 통형동기를 통해 본 4세기 한일 교섭의 양상을 개괄적으로 살펴보았다. 이번에 새롭게 주목한 원료 금속의 조달은, 한국과 일본을 넘어서는 청동기 공급체계와도 밀접하게 연관되어 있으며, 이로 인해 대성동 고분군은 자연스럽게 동아시아 규모의 교류 거점으로서의 성격을 띠게 된다.

또한 이러한 대외 교섭의 논의를 더욱 정밀하게 전개하기 위해서는, 통형동기의 기본적인 성격을 정확히 파악하는 것이 필수적이다. 일본열도에서 가장 많은 수가 부장된 나라奈良현 니이자와新澤 500호분 부곽에서는, 5점 중 4점의 통형동기가 통형 석제품 등 석제 유물 및 농공구와 함께 출토됐다. 오카야마岡山현 카나쿠라야마金蔵山 고분에서도 중앙 석실 부실에서는 통형동기 1점이 주조철부 5점을 포함한 농공어구와 함께 하니와제 상자埴製合子에 담겨 있었다. 이들 사례는 통형동기 자체가 하나의 독립된 유물 단위로 취급되었음을 보여주는 구체적인 예로, 그 유통 시의 양태를 파악하는 데에도 중요한 시사점을 제공한다. 결국, 이러한 개별 유물에 대한 면밀한 검토야말로, 보다 높은 해상도로 4세기 한일 교섭의 실상을 그려내는 새로운 첫걸음이 될 것이다. 그리고 그러한 기본적인 검토의 출발점으로서, 다수의 통형동기가 발굴조사로 확인된 대성동 고분군이 수행하는 역할은 매우 크며, 고고학을 바탕으로 한 4세기 동아시아 교류사 해명의 핵심적인 위치를 앞으로도 유지해 나갈 것이다.

金海大成洞古墳群出土の筒形銅器と4世紀の韓日交渉

岩本 崇
日本 島根大学

Ⅰ．はじめに

筒形銅器は４世紀における韓半島と日本列島の交渉関係の実態を探る上での鍵となる考古資料の一つである。これまでに出土資料として韓半島で約60点（収集品などを含むと韓半島での総数は80点程度となる）、日本列島では約70点が確認されており、とくに韓半島では1990年代以降に発掘調査によって事例の蓄積が進み、近年も出土が相次いだ。その結果、明らかとなったのは、韓半島での出土総数のじつに半数近くが大成洞古墳群から出土した点であり、筒形銅器の保有における同古墳群の卓越性である。

そこで以下では、筒形銅器を対象とした研究成果の到達点と課題を確認しつつ新たな知見も加えて、大成洞古墳群と４世紀の韓日交渉について概論する。

Ⅱ．筒形銅器をめぐる議論とその研究視角

主要な論点に限るが、筒形銅器をめぐる研究の到達点と課題を確認しておこう。

用途論　そもそも筒形銅器はそれじたいで機能を発揮するのではなく、アイテムに付属する部品としての性格が第一義である。ゆえに、研究は用途・機能の解明に重きが置かれた。剣把説にはじまり（鳥居1888、高橋1910、末永1941）、ほどなく出土状況などからヤリなど長柄武器の石突説（梅原1921、森本1929、村井1956、網干1974）、その形状の華奢さゆえに装飾的器物の柄すなわち杖頭説（小林1951、原2002）、舌の存在から鳴物説が示された（三木・小林1959、大塚1961）。各説は個々の資料の検討から立論されたが、出土状況の網羅的な検討による長柄武器の石突説（山田1969・2000）、さらに出土状況における長柄武器との非対応例から想定できる杖頭説との併存を考慮した装飾部品説（玉井1997）が現時点ではもっとも妥当な理解である。そのうえで重要なのは、出土状況にみる共通性からも韓日の双方において筒形銅

1. 目釘孔外面のバリ状痕跡（新沢500号墳A）

2. 目釘孔内面のバリ状痕跡（新沢500号墳E）

3. 透かし孔端面の鋳バリ（新沢500号墳C）

4. 目釘孔端面の研磨痕跡（福泉洞64号墳）

図 1. 筒形銅器の製作技術痕跡

器の用途・機能が共有されていた点であろう（岩本2005b、細川2012）。なお、時期と地域によって筒形銅器は用途を異にしたとの指摘もある（田中2006・2009）。このほか関連する視角として、筒形銅器の接続方法の検討もなされている（細川2010a）。

形態論　考古学的な検討の基礎をなす分類研究は、筒形銅器では形態論にはじまる。まず筒部中央付近にある節帯の有無にもとづき、中間有帯式から中間無帯式への推移が想定された（森本1929）。その後、節帯が複数ある中間多帯式を第Ⅰ類、口縁部を一回り太くし筒部中央に節帯をもつ中間有帯式を第Ⅱ類、口縁部を一回り太くし筒部中央に節帯のない中間無帯式を第Ⅲ類、全体が一定の太さの無帯式を第Ⅳ類、透かしのない無透式を第Ⅴ類とする細分案が示された。そしてこの類型差はおもに製作時期差と推定され、第Ⅰ類→第Ⅱ類→第Ⅲ類→第Ⅳ類へと変遷しつつも、その違いは副葬時期差に結びつかないとされた（山田1969・2000）。以降、この山田分類が筒形銅器の形態論的な検討の基礎をなす（鄭・洪2000、原2001）。なお、山田分類の類型差は筒形銅器の全長と意匠の相違に直結するところがあり、形態差が質的な格差に結びつく可能性についても注意が必要と考える。

技術論　技術論の視角は原材料と鋳造技法に大別される。ただし、原材料については、錫含有量がほとんどないものから約15%までと個体差が大きいこと（久野1988）、鉛同位体比分析結果の確認にとどまる（高田2006）。

技術論の中核を占める鋳造技法について、目釘孔や透かし孔に残るバリ状痕跡あるいは鋳造欠陥（**図1-1~3**）などから復元案が検討されている。その結果、削り中子技法で作出された内型を２枚の外型に格納する合笵鋳造技法（岩本2005a・2006・

表 1. 金官加耶の主要古墳群における筒形銅器の組み合わせと相対年代

古墳名		筒形銅器				巴形銅器	金官加耶土器編年	日本列島古墳編年
		総点数	A群	B群	C群			
大成洞古墳群	15号墳	1	1				金官加耶III段階	広域編年IV期
	18号墳	2	2				金官加耶III段階	広域編年IV期
	91号墳	1	1				金官加耶III段階	広域編年IV期
	108号墳	1		1			金官加耶III段階	広域編年V期
	13号墳					6	金官加耶III段階	広域編年V期
	2号墳	2	2			1	金官加耶IV段階	広域編年V期
	88号墳	3	1	2		13	金官加耶IV段階	広域編年V期
	94号墳	4	3	1			金官加耶IV段階	(広域編年V期)
	70号墳	1	不明				金官加耶IV段階	(広域編年V期)
	39号墳(主槨)	2	2				金官加耶V段階	(広域編年VI期)
	11号墳	1	不明				金官加耶VI段階	(広域編年VII期)
	1号墳(主槨)	8	6	2			金官加耶VI段階	(広域編年VII期)
福泉洞古墳群	38号墳(主槨)	2	1	1			金官加耶III段階	広域編年V期
	73号墳(主槨)	2	2				金官加耶III段階	-
	60号墳(主槨)	3	2	1			金官加耶IV段階	-
	64号墳	2	1	1			金官加耶IV段階	-
	71号墳(主槨)	2	1	1			金官加耶IV段階	-
	42号墳(主槨)	1			1		金官加耶IV段階	(広域編年VI期)
良洞里古墳群	443号墳(主槨)	3	不明				金官加耶IV段階	-
	105号墳	1	不明				金官加耶V段階	-
	331号墳	1		1			金官加耶V段階	-
	340号墳	1			1		金官加耶V段階	(広域編年VI期)
	352号墳	2	不明				金官加耶V段階	-
	304号墳(主槨)	3	2	1			金官加耶VI段階	-
	321号墳(主槨)	1		1			金官加耶VI段階	-
	447号墳(主槨)	2	1		1		金官加耶VI段階	(広域編年VI期)
	4C地区1号墳	1	1				不明	-

〔凡例〕巴形銅器は定型化型式の数を表記。日本列島古墳編年の（　）表記は筒形銅器のみによる位置づけ、-は倭系遺物がないことを示す。

2008）、外型を合笵としない失蝋法による蝋型鋳造技法（原2007、細川2010b）の二案が想定されている。なお、細川晋太郎は蝋型鋳造技法を基本としながら、良洞里447号墳（2）例のみ合笵鋳造技法とみる。蝋型鋳造技法を想定するのは、外面の研磨が徹底されるために合笵の痕跡が遺存しないにもかかわらず、目釘孔の周囲にのみ鋳張り状の痕跡が観察されるという不整合を解消できる点にある。しかし、目釘孔の鋳バリ状の痕跡については、近年にいくつかの資料を観察したところ、孔壁面に研磨痕を残す例や孔に変形を想定できる例があり（図1-1~1-4）、目釘孔外面のバリ状痕跡は鋳造後の穿孔にともなう可能性も考慮する必要がある。とはいえ、目釘孔に筒状の形態に沿う鋳バリを確認できる例がないこと、鋳造欠陥による変形の事例が少なからず存在することから、目釘孔がダボ状の中子を内型と外型に挿し込むことで鋳造された点には異論がなかろう。技術論で明らかとなったのは、筒形銅器の製作痕跡が基本的には韓日で共通する点であり、その技術体系の同一性である（岩本2006・2007）。これにより、山田分類の亜類となる例を模倣品とする理解（鄭・洪2000、申2004）は成り立ち難くなる。

ところで、良洞里447号墳（２）例はほかの例と比べて厚みが大きい個体であり、外面に型割線が残るのは研磨が不徹底であったことによる。とすれば、これを例外的な模倣品とみるのではなく、筒形銅器の鋳造技法を端的に反映した具体例と評価することも可能である。なお、筒形銅器に蝋型鋳造技法を想定した場合、同時期の日本列島における青銅器製作技術としては異例の存在となる点も捨象できない。その点では製作技術面からの金官加耶地域出土青銅器の比較検討（細川2019）をさらに深めることも必要である。

年代論　先にも述べたように、形態差にもとづく山田分類では各類型の時期差は副葬年代としては把握できない（山田1969・2000）。これに対して、合范鋳造技法を想定する立場から、目釘孔と透かしの位置関係が鋳型構造の差に通ずるとみて、目釘孔と透かしの位置が並ぶA群、目釘孔が透かしの間に位置するB群、目釘孔のないC群に区分し、A群→B群→C群の順に大まかに変遷する案が出されている（岩本2006・2013）。この３つの群の違いは製作技術の細かな相違にもとづくため、基本的には技術系統差に通ずると推測するが（細川2012b）、副葬品編年が世代差レベルまで把握しうる日本列島の古墳副葬品編年にもとづけば時期差としても捉えうる。すなわち、A群が広域編年Ⅳ期、B群が広域編年Ⅴ期、C群が広域編年Ⅵ期に出現したことが判明している（岩本2018）。そして、筒形銅器が韓日の両地域で出土するため、これを介して韓半島と日本列島それぞれの相対年代の併行関係を捉えることも期待できる（岩本2007）。実際、筒形銅器を介して日本列島と韓半島の関係を検討すると（表１）、金官加耶の土器編年とは若干のズレはありつつも、日本列島の古墳編年は矛盾なく対応する（岩本2018）。なお、暦年代については、広域編年Ⅳ期が４世紀第１四半期後半から第２四半期、広域編年Ⅴ期が４世紀第３四半期、広域編年Ⅵ期が４世紀第４四半期、広域編年Ⅶ期が５世紀第１四半期前半と推定される（岩本2018・2024）。日本列島の紀年銘・準紀年銘資料に依拠すると、一部は５世紀にさしかかるが、筒形銅器にみる韓日交渉は４世紀代を主体とすることになる。

製作地論　筒形銅器は韓日の双方でほぼ同数の出土資料が存在するため、製作地については韓半島製説と日本列島製説の二説がある。韓半島説の論拠は、①洛東江下流域での集中的な出土、②韓半島での多量副葬例の存在、③韓半島における副葬配置にみる高い定型性、④日本列島での継続的な副葬（保有）集団の不在、⑤日本列島での分散的な分布、⑥日本列島での幅広い階層での保有傾向などである（申1993・2004、田中1998・2006・2009、鄭・洪2000、井上2003、岩本2005b・2006、高田2006など）。一方の日本列島製説の論拠は、①大成洞・良洞里・福泉洞の３つの古墳群に集中し、周辺への広がりをみせない点、②韓半島での筒形銅器出土例にみる倭系遺物との共伴傾向の強さ、③筒形銅器と組み合うヤリあるいは舌の管玉が日本列島製である可能性などである（山田1969・2000、小田1993、柳本2001、東2006、細川2012、申2013など）。ただし①については、近年に望徳里古墳群や石洞古墳群など中小古墳群での出土が確認されており、②もあわせて今後に見直しが必要となる可能性が高い。いずれにせよ、上記の論拠は状況証拠でしかなく、筒形銅器の製作地をにわかには決めがたい。現時点ではさまざまな状況証拠を積み上げ、それらを整合的に解釈することが求められる。

流通論　1990年代以降に大成洞古墳群で多数の筒形銅器が出土し、その後も洛東江下流域で出土例が蓄積されたことをうけ、筒形銅器は韓日交渉を実証する考古資料として位置づけられた。そのため、韓半島説では金官加耶勢力から倭王権へ

（鄭・洪2000、田中1998・2006、井上2003、申2004など）、日本列島製説では倭王権から金官加耶勢力へ（小田1993、柳本2001など）、贈与がおこなわれたと解釈されてきた。なお、韓半島製説では、日本列島での出土例が格差なしに非常に幅広い階層におよぶ点を重視して、列島内のすべての筒形銅器が倭王権を介して流通したのではなく、列島諸地域と韓半島との独自の交渉を想定する見解もある（岩本2006）。また、日本列島製説では、中小規模墳での出土を重視した際に、列島の新興中小勢力による贈与の可能性を指摘する（山田2000、福永2005）。

韓半島内での流通については、金官加耶勢力を象徴する器物と評価する向きが強く（申2004など）、大成洞集団を中核として福泉洞集団や良洞里集団に配布した可能性も想定される（鄭・洪2000）。一方で日本列島での流通には、対韓半島交渉と関連づけた倭王権内部での政権交代を重視する立場から、新興中小勢力が受容した器物（田中1998・2006、井上2003）、新興勢力が配布した器物（福永1998）との見方もある。前者の理解は筒形銅器の韓半島製作説、後者は日本列島製説に依拠している点には注意が必要である。筒形銅器の流通論は対外交渉論と不可分であるとともに、その前提として製作地論が複雑に関連づけられつつ議論されている。

Ⅲ. 筒形銅器からみた韓日交渉と大成洞古墳群

筒形銅器をめぐる既往の議論をふまえつつ、以下では若干の検討を通じて、４世紀における韓日交渉の実態とそれに重要な役割を果たした大成洞古墳群の位置づけを探ることにする。

筒形銅器の保有状況　大成洞古墳群からはこれまでに26点の筒形銅器が出土し、これに良洞里古墳群の15点、福泉洞古墳群の12点が続く。上記の３つの古墳群だけで53点もの筒形銅器が確認されており、洛東江下流域の有力集団に筒形銅器が占有されている事実は明白である。このほか、中小古墳群である望徳里古墳群や石洞古墳群などではいまのところ筒形銅器がまとまって保有される状況にはない。同じように特定集団にまとまって保有されない様相は、日本列島の筒形銅器の存在形態にも通じる。このように、筒形銅器の保有については、韓半島での調査例の蓄積とともに大成洞古墳群の卓越性が浮き彫りとなったのである。

青銅器としての筒形銅器　保有量において大成洞古墳群の卓越性が際立ついっぽう、製作地を確定する材料はなおも乏しい現状にある。そこで、先行研究では検討が手薄であった青銅原料を検討してみよう。比較資料は、筒形銅器と同時期の古墳時代前期倭鏡新段階鏡群、ならびに巴形銅器である。鉛同位体比を示したA式図をみると（図２）、前期倭鏡と巴形銅器はB領域でも右上の範囲に多数が分布するのに対し、筒形銅器はA領域にも多数の資料がプロットされつつB領域を含めた広い範囲に分散する。つまり、筒形銅器の鉛原料は前期倭鏡や巴形銅器とは異なる産地のものを含む可能性が高い。以前に指摘したが、筒形銅器は削り中子技法や複雑な鋳型構

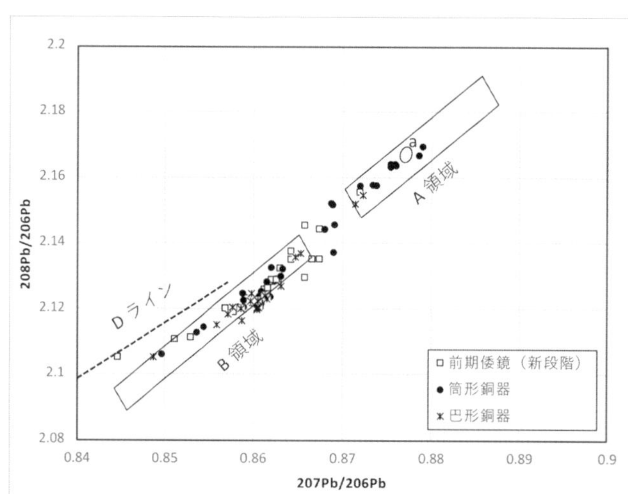

図 2. 筒形銅器・前期倭鏡・巴形銅器の鉛同位体比

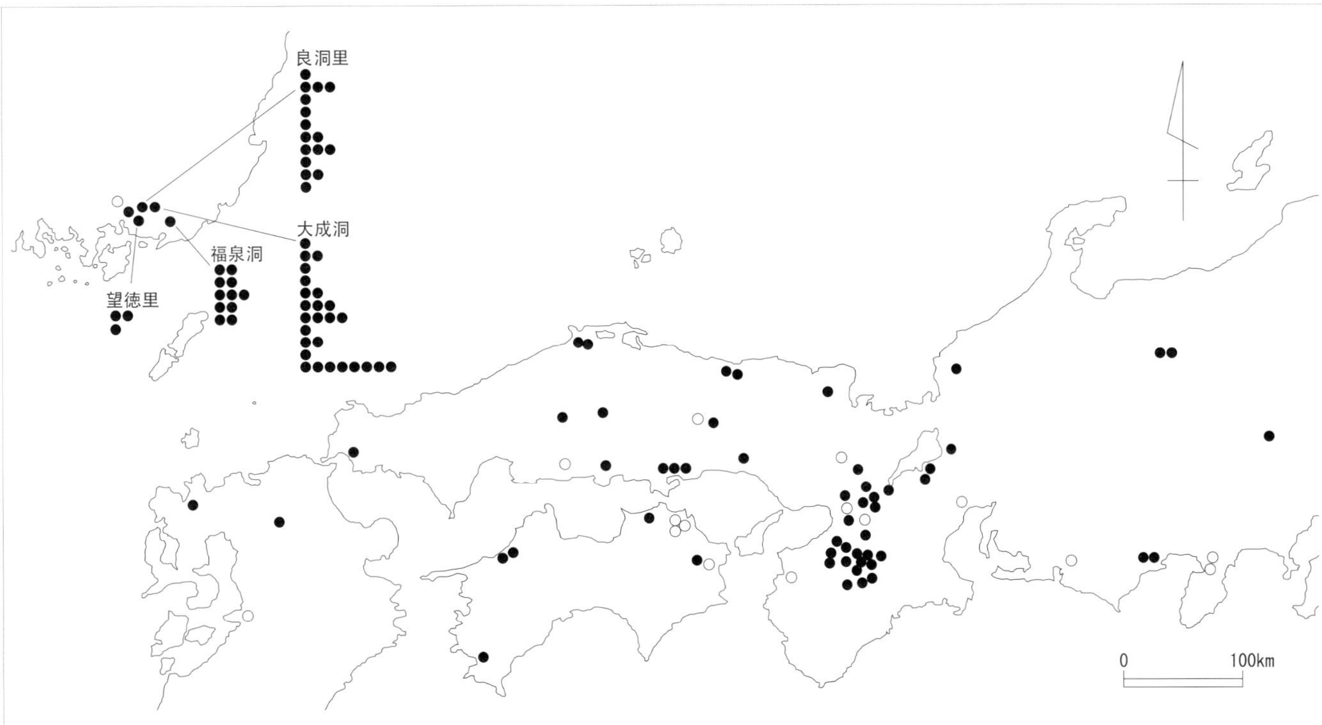

図 3. 筒形銅器の分布（○は伝出土資料）

造を想定できる点で、巴形銅器とは技術系譜が異なる（岩本2013）。つまり、これら青銅器については、製作技術面と鉛同位体比にもとづく原料金属の異同が整合的な関係にあることがわかる。とすれば、筒形銅器と巴形銅器とでは原料金属の入手にはじまる青銅器サプライチェーンは相違していたと考えられ、筒形銅器の製作地を日本列島以外に求めうる余地が生ずる。原料と技術の二つの観点からも、製作地の候補として分布が集中する金官加耶勢力、とりわけ大成洞古墳群造営集団を考慮することは荒唐無稽な話ではないのである。

大成洞古墳群と 4 世紀の韓日交渉　ここまでの議論から、筒形銅器と大成洞古墳群にみる高い関連性は 4 世紀の韓日交渉における同古墳群の主導的な役割を実証する物的資料と評価できる。そして、該期の韓半島においては筒形銅器に限らず、倭系遺物の多くが大成洞古墳群に集中して確認される現象も、韓日交渉における大成洞古墳群の主導性の高さを示している。そして、日本列島でも近畿中部に筒形銅器がもっとも濃密に分布する状況から、筒形銅器の一部を倭王権が管理したことは疑いない（図 3）。こうした韓日交渉の背景には、金官加耶勢力と倭王権との外交的な関係を強く想起させるであろう。

一方で、日本列島の筒形銅器出土例には、西日本の広域に点在する状況もある。それらは保有量も大半が 1 点にとどまる。日本列島の古墳では各種器物を上位層ほど多量副葬する傾向があり、とくに倭王権中枢と周辺では稀少財を独占する様相が著しい。筒形銅器はそうした倭における稀少財のあり方とは異なる部分が多い。とすれば、すべての筒形銅器が倭王権を介して列島諸地域に流通したと考えは成り立ち難く、相対的に中小規模墳での単数副葬が多い西日本の海浜部の事例では独自に金官加耶から入手した可能性も考慮しておく必要があろう。

このように、 4 世紀の韓日交渉の実態は王権間の外交のみにとどまらず、地域集団をとりまく重層的な対外関係を包含する多様なチャンネルを許容していたと考える。そのなかで主導的な役割を果たしたのが大成洞古墳群造営者集団であることを、韓日で出土する筒形銅器は如実に物語っているのである。

Ⅳ. おわりに

以上、韓日で出土する筒形銅器をめぐる研究の到達点と課題を確認し、筒形銅器からみた４世紀の韓日交渉について概説した。新たに着目した原料金属の入手は、韓日にとどまらない青銅器サプライチェーンと密接に関係するため、大成洞古墳群は自ずと東アジア規模での交流関係の拠点としての性格を帯びることとなる。

さらに、こうした対外交渉の議論を精緻化するには、筒形銅器の基本的な性格をおさえることが不可欠である。日本列島で最多副葬数をほこる奈良県新沢500号墳副槨では、５点中４点の筒形銅器は筒形石製品など石製品や農工具とまとまって出土した。岡山県金蔵山古墳でも中央石室副室の筒形銅器１点が鋳造鉄斧５点を含む農工漁具とともに埴製合子に納められていた。これらは筒形銅器それ自体を単体で取り扱った具体例として、筒形銅器の流通時の姿を考えるうえでも示唆的である。そして、そうした個々の筒形銅器の丹念な検討こそが、高い解像度で韓日交渉の実像を描き出す新たな一歩となるに違いない。基本的な検討に立ち返る上でも、発掘調査によって多数の筒形銅器が出土した大成洞古墳群が果たす役割は大きく、考古学にもとづく４世紀の東アジア交流史解明において中核的な位置にありつづけるであろう。

参考文献

東潮, 2006,『倭と加耶の国際環境』, 吉川弘文館.

網干善教, 1974,「筒形銅器に関する２、３の問題」,『谷畑古墳』, 榛原町教育委員会.

井上主税, 2003,「김해 및 부산지역 古墳 출토 倭系遺物에 대하여」,『韓国考古学報』第51輯, 韓国考古学会.

岩本崇, 2005a,「筒形銅器の製作技術」.『紫金山古墳の研究-古墳時代前期における対外交渉の考古学的研究-』, 京都大学大学院文学研究科.

岩本崇, 2005b,「筒形銅器の副葬とその背景」,『定納古墳群』, 近江町文化財調査報告書第28集, 近江町教育委員会.

岩本崇, 2006,「筒形銅器の生産と流通」,『日本考古学』第22号, 日本考古学協会.

岩本崇, 2007,「筒形銅器と三国·古墳時代の並行関係」,『한일 삼국·고분시대의 연대관(II)』, 韓国国立釜山大學校博物館·日本国国立歴史民俗博物館.

岩本崇, 2008,「筒形銅器·巴形銅器の製作技術」,『考古学ジャーナル』№570, ニューサイエンス社.

岩本崇, 2013,「さまざまな青銅器」,『副葬品の型式と編年』, 古墳時代の考古学４, 同成社4.

岩本崇, 2018,「古墳時代前期暦年代の試論」,『前期古墳編年を再考する』, 六一書房.

岩本崇, 2024,「中期古墳の相対編年と暦年代」,『中期古墳編年を再考する』, 六一書房.

梅原末治, 1921,『佐味田及新山古墳研究』, 岩波書店.

大塚初重, 1961,「筒形銅器について」,『三池平古墳』, 庵原村教育委員会.

小田富士雄, 1993,「古墳文化期における日韓交渉-倭と百済·伽耶·新羅-」,『伽耶と古代東アジア』, 新人物往来社.

久野雄一郎, 1988,「筒形銅器の金属学的研究」,『橿原考古学研究所論集』第10創立五十周年記念, 吉川弘文館.

小林行雄, 1951,『日本考古学概説』創元選書218, 東京創元社.

申敬澈, 1993,「加耶成立前後の諸問題」,『伽耶と古代東アジア』, 新人物往来社.

申敬澈, 2000,「金官加耶 土器의 編年」,『伽耶考古學論叢』, 伽耶文化研究所.

申敬澈, 2004,「筒形銅器論」,『福岡大学考古学論集-小田富士雄先生退職記念-』, 小田富士雄先生退職記念事業会.

申敬澈, 2013,「大成洞88，91號墳의 무렵과 의의」,『考古廣場』제13호, 부산고고학연구회.

末永雅雄, 1941,『日本上代の武器』, 弘文堂書房.

高田貫太, 2006,「筒形銅器研究の動向と展望-鉛同位体比分析結果と関連して-」,『東アジア地域における青銅器文化の移入と変容および流通に関する多角的比較研究』, 国立歴史民俗博物館.

高橋健自, 1910,「近時発見の珍品其三」,『考古学雑誌』第２巻第３号, 考古学会.

田中晋作, 1998,「筒形銅器について」,『網干善教先生古稀記念古文化論集』(上), 網干善教先生古稀記念論文集刊行会.

田中晋作, 2006,「筒形銅器についてII」,『古代学研究』第173·174号, 古代学研究会.

田中晋作, 2009,『筒形銅器と政権交代』, 学生社.

玉井功, 1997,「メモ·筒形銅器の用途とその意味」,『伊達先生古稀記念古文化論叢』, 伊達先生古稀記念古文化論叢刊行会.

趙晟元, 2018,「3～4世紀における韓国嶺南地域と日本の交流について」,『前期古墳編年を再考する』, 六一書房.

鄭澄元·洪潽植, 2000,「筒形銅器研究」,『福岡大学総合研究所報』第240号(総合科学編第３号), 福岡大学総合研究所

鳥居龍蔵, 1888,「阿波国二古墳ノ記」,『東京人類学会報告』第17号, 東京人類学会.

原久仁子, 2001,「한일 출토 筒形銅器에 대한 비교 검토」,『三国時代研究』1(清渓古代学研究会学術叢書１), 学研文化社.

原久仁子, 2002,「筒形銅器의 用途推定論에 대한再検討」,『悠山姜仁求教授停年紀念　東北亜古文化論叢』, 悠山姜仁求教授停年紀念論叢編纂委員会.

原久仁子, 2007,「筒形銅器研究の問題点」,『伊藤秋男先生古希記念考古学論文集』, 同刊行会.

福永伸哉, 1998,「対半島交渉から見た古墳時代倭政権の性格」,『青丘学術論集』第12集, 財団法人韓国文化研究振興財団.

福永伸哉, 2005,「筒形銅器·巴形銅器出土古墳の性格」,『三角縁神獣鏡の研究』, 大阪大学出版会.

細川晋太郎, 2010a,「한반도 출토 통형동기와 자루의 접속방법」,『考古廣場』제6호, 부산고고학연구회.

細川晋太郎, 2010b,「韓半島출토 筒形銅器의 製作技術 복원」,『科技考古研究』, 16號.

細川晋太郎, 2012,「한반도 출토 筒形銅器의 제작지와 부장배경」,『韓国考古学報』第85輯, 韓国考古学会.

細川晋太郎, 2019,「三国時代 金海·釜山地域出土の銅製品について」,『和の考古学-藤田和尊さん追悼論文集-』, ナベの会.

三木文雄·小林行雄, 1959,「伝統工芸と新興工芸装身具の変遷」,『世界考古学大系』日本III 古墳時代, 平凡.

村井嵓雄, 1956,「武蔵国川田谷熊野神社境内所在の古墳」,『考古学雑誌』第41巻 第３号, 日本考古学会.

森本六爾, 1929,「筒形銅器概観と本古墳発見品」,『川柳村将軍塚古墳の研究』, 岡書院.

柳本照男, 2001,「金海大成洞古墳群出土の倭系遺物について」,『久保和士君追悼考古論文集』, 久保和士君追悼考古論文集刊行会.

山田良三, 1969,「筒形銅器考」,『古代学研究』55号, 古代学研究会.

山田良三, 2000,「筒形銅器の再考察1999」,『橿原考古学研究所紀要考古学論攷』, 第23冊.

2.
더 큰 무대로 교역의 확장

북방 초원의 유목민이 쓰던 청동 솥, 중국에서 만든 금허리띠와 은팔찌, 호화로운 장식으로 꾸며진 금동제 마구류, 이웃 권력자들에게 나눠 준 원통모양 청동기, 왜에서 사용한 토기, 이것들은 대성동 고분군에 나란히 놓여, 가야가 단순히 하나의 문화만이 아니라 흐르는 바다처럼 문물이 흘러 여러 세력과의 교류 속에서 성장 했다는 것을 보여줍니다.

1) 북방·중국계 유물

북방지역

청동 솥은 북방 초원지대의 유목민이 주로 사용하던 그릇으로 주로 탁발 · 모용선비의 영역과 산서성과 섬서성, 호북성 등 북방의 유목민이 주로 사용하였고 한반도에서는 평양의 낙랑, 김해 대성동, 김해 양동리 등 가야 지역에서 주로 출토되고 있었습니다. 대성동 고분군에서는 29호분과 47호분에서 각각 1점씩 출토되었습니다. 29호 청동 솥의 몸통은 길쭉하며 손잡이는 얇은 고리형으로 되어 있습니다. 이 청동 솥 내부에서는 기장과 식물 화분이 확인되어 가야 사람들의 식생활을 엿볼 수 있습니다.

154
청동 솥
銅鍑
Bronze Cauldron

김해 대성동 29호
높이 18.2

참고 유물
청동 솥
銅鍑
Bronze Cauldron

김해 대성동 47호
높이 17.7
대성동고분박물관

155

쇠를 틀에 부어 만든 도끼

鑄造鐵斧

Cast Iron Axe

김해 대성동 45, 91호
길이 11.2(오른쪽)
대성동고분박물관

참고 유물

쇠솥

鐵鍑

Iron Cauldron

김해 양동리 318호
높이 34.2

참고 유물

쇠솥

鐵鍑

Iron Cauldron

포항 남성리 15호분
높이 18.5

중원지역

청동용기(청동바리와 청동세, 청동완)는 중국 동오東吳 시기 출현하여 서진西晉 시기 유행하며 남북조 시기까지 잔존하였습니다. 대성동 고분군에서는 3세기 후반 4세기 전반에 해당하는 91호분과 108호분 등에서 출토되었습니다.

청동거울은 악귀를 쫓고 망자의 시신에서 정기가 빠져 나가는 것을 막는다고 생각하여 무덤 주인공의 가슴에 올려 두었습니다. 대성동 고분군 후한 시기 4점, 위진 남북조 시기 3점, 일본 고훈시대 거울이 1점이 확인되었습니다. 대체로 후한의 거울인 연호문경이 4점으로 가장 많고, 3점은 중국제이지만 108호분은 문양이 투박하며 동질이 좋지 않아 후한시대 거울을 모방한 일본계 거울로 확인되었습니다.

156

청동바리

銅鉢

Bronze Bowl

김해 대성동 108호
높이 5.5
대성동고분박물관

157

청동거울(연호문경)

銅鏡(連弧文鏡)

Bronze Mirror with Inward-Turning Floral Patterns

김해 대성동 108호
지름 9.5
대성동고분박물관

참고 유물

청동바리

銅碗

Large dangling bronze vessel

김해 대성동 91호
높이 5.2(위)
대성동고분박물관

김해 대성동 고분군 출토 중국계 유물로 본 가야의 대외관계

이 현 우
부산대학교 인문학연구소

Ⅰ. 머리말

김해 대성동 고분군은 전기가야를 대표하는 고분군으로, 가락국駕洛國 왕들의 묘역이다. 1990년부터 대성동 고분군에 대한 발굴조사가 진행되면서 중국에서 유입되었거나 유입 후 토착화된 금동관, 동경, 동복, 마구 등의 유물이 출토되었다. 2000년대 이후 68호를 기점으로 88호, 91호, 108호 등에서 중국과 관련된 유물이 다량 확인되어 학계의 주목을 끌었다. 4세기대 가락국은 고김해만이라는 자연내항과 변진한 시기부터 익숙한 바닷길을 통해 중국, 일본열도와의 교역을 주도하였다. 4세기대 한반도 남부지역에서 가장 많은 중국·일본계 유물이 대성동 고분군에 집중된 것은 당시 가락국이 동아시아 교역망에서 차지하는 위상을 보여준다.

Ⅱ. 대성동 고분군의 중국계 유물

대성동 고분군 1호·2호·14호·23호·29호·47호·68호·70호·88호·91호·108호에서 중국과 관련된 유물이 출토되었다. 중국 관련 유물은 관, 대금구, 청동용기, 동경, 장식마구, 장신구, 유리, 칠기, 운모가 있으며, 29호를 제외하면 대부분 4세기 중엽에 집중된다.

이 시기 중국에서는 모용선비慕容鮮卑가 세운 전연前燕이 세력을 확장하여 중원을 장악하였다. 모용황은 337년 요서의 극성에서 왕을 칭하고 연을 세웠으며, 342년 용성으로 천도한다. 337~342년을 획기로 삼연문화三燕文化가 형성되는데, 기존의 유목민족적 색채가 옅어지고 관료기구를 바탕으로 한 연이라는 국가 체제로 완전히 진입하게 된다. 물질문화 상에서도 이 시점 이후 용성권역이 중심이 되어 원대자벽화묘, 십이대향전창88M1과 같은 상위계층의 대형 석실묘가 조영되고, 신분적 표상인 장식마구가 완비되며, 토착화된 진식대금구와 삼연식대금구, 삼루환두대도가 출현하고, 중장기병이 중심이 되는 전술로 전환된다. 전연은 350년 요서 용성龍城에서 출병하여 남하하였고, 352년에는 수도를 계(薊, 현재 북경)로 옮기고, 357년에는 업(鄴, 현재 하북성 한단邯鄲)으로 천도하였다. 350~370년까지 산동, 요서, 요동 전역이 전연에 속하였으며, 발해만을 비롯하여 산동에서 요동에 이르는 바닷길도 모두 장악하였다. 대성동 고분군에 유입된 중국계 유물은 전연과 깊은 관련이 있으며, 이 시기 한반도 남부지역에서 요서지역과 산동반도에 이르기 위해서는 반드시 전연이 통제하는 바닷길을 이

표 1. 3세기말~4세기 중엽 대성동 고분군의 중국계 유물

무덤	크기	중국계 유물								
		관	진식 대금구	청동 용기	동경	장식마구	장신구	유리	칠기	운모
29호	대1	금동관		鍑						
91호	대1			釜 洗		영부·패제운주, 마면, 반구형 금구등		○	碗	○
108호	중1			碗						
2호	대1				鳥文鏡2					
70호	대1		수하식		連弧文鏡	반구형금구		○		
14호	중1				連弧文鏡					
88호	대1		1세트							
23호	대2				方格規矩鏡					
68호	대2						은환			
47호	중			鍑						

크기-대1 35㎡ 이상, 대2 20~35㎡, 중1 13~20㎡, 중 2 8~13㎡ (심재용 2019의 분류) , 표에서 재갈, 등자 및 안장 제외

용해야만 했다. 대성동 고분군의 중국계 유물의 실체는 모용선비의 삼연문화권 특히 전연에서 창출되었거나 서진에서 제작된 이후 전연을 경유하여 유입된 유물이다.

1. 전연에서 제작되어 유입된 기물

전연에서 제작되어 유입된 기물에는 마구와 동복이 있다. 대성동 91호에서는 방울이 달린 영부운주와 4개의 고리를 가진 용문 반구형운주, 쌍용문 반구형금구가 출토되었는데, 모두 금동제이다. 전연에 유사한 형태의 마구가 존재하는데, 전연에서 제작되어 직접적으로 유입되었다. 반면, 91호 표비, 68호 안장은 전연에서 유입된 이후 곧바로 토착화되었으며, 91호 철제 반구형운주 역시 금동제 반구형운주를 모방하여 제작한 것이다. 당시 전기가야에는 도금기술이 없었기 때문에 가장 익숙한 철을 사용하여 모방하였고, 여기에 일본열도에서 수입한 고호우라를 올려 장식하였다. 패각을 사용한 운주 역시 전연의 패제운주와 형태적으로 유사하다. 패각 재료는 일본열도의 고호우라와 이모가이를 활용하였다(木下尙子 2017).

이러한 마구의 유입은 전기가야에 새로운 기마문화의 등장을 의미한다. 변진한의 마구는 철제 표비 중심으로, 3세기대에는 이미 의기화가 진행되어 실사용이 불가능하고, 부장을 위한 명기明器로 제작되어 무덤에 매납되었다. 하지만 삼연마구의 유입과 함께 긴 인수를 갖춘 표비, 경식안, 운주 등 신식마구가 출현하였으며, 마구와 함께 삼연의 기마문화가 정착하게 되며, 말을 장식하여 위세를 나타내는 식마문화가 등장하게 된다.

동복은 고대 북방 민족의 취사도구로, 북방계 청동용기이다. 대성동 47호에서 출토된 동복은 요서 라마동유적에서 출토된 동복과 형태, 제작기법이 유사하다.

2. 전연을 경유하여 유입된 기물

3세기말 모용선비가 요서에 정착한 이후 본격적으로 진晉 문화를 받아들이는데 이 과정에서 묘제, 토기, 청동용기, 진식대금구 등이 요서지역에 출현한다. 원강元康 3년(293년) 낙양에서 주조되어 요서 라마동ⅡM315호묘에 부장된 쌍이소동호雙耳小銅壺가 대표적이다. 대성동 고분군에서 출토된 부와 세, 완, 칠기, 운모 가공품 역시 중원에서 제작되어 전연에 들어온 후 바닷길을 통해 마구와 함께 김해지역에 유입되었을 가능성이 크다.

유리기도 서역에서 들어와 동일한 루트로 김해지역에 유입되었을 것이다. 특히 91호에서 출토된 부에서 두터운 주사의 흔적이 확인되었으며 가공된 운모편도 발견되었

그림 1. 가야마구와 삼연마구의 비교 (이현우 2022 수정 후 인용)

1. 부산 복천동38호 2. 김해 대성동 70호 주곽 3,5. 북표 창량교묘 4. 내몽고 육가자 6. 조양 원대자벽화묘
7. 북표 라마동 I M21 8. 북표 풍소불묘 9. 북표 라마동 II M196 / 기타 김해 대성동 91호

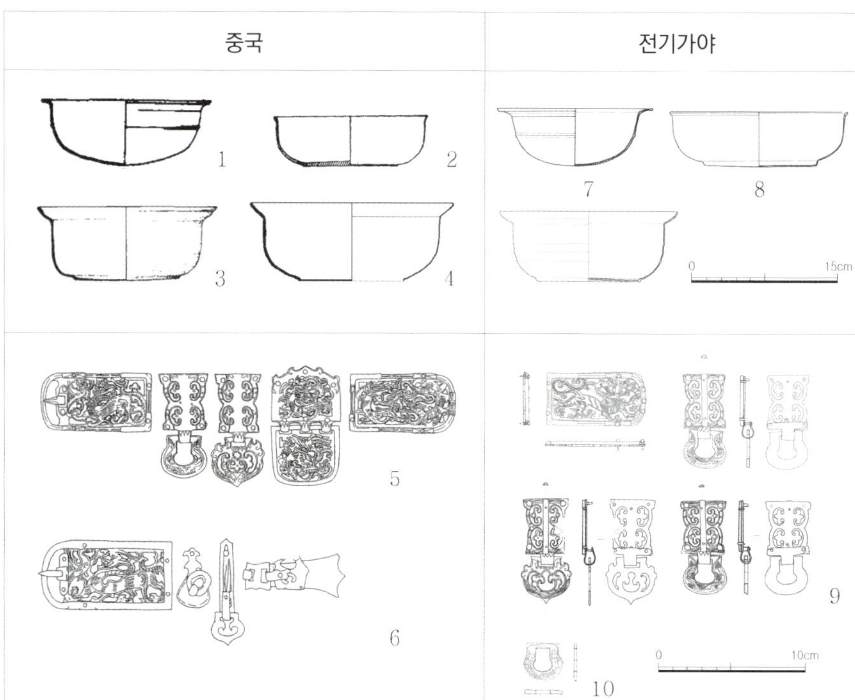

그림 2. 중국과 전기가야의 청동용기와 진식대금구 비교

1. 낙양 신안고로구한묘 2. 광동 하당사대강M5 3. 북표 라마동 II M328 4. 낙양 화산로CM2349 5. 북표 라마동 II M275
6. 광주 대도산묘(324년) 7. 대성동 91호 8. 대성동 108호 9. 대성동 108호 10. 대성동 70호

다. 가야에서 주사와 운모가 함께 출토된 예 중 연대가 가장 이른 자료이다. 주사와 운모는 도교에서 선약을 만드는데 사용되는 주 재료로, 이 시기 기물 뿐만 아니라 도교사상의 유입도 상정할 수 있다.

대성동 88호에서 진식대금구의 대단금구와 과판이 출토되었다. 대단금구의 문양은 쌍용문으로 변화하였으나 과판을 갖추고 있고 연금 상의 ☒문양도 아직 원래 형태를 유지하고 있다. 광주 대도산묘(324년)와 라마동Ⅱ M275호묘 진식대금구와 비슷한 연대인 320~330년대 전후에 둘 수 있다. 중원 혹은 남방에서 제작되어 전연을 경우하여 김해지역에 유입되었을 가능성이 크다.

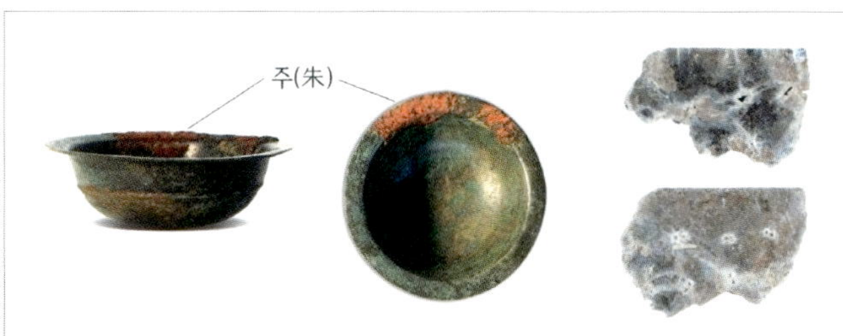

그림 3. 대성동 91호 출토 부에 부착된 주사(좌)와 운모(우) (대성동고분박물관, 2013 수정 후 인용)

Ⅲ. 가야와 전연의 교류: 환황해-남해안 해양 네크워크의 중심 축

전기가야의 맹주 가락국은 자연내항인 고김해만을 출발하여 남해안를 거쳐 낙랑 · 대방의 고지에 이르는 바닷길을 이용하였다. 이후 북쪽으로 전연이 통제하는 바닷길을 따라 요서의 항구 금주錦州 더 나아가 산동반도의 동래東萊(현재의 연태)에 도달할 수 있었다. 당시 한반도와 중국을 연결하는 환황해-남해안 해양 네크워크는 발해만의 바닷길을 통제한 전연 그리고 남해안과 황해안을 종횡무진한 전기가야라는 집단이 있었기에 가능한 것이었다. 전연과 전기가야의 직접적인 교류는 370년 전연의 멸망, 백제의 부상에 의한 서해 해상권 상실(신경철 2017), 고구려의 요동 영위에 의해 단절된다.

즉, 전기가야는 선진문물을 입수하는 교역 대상과 황해안의 바닷길을 모두 상실하였으며, 대중교류의 창구 역할도 쇠퇴한다. 4세기 중엽 가락국의 왕묘인 대성동 고분군에 중국계 유물이 집중 출토되는 양상도 이를 반증한다.

Ⅳ. 맺음말

변진한은 일찍부터 바닷길을 통해 낙랑 · 대방지역으로 철을 수출하였으며, 전기가야는 이러한 고대 해상 교역로를 계승하여 적극적으로 활용하였다. 당시 대중교역의 주 상대는 모용선비의 전연이었으며, 전연은 발해만을 비롯하여 요동~산동에 이르는 바닷길을 장악하였다. 4세기 중엽 이 두 집단을 축으로 환황해-남해안 해양 네크워크가 형성되었으며, 전연에서 제작된 기물 그리고 전연을 경우한 중국계 기물이 전기가야에 유입되었다. 특히 전기가야의 수장은 전연으로부터 진식대금구, 청동용기, 장식마구 등을 수입하여 그들의 위세를 드러냈으며, 도교사상과 함께 선약의 재료인 주사와 운모를 입수하였다. 대성동 고분군에서 출토된 중국계 유물은 당시 가락국이 동아시아 해상 교역망에서 차지하는 위상을 가시적으로 보여준다.

참고문헌

이현우, 2022, 「황해를 건넌 모용선비인과 가야인」, 『문화 교통공간으로서의 동아시아』, 부산대학교출판문화원

대성동고분박물관, 2013, 『동아시아 교역의 가교, 대성동 고분군』.

木下尙子, 2017, 「김해 대성동 91호분 출토 고호우라 · 청자고동 제품 - 패장마구와 그 평가-」, 『金海 大成洞古墳群 -추가 보고 및 종합 고찰-』, 대성동고분박물관, 2017.

申敬澈, 2017, 「加耶 · 新羅 初期馬具의 성격과 의미 - 騎乘用재갈을 소재로-」, 『古文化』90.

심재용, 2019, 「金官加耶 古墳 硏究」, 부산대학교 대학원 고고학과 박사학위논문.

2) 왜계(일본계) 유물

바람개비 모양 청동기 바깥면은 중앙에 볼록 솟은 원뿔을 중심으로 바람개비 모양을 띠며 안쪽 면은 가운데를 가로지르는 길고 얇은 봉이 있습니다. 13호분에서 출토된 바람개비 모양 청동기 2점에는 나무의 흔적이 확인되어 나무로 만든 방패에 장식용으로 사용되었을 것으로 추정됩니다. 13호분 출토된 바람개비 모양 청동기는 북동쪽 모서리에서 2점은 바깥면이 위로 향하고 다른 2점은 바깥면이 바닥을 향하도록 놓여있어 방패 2점이 교차하여 부장되었음을 보여주고 있습니다. 이러한 바람개비 모양 청동기는 일본 야요이弥生시대 거푸집이 출토되었습니다. 대성동고분군에서는 대량으로 22점이나 발견되어 일본과의 교류를 잘 보여줍니다.

158
바람개비모양 청동기
巴形銅器
Bronze Shield Ornaments

김해 대성동 13호
지름 12.0(왼쪽 위)

159

바람개비모양 청동기

巴形銅器

Bronze Shield Ornaments

김해 대성동 88호

지름 4.9(위)

대성동고분박물관

사진 19. 바람개비 모양 청동기가 부착된 방패 복원품

왜계 장신구

곱은형 비취구슬과 대롱형의 벽옥제 구슬로 만든 목걸이 장신구는 현재 한반도에서 원석 산지가 확인되지 않아 일본에서 유입되었을 것으로 보고 있습니다.

대성동 고분군에서는 18호분, 88호분, 108호분 등 4세기 전반의 위계가 높은 무덤에서 출토되고 있습니다. 일본 기나이畿內 지역 중심 유물이 대성동 고분군으로 많이 유입되면서 같이 출토되는 경향이 나타나고 있습니다.

161
비취 곡옥이 달린 목걸이
翡翠曲玉 · 頸飾
Comma-shaped Jade · Necklace

김해 대성동 18호
길이 0.8~1.3

162
비취 곡옥이 달린 목걸이
翡翠曲玉 · 頸飾
Comma-shaped Jade · Necklace

김해 대성동 94호
지름 5.2(왼쪽)
대성동고분박물관

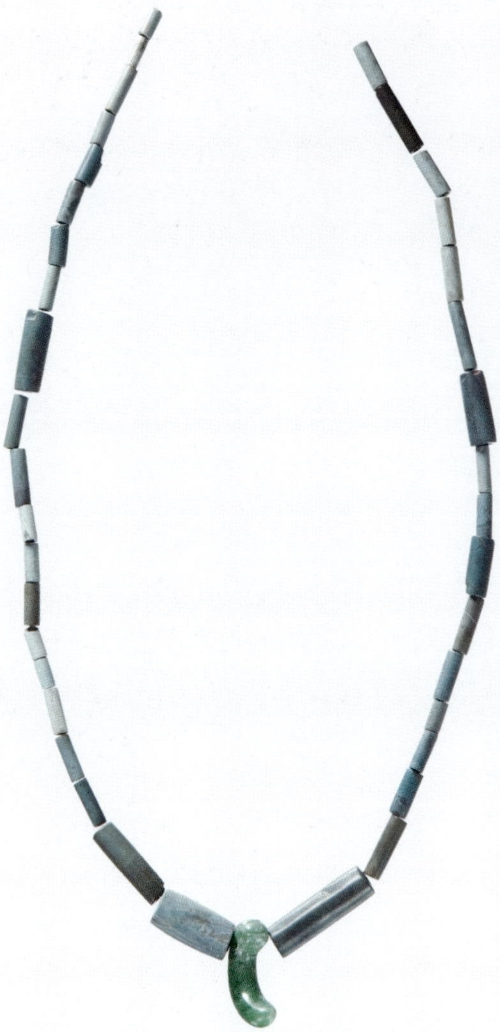

160
비취 곡옥이 달린 목걸이
翡翠曲玉 · 頸飾
Comma-shaped Jade · Necklace

김해 대성동 108호
곡옥 길이 3.0, 관옥 길이 1.4~3.2
대성동고분박물관

대성동 출토 일본계 장신구로는 동물뼈로 만든 여성 빗모양 장신구가 있습니다. 빗은 머리카락을 빗어 용모를 가다듬는 도구이며 장신구로 머리에 세워 꽂아 장식이 흘러내리지 않게 하는 역할을 하였습니다. 장식용 빗은 일본계 유물이 다수 출토되는 88호, 108호분에서 출토되어 일본과의 직접적인 인적 교류가 있었을 가능성을 보여줍니다.

벽옥으로 만든 가락바퀴형 석제품은 대성동 고분군에서 일본계 유물이 많이 출토된 18호분에서 1점, 88호분 2점, 108호분에서 1점이 확인되었습니다.

163
가락바퀴모양 석제품
紡錘車形石製品
Spindle Whorl-shaped Stone Implements

김해 대성동 18, 88호
지름 2.7(왼쪽)
대성동고분박물관(왼쪽)

164
빗모양 꾸미개(복원품)
櫛形裝身具[復原品]
Comb-shaped Ornaments(Restoration)

김해 대성동 88호
길이 16.75~18.2
대성동고분박물관

일본계 토기

일본계 하지키土師器 옹은 당시 일본열도의 사람들이 김해로 직접 이주하여 만들었을 것으로 보입니다.

165
일본계 토기(하지키)-손잡이 달린 항아리
倭系土器(土師器)-把手附壺
Japan Haji Pottery-Jar with Handle

김해 대성동 2, 13호
높이 20.5(왼쪽)

166
일본계 토기(하지키)-굽다리 접시
倭系土器(土師器)-高杯
Japan Haji Pottery-Mounted Dish

김해 대성동 23호
높이 7.5

167
일본계 토기(하지키)-긴목 항아리
倭系土器(土師器)-長頸壺
Japan Haji Pottery-Long-necked Jar

김해 대성동 35호
높이 17.5

168
일본계 토기(하지키)-짧은 목 항아리
倭系土器(土師器)-短頸壺
Japan Haji Pottery-Short-necked Jar

김해 대성동 36호
높이 18.9

김해 대성동 고분군에 묻힌 왜의 여성

다카다 간타
일본 국립역사민속박물관

Ⅰ. 대성동 108호분 발견

2020년 4세기대 가락국과 왜倭 사이의 정치 · 경제적 교섭 실태를 밝혀줄 수 있는 중요한 무덤(분묘)이 대성동 고분군에서 발굴조사되었다. 바로 대성동 108호분이다(대성동고분박물관 2022).

대성동 고분군은 가락국의 왕과 왕족, 그리고 유력자들이 묻힌 묘역이다. 가락국의 왕궁터로 추정되는 봉황대 유적에서 북쪽으로 도보 10분 거리의 독립 구릉에 무덤(분묘)들이 줄지어 조성되었다. 능선에는 왕과 왕족급의 대형 무덤(고분)들이 정연하게 배열되어 있고, 비탈과 구릉 기슭에는 중소형 무덤들이 밀집되어 있다. 무덤의 규모와 위치가 피장자의 신분이나 직무에 따라 구분된 것으로 보인다. 왕과 왕족의 무덤에는 장축이 10m에 달하는 초대형 목곽이 매장시설로 설치되었으며, 대량의 토기, 철기, 청동기뿐만 아니라 중국 동북지역과 왜에서 유입된 귀중한 물품들이 부장되어 있다. 이에 비해 대성동 108호분은 4세기 전반 무렵, 구릉 북쪽 기슭에 조성되었다(그림 1). 이 매장 시설의 목곽은 장축이 5m에 미치지 않으며, 왕이나 왕족을 보좌하던 중소급 유력자가 묻힌 것으로 추정된다. 하지만 이 무덤에서 출토된 부장품은 오히려 왕이나 왕족의 분묘를 능가할 정도로 고급스러운 왜계 유물들이었으며, 동촉, 동경, 다양한 기물을 모사한 벽옥 제품碧玉製品 등도 포함되어 있었다(조성원 2022).

그림 1. 대성동 108호분 전경과 복원도(대성동고분박물관)

그림 2. 동촉의 출토상태(대성동고분박물관)

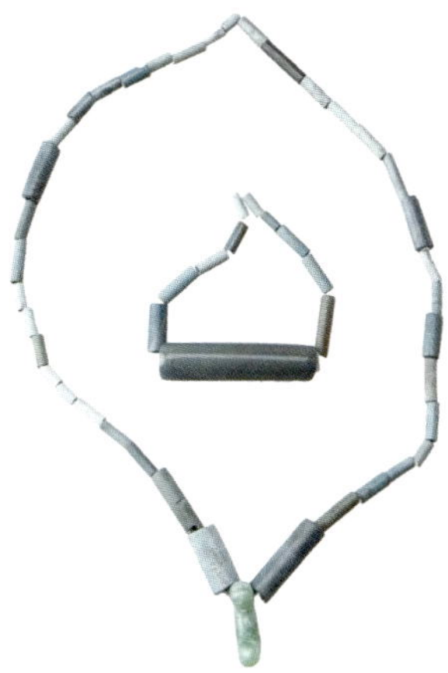

그림 3. 여성이 착용했던 장신구(대성동고분박물관)

당시 왜에서는 이러한 문물들이 왜 왕권을 중심으로 지방 유력자들 사이에서 교환되었다. 이를 소유하거나 교환함으로써 상호 인정을 표하거나, 왜 왕권과의 유대를 확고히 하는 정치적 의미가 강한 문물이다. 특히 대성동 108호분에서는 무려 47점의 동촉이 화살통에 담겨 부장되어 있었다(그림 2). 이 정도 수량은 왜 사회에서도 최상위 유력자만이 보유할 수 있는 수준이다. 이는 왜 왕권이 다른 문물들을 포함하여 특별한 의도를 담아 가락국에 보낸 것이 분명하다.

Ⅱ. 가락국과 왜의 국제결혼?

108호분의 목곽은 피장자(시신)를 안치한 시상屍床의 배치를 통해 2명(순장자 1명)이 매장된 것으로 보인다. 첫 번째 피장자는 목곽 서쪽, 철 소재로도 쓰이는 판상철부 40장을 비롯해 철촉 등이 아낌없이 깔린 시상 위에 안치되어 있었다. 극진히 묻힌 고분(무덤)의 주인으로 생각된다. 소환두대도素環頭大刀를 비롯한 무기를 소지한 점으로 보아 남성으로 추정된다. 부장품에는 왜계 유물뿐만 아니라 중국 동북지역 계통의 청동완과 왜와 가락국의 교섭을 표상하는 통형동기 등도 포함되어 있어, 발굴조사 보고서에서는 이 인물이 해상 교역에 종사했던 인물일 가능성이 크다고 본다.

다른 한 사람은 무덤 주인의 동쪽, 점토로 조성된 시상 위에 안치되어 있었다. 이 피장자는 목걸이나 팔찌 등 장신구를 착용하고 있었으며, 그 재질이 주목된다(그림 3). 3, 4세기 김해지역에서는 유리나 수정으로 만든 장신구가 일반적인 반면, 이 인물의 장신구는 벽옥제 관옥管玉과 경옥翡翠으로 만든 곡옥(비취제 곡옥)을 엮은 장신구였다.

현재 한반도에서는 벽옥이나 경옥(비취)의 산지가 확인되지 않고 있다. 반면, 일본 열도에서는 이들 원석의 산지와 함께 가공해 제품으로 만드는 생산 유적이 확인되고 있다. 그리고 실제로 벽옥과 경옥(비취)을 조합한 장신구는 4세기 왜 각지의 고분(분묘)에서 출토된다. 향후 경(비취)의 산지가 한반도에서 확인될 가능성이 전혀 없다고는 단언할 수 없지만, 현재로서는 점토 시상 위에 안치된 피장자가 착용하고 있던 목걸이나 팔찌는 왜에서 제작된 수입품으로 피장자가 왜에서 가락국으로 건너온 인물일 가능성이 높다. 장신구를 착용했지만 무기를 지니고 있지 않았다는 점에서 아마도 여성일 것으로 추정된다.

이 남녀는 마치 서로를 감싸 안 듯 나란히 묻혀 있었다. 30년 이상 발굴조사가 진행된 대성동 고분군에서도 최초의 사례로, 가락국 해상교역에 종사한 남성과 왜에서 건너온 여성이 국제결혼을 통해 부부가 되었고, 함께 묻힌 사례로 조사보고서에서 평가하고 있다.

정말 국제결혼한 부부였는지는 잘 모르겠지만, 왜 왕권에서 고귀한 여인에게 동촉 등의 선물을 안겨 가락국으로 보냈을 가능성은 높다.

가락국 땅을 밟은 여성의 사명은 무엇이었을까. 이를

밝히기 위해서는 대성동 108호분이 조성되기 전, 3세기 후반 가락국과 왜의 협상 흐름을 고려할 필요가 있다(다카타 간타 2019).

Ⅲ. 고김해만의 교역항

오래전부터 규슈 북부를 중심으로 한 왜와 김해 지역은 정치 · 경제적 교류를 거듭하고 있었지만, 3세기 후반에 접어들면서 가락국의 본거지인 김해 지역과 규슈 북부의 하카타만 연안에 각각 국제적인 교역항이 정비된다. 김해 지역 항구부터 살펴보면 다음과 같다.

현재 낙동강 하구 서쪽에는 김해평야가 펼쳐져 있지만, 과거 이 지역은 큰 내만(고김해만)이였음이 확인되었다. 이 만은 천혜의 항구로써 손색이 없는 곳으로, 예로부터 왜로 건너가거나 왜에서 돌아오는 길목이었다. 대방군에서 야마타이국까지 가는 여정이 기록된 〈위지〉 왜인전의 기사에서는 가락국에서 바다를 건너 대마도, 이키섬을 거쳐 규슈 북부에 도착했다는 기록이 있다.

가락국은 고김해만을 교역항으로 활용하면서 늦어도 기원후 1세기 무렵부터 변한의 대외교역을 주도하게 된다. 그리고 3세기 후반부터 4세기 초까지 전기가야의 중심인 가락국으로 성장하고, 그 과정에서 연안에 여러 항구를 정비하였다.

그 사실을 말해주는 유적 중 하나가 바로 김해만 서안에 위치한 김해 관동리 · 신문리 유적이다(그림 4). 관동리 유적은 항구 유적으로 배에서 화물을 하역하기 위한 잔교와 도로, 화물을 보관하기 위한 창고 등이 발견되었다. 관동리 항구를 관리했던 사람들의 마을이 신문리 유적이다. 관동리 항구에서 조금 내륙으로 들어가면, 유력자들의 묘지와 산성, 철 관련 공방이 위치해 있다. 가락국은 철 생산과 교역을 일체적으로 운영하고 있었다.

김해만의 중앙에는 가락국의 왕궁으로 평가되고 있는 봉황대 유적이 위치해 있다. 그 근처에도 항구가 있었던 것으로 보이며, 배의 부자재가 출토되고 있다.

주목할 만한 점은 이러한 항구가 고김해만의 연안에 산재해 있으며, 각각 하지키土師器계 토기가 출토되고 있다는 것이다. 하지키계 토기란, 고분시대 왜의 일상용 토기와 이를 모방해 현지에서 제작된 토기의 총칭이다. 김해지역을 방문한 왜인들의 존재와 그(그녀)들과 현지인들 사이의 교류를 보여주는 중요한 고고자료이다. 토기의 특징으로 보아, 규슈 북부나 산인 등에서 사람들이 교역을 목적으로 바다를 건너왔던 것으로 보인다.

한반도 서남부, 마한의 토기도 많이 출토된다. 이 지역에서 서 · 남해안을 따라 교역을 목적으로 한 사람들이 가락국까지 찾아오고 있었던 것이다. 나아가 왕족 및 유력자의 묘지에서는 중국 동북계의 부장품도 다수 확인되고 있다. 이것을 통해 중국으로부터도 사람들이 방문했던 것으로 보인다. 가락국은 고김해만 일대를 국제적인 항구로 정비하고, 활발한 대외 교역을 펼쳤다.

그림 4. 관동리 · 신문리 유적 전경, 신문리 유적 출토 하지키계토기(대성동고분박물관)

Ⅳ. 하카타만博多湾 연안의 국제항

같은 시기, 규슈 북부의 하카타만 연안에도 국제교역항이 모습을 드러낸다. 그것이 후쿠오카시 니시진마치西新町 유적이다. 원래는 바다를 생업의 터전으로 삼는 사람들이 살던 항구 도시였으나, 3세기 후반에 마을의 규모가 커지고, 다양한 특징을 갖게 된다.

우선 부뚜막이 설치된 주거지가 많다. 당시 왜에서는 난방이나 취사를 위한 시설은 노이다. 왜의 여러 지역에서는 부뚜막이 5세기에 접어들면서 점차 보급되므로, 니시진마치의 부뚜막가 설치된 주거지를 마련한 것은 이미 부뚜막을 사용하는 습관을 가진 한반도 사람들이었다고 보는 것이 자연스럽다.

이를 뒷받침하듯, 주거지에서는 한반도계 토기가 다수 출토된다. 일상적인 조리에 사용한 토기가 대부분이다. 그 특징을 통해 마한과 변한 · 진한의 것으로 나눌 수 있기 때문에, 한반도의 여러 지역에서 사람들이 니시진마치의 항구로 건너와 일정 기간 체류했을 것으로 보인다.

바다를 건너온 사람들은, 진보한 물자나 기술을 지니고 있었다. 유적에서는 판상철부와 미니어처 철기, 청동 소재인 연판, 유리 구슬을 만들기 위한 거푸집 등이 출토되었다. 바다를 건너와 체류한 목적은 아마도 교역이었을 것이다.

그리고 그(그녀)들과 교역하기 위해, 니시진마치의 항구에는 규슈 북부 뿐만 아니라, 서일본 각지에서 사람들이 모여 있었다. 기나이畿内, 산인山陰, 세토우치瀬戸内 등 각지의 토기가 출토되는 것이 그 증거이다(久住 2007).

이상과 같이, 3세기 후반에는 해협을 사이에 둔 김해(고김해만)와 규슈 북부(하카타만 연안)에 국제적인 교역항이 연동되도록 정비되었다. 그 이유는 김해-규슈 북부 루트를 중심으로 한 상호 교역이 활발해졌기 때문이다. 그리고 또 하나의 이유는 왜 왕권이 가락국과 정치 · 경제적 연계를 모색하기 시작했기 때문이다.

그림 5. 오키노시마(「神宿る島」宗像・沖ノ島と関連遺産群保存活用協議会)

니시진마치의 항구를 정비한 것은 규슈 북부의 지역사회였지만, 한편으로 왜 왕권의 후원도 있었던 것으로 보이며, 니시진마치의 항구 일대에서는 기나이 지역의 토기가 급속히 확산된다. 또한 항구를 관리하는 유력자의 분묘(나카하치만那珂八幡 고분) 등에 전방후원분이 채용되고, 왜 왕권과의 관계를 나타내는 동경(삼각연신수경)이 부장된다.

Ⅴ. 가락국에 파견된 이유

3세기 후반의 가락국과 왜의 교섭을 개관할 때, 4세기를 맞아 108호분에 묻힌 왜의 여성이 파견된 이유는 왜 왕권 측이 가락국과의 통교관계를 확고하게 하기 위한 것으로 보인다. 즉 오랫동안 한반도와 교섭의 중심이었던 규슈 북부를 거치지 않고 직접적인 우호 관계를 바라는 왜 왕권의 의도를 왜왕 대신하여 가락국왕에게 전달하고, 그것이 실현되도록 하는 것이었다.

그녀의 노력은 효과를 거두었다. 대성동 고분군에서는 왕이나 왕족급의 분묘(무덤)에도 왜 왕권으로부터 증정된 귀중한 문물이 부장되게 되었다. 수차례에 걸쳐 왜 왕권이 우호의 뜻을 가락국에 전하고, 가락국 측도 그것을 수용했을 것이다.

이를 보여주듯, 3세기 후반에 번성했던 니시진마치의 항구는 4세기 전반에 쇠퇴의 길을 맞이하고, 4세기 후반에는 항구 자체가 없어져 버린다. 대조적으로 현해탄에 위치하는 외딴 섬 오키노시마沖ノ島에서는 4세기 후반부터 대규모 제사가 자주 거행되게 된다(그림 5). 오키노시마는 하카타만을 경유하지 않고 기나이와 김해를 직접 잇는 항로상에 위치해 있다. 4세기 후반의 제사 장소인 오키노시마 17호 제사 유적에서는, 기나이의 대형 고분 부장품과 공통된 문물이 봉헌되어 있다. 왜 왕권이 해상교통의 안전을 기원하

는 제사 장소로써 중시했던 것으로 보인다.

Ⅵ. 가락국과 왜 왕권의 가교

가락국이 왜 왕권과 손을 잡은 이유는, 당시의 한반도 정세에 있다. 4세기에 접어들며, 한반도 북부의 고구려가 세력을 확대해 나간다. 313년 낙랑군, 314년 대방군을 멸망시킨다. 중국 동북부 왕조와의 관계에 고심하면서도 한반도 중남부로 판도를 넓히려는 시도가 이어진다.

고구려에 종속적이었던 신라에 대해 낙랑, 대방의 옛 땅을 두고 팽팽하게 대립한 것이 백제였다. 두 나라는 369, 371년에 전투가 있었고, 그 격전 가운데 고구려 왕이 날아온 화살에 전사할 정도였다.

아마도 이런 대외정세가 가락국의 내정과 외교에 영향을 주었을 것이다. 특히 고구려의 힘을 배경으로 성장한 신라와는 낙동강을 사이에 두고 대치하는 관계에 있었다. 신라에 대항하기 위해, 가락국을 비롯한 몇몇 소국은 서로 연결되어 전기가야로 성장하였고, 철을 무기로 해상 교역을 활발히 전개하였다. 따라서 일본열도의 사회 통합을 추진하던 왜 왕권을 중요한 파트너로 맞이할 필요가 있었던 것이다.

한편, 3세기 중엽까지의 왜는 중국 왕조(위나라와 진나라)에 대한 사신을 파견한 것이 『위지』 왜인전이나 『진서』 등에 기록되어 있다. 그러나 고구려에 의해 낙랑군과 대방군이 멸망하게 되자, 직접적인 관계는 거의 끊기게 된다. 왜 왕권에 있어서도, 철이나 청동을 비롯한 필수 물자나 진보된 기술, 정보 등을 원활하게 수용하기 위해 가락국과 직접 연결되는 것에는 큰 이점이 있었다.

가락국과 왜 왕권, 양측의 이해관계가 일치함에 따라, 4세기 내내 긴밀한 관계가 있었다. 대성동 108호분에 묻힌 여성은 말하자면 왜 왕권과 가락국의 가교架橋였던 셈이다.

コラム7

金海大成洞古墳群に葬られた倭の女性

高田貫太
日本 国立歴史民俗博物館

Ⅰ. 大成洞108号墳の発見

2020年、4世紀代の金官国と倭の政治経済的な交渉の実態を解き明かすうえで重要な墳墓が、大成洞古墳群において発掘調査された。大成洞108号墳である（대성동고분박물관2022）。

大成洞古墳群は、金官国の王や王族、有力者たちが葬られた墓地である。金官国の王宮と推定されている鳳凰台遺跡から、北へ歩いて10分ほどの独立丘陵に墳墓が連綿と営まれた。尾根には王や王族クラスの大型の墓が整然と列をなし、斜面やふもとには中小の墓が密集する。身分や職掌の差によって墓の大きさや立地が区別されていたようである。王や王族の墓には、長辺が10mにも達する超大型の木槨が埋葬施設として設置され、膨大な数の土器、鉄器、青銅器、中国東北部や倭からもたらされた貴重な品々などが副葬されている。

それに対して、大成洞108号墳は4世紀前半ごろに、丘陵北側のふもとにきずかれた(図1)。埋葬施設の木槨は、長辺が五メートルたらずである。王や王族につかえる中小クラスの有力者が葬られたと考えられる。けれども、その副葬品には、王や王族の墳墓を凌駕する倭の優品、銅鏃、銅鏡、さまざまな器物を模した碧玉製品などがふくまれていた（조성원2022）。

図 1. 大成洞108号墳の全景と復元図(대성동고분박물관)

倭において、このような文物は、倭王権を中心として各地の有力者の間でやりとりされた。その授受や保有を通して、互いを認めあったり、倭王権との連携を確かなものとするための政治性の強い文物である。特に、大成洞108号墳では47本もの銅鏃が矢筒に納められて副葬されていた(図2)。これは、倭の社会において最上位の有力者に限って入手できる本数である。倭王権の側が、他の文物を含めて、特別な意図をこめて金官国に贈ったことは確かである。

図 2. 銅鏃の出土状況(대성동고분박물관)

II. 金官国と倭の国際結婚？

108号墳の木槨には、死者を安置する床（屍床）の配置からみて、2人（と殉葬者1人）が葬られていた。一人めは、木槨の西側、鉄素材にもなる貴重な板状鉄斧40枚や鉄鏃を惜しげもなく敷きつめた屍床に安置されていた。手厚く葬られた墓の主人と考えられる。素環頭大刀をはじめとする武器をたずさえていたので、おそらく男性だろう。副葬品には倭系副葬品のみならず、中国東北部系の銅碗や倭と金官国の交渉を表象する筒形銅器などもふくまれていることから、発掘調査報告書では、海上交易に従事した人物の可能性が高いと指摘している。

もう一人は主人の東側、粘土でつくられた屍床に安置されていた。ネックレスやブレスレットなどの装身具を着用していたが、重要なのはその材質である(図3)。3、4世紀の金海地域では、ガラスや水晶製の装身具が一般的であるのに対して、粘土の屍床に安置された死者の装身具は、碧玉製管玉とヒスイ製勾玉を綴った装身具だった。

現状では、朝鮮半島では碧玉やヒスイの産地は確認されていない。一方で、日本列島では産地とともに、原石を加工して製品に仕上げる生産遺跡が確認されている。そして実際、碧玉とヒスイを組み合わせた装身具は、4世紀の倭各地の墳墓から出土する。今後、特にヒスイの産地が朝鮮半島において確認される可能性も皆無ではないので、断言はできないけれども、現状では、粘土の屍床に安置された死者が身に着けていたネックレスやブレスレットは倭で製作された移入品であり、死者自身が倭から金官国に渡り来た人物と考えられそうである。装身具を着用する一方で武器を身に着けていないことから、おそらく女性だろう。

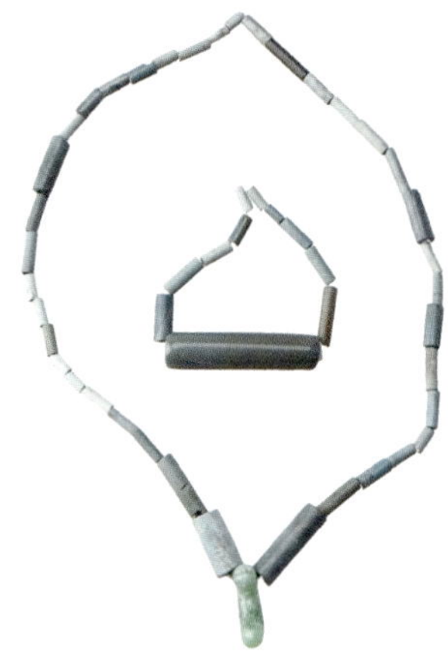

図 3. 女性が身に着けた装身具(대성동고분박물관)

この男女は、まるで寄り添うように葬られていた。30年以上発掘調査がつづく大成洞古墳群でもはじめての事例であり、金官国の海上交易に従事した男性と倭から渡海した女性が国際結婚した夫婦が葬られていた、と調査報告書において評価されている。

本当に国際結婚した夫婦だったかどうかは、よくわからない。けれども、倭王権の側が、高貴な女性に銅鏃などの贈り物をもたせて、金官国へ送り出した可能性は高いだろう。

金官国の地を踏んだ女性の使命はなんだったのか。これを明らかにするためには、大成洞108号墳がきずかれた時期よりも前、3世紀後半の金官国と倭の交渉の流れを踏まえる必要がある(다카타 간타 2019)。

Ⅲ. 古金海湾の交易港

いにしえより、九州北部を中心とした倭と金海地域は政治経済的な交流を重ねていたが、3世紀後半をむかえると、金官国（の前身の狗邪国）の本拠地たる金海地域と、九州北部の博多湾沿岸に、それぞれ国際的な交易港が整備される。金海地域の港から説明しよう。

図 4. 官洞里·新文里遺跡の全景と新文里遺跡から出土した土師器系土器(대성동 고분박물관)

現在、洛東江河口の西側には金海平野がひろがるが、かつてこの平野は大きな内湾（古金海湾）だったことが明らかとなっている。古金海湾は天然の良港で、いにしえより倭へと渡海する地、もしくは倭から帰着する地だった。帯方郡から邪馬台国までの道のりが記された『魏志』倭人伝の記事では、狗邪国から海を渡って、対馬、壱岐、そして九州北部に到着したことが記されている。

狗邪国は古金海湾を交易港として活用することで、遅くとも紀元後1世紀くらいから弁韓の対外交易を主導するようになっていた。そして3世紀後半から4世紀はじめにかけて、金官加耶の中心、金官国へと成長をとげる。そのさなか、湾岸のいくつかの港を整備している。

それを物語る遺跡のひとつが、湾の西岸に位置する金海官洞里・新文里遺跡である(図4)。官洞里が港の遺跡で、船から荷揚げするための桟橋や道路、荷を保管する倉庫などがみつかった。この官洞里の港を管理した人びとの集落が、新文里遺跡である。官洞里の港からやや内陸にはいると、有力者の墓地や山城、鉄関連の工房が位置する。金官国は、鉄生産と交易を一体として運営していた。

湾岸の中央には、金官国の王宮と評価されている鳳凰台遺跡が位置する。その近くにも港があったようで、船の部材が出土している。

注目できるのは、このような港が古金海湾の沿岸に点在し、それぞれ土師器系土器が出土していることだ。土師器系土器とは、古墳時代の倭の日常用土器（土師器）と、それをまねて現地で製作した土器の総称である。金海地域を訪れた倭の人びとの存在や、彼（彼女）らと現地の人びととの交流をしめす重要な考古資料である。土器の特徴からみて、九州北部や山陰などから、人びとが交易のために渡海してきたようだ。

朝鮮半島西南部、馬韓の土器もまた多く出土する。かの地から西・南海岸をつたって、交易を目的とした人びとが金官国まで訪れていた。さらに、王族、有力者の墓地では中国東北部系の副葬品も数多く確認されている。それをたずさえてはるか中国からも人びとが訪れていたようである。

金官国は、古金海湾一帯を国際的な港と整備し、活発な対外交易をくりひろげた。

Ⅳ. 博多湾沿岸の国際港

おなじころ、九州北部の博多湾の沿岸にも国際交易港が姿をあらわす。それが福岡市西新町遺跡である。もともとは海をなりわいの場とする人びとがくらす港町だったが、3世紀後半に集落の規模が大きくなり、様々な特徴をもつようになる。

まず、カマドをそなえた住居が多い。当時の倭では暖をとったり煮炊きをする施設は、炉である。倭の各地では、カマドは5世紀にはいってから次第に普及するので、西新町のカマドをそなえた住居をかまえたのは、すでにカマドを使う習慣を有していた朝鮮半島の人びとだったとみるのが自然だ。

それを裏づけるように、住居からは朝鮮半島系の土器が数多く出土する。日々の調理にもちいた土器が大半だ。その特徴は、馬韓のものと弁韓・辰韓のものにわけることができるので、朝鮮半島の各地から人びとが西新町の港に渡り来て、一定期間滞在していたのだろう。

渡海した人びとは、先進の物資や技術をたずさえていた。遺跡からは、板状の鉄斧やミニチュアの鉄器、青銅の素材となる鉛板、ガラスの小玉をつくるための鋳型などが出土している。渡海し滞在した目的はおそらく交易にあった。

そして彼（彼女）らと交易するために、西新町の港には九州北部だけではなく、西日本各地から人びとが集まっていた。畿内、山陰、瀬戸内など各地の土器が出土することが、その証拠である（久住2007）。

以上のように、3世紀の後半には、海峡をはさんだ金海（古金海湾）と九州北部（博多湾沿岸）に、国際的な交易港が連動するように整備された。その理由は、金海-九州北部ルートを柱とする相互交易が活発化したためである。それともうひとつ、倭王権が金官国と政治経済的な連携を模索しはじめていたためである。

西新町の港を整備したのは九州北部の地域社会だったが、一方で倭王権のテコ入れもあったようで、西新町の港の一帯では、畿内地域の土器が急速にひろまる。また、港を治める有力者の墳墓（那珂八幡古墳など）に前方後円墳が採用され、倭王権とのつながりをしめす銅鏡（三角縁神獣鏡）が副葬されている。

Ⅴ. 金官国に派遣された理由

3世紀後半の金官国と倭の交渉を概観する時、4世紀を迎えて108号墳に葬られた倭の女性が派遣された理由は、倭王権の側が金官国との通交関係を確かなものにするため、だったと考えられる。すなわち、長らく朝鮮半島との交渉の中心だった九州北部を介することなく直接の修好を望む倭王権の意図

図 5. 沖ノ島(「神宿る島」宗像・沖ノ島と関連遺産群保存活用協議会)

を、倭王の代わりとして金官王につたえ、それが実現するように働きかけることだった。

彼女の働きかけは功を奏した。大成洞古墳群では王や王族クラスの墳墓にも、倭王権から贈られた貴重な文物が副葬されるようになる。数度にわたって倭王権が修好の意図を金官国に伝え、金官国の側もそれを受け入れたのだろう。

このことをしめすかのように、三世紀後半ににぎわいをみせていた西新町の港は、4世紀前半に衰退の道をたどり、4世紀後半には港自体がなくなってしまう。対照的に、玄界灘に浮かぶ孤島の沖ノ島では、4世紀後半から大がかりな祭祀が頻繁に執り行われることとなった(図5)。沖ノ島は、博多湾を経由せずに畿内と金海を直接むすぶ航路沿いにある。4世紀後半の祭場、沖ノ島17号祭祀遺跡では、畿内の大型古墳の副葬品と共通する文物が奉献されている。倭王権が、海上交通の安全を祈願する祭場として重視したようである。

VI. 金官国と倭王権の懸け橋として

金官国が倭王権と手を結んだ理由は、当時の朝鮮半島情勢にある。4世紀にはいると、朝鮮半島北部の高句麗が勢力をひろげる。313年に楽浪郡、314年に帯方郡を滅ぼす。中国東北部の王朝との関係に苦慮しながらも、朝鮮半島中南部へ版図を拡大しようともくろむようになった。

高句麗に従属的だった新羅に対し、楽浪、帯方の故地をめぐって厳しく対立したのが百済だった。両者は369、371年には戦闘にいたり、その激しさは高句麗王が流れ矢で戦死するほどだった。

おそらく、このような対外情勢が、金官国の内政や外交に影響をあたえた。特に高句麗の力を背景に成長する新羅とは、洛東江をはさんで対峙する関係にあった。新羅に対抗するため、金官国をはじめとするいくつかの小国は、たがいにつながり金官加耶として成長し、鉄を武器に海上交易を活発に展開した。だから、日本列島の社会統合をすすめる倭王権を重要なパートナーとしてむかえる必要があったのだろう。

一方、3世紀なかばまでの倭は、中国王朝（魏や晋）への使者の派遣が、『魏志』倭人伝や『晋書』などに記されている。しかし、高句麗によって楽浪、帯方二郡が滅ぼされると、直接の関係はほぼ絶たれる。倭王権にとっても、鉄や青銅をはじめとする必需物資や先進の技術、情報をスムーズに受容することをめざして、金官国と直接つながることには、大きなメリットがあった。

金官国と倭王権、双方の利害関係が合致したことにより、4世紀を通じて両者の連携は緊密なものとなった。大成洞108号墳に葬られた女性は、いうなれば倭王権と金官国の懸け橋だった。

参考文献

다카타 간타, 2019,『한반도에서 바라본 고대일본』, 진인진.
대성동고분박물관, 2022,『김해 대성동 고분군96호~149호』.
조성원, 2022,「김해 대성동 고분군108호출토 일본열도계 유물에 대하여」,『다종 다양 다채대성동108호분』, 대성동고분박물관.
久住猛雄, 2007,「博多湾貿易の成立と解体」,『考古学研究』53-4, 考古学研究会.

IV

죽은 사람 곁의 제물, 그 속에 담긴 가야인의 삶을 들여다보다!

가야인들은 죽음을 끝이 아닌, 또 다른 세계로의 여행으로 여겼습니다. 장례의식과 무덤 속의 껴묻거리는 죽은 이를 위한 배려와 내세에 대한 믿음을 보여줍니다.
가야의 무덤에는 왕이나 귀족을 위한 순장의 흔적이 남아 있습니다. 순장은 가야 사회에서 죽은 이를 예우하고 공동체의 질서를 이어가는 중요한 장치였습니다.
또한 무덤에는 정성껏 준비한 다양한 제물을 함께 넣어 생전에 누렸던 풍요와 권위가 죽은 뒤에도 이어지기를 기원하였습니다. 다양한 곡물, 과채류, 동물들의 뼈는 당시의 먹거리와 자연환경을 그대로 보여줍니다.
현재 남아 있는 가야인의 무덤은 죽은 이를 존중하고, 그들이 남은 자들에게 보여준 헌신의 의미를 되새기게 하며 가야 사회의 정신과 문화를 오늘에 전합니다.

1.
죽은 이를 위한 애도,
순장

고대 한반도 순장의 최초 기록은 『삼국지三國志』 위서魏書 동이전東夷傳 부여조夫餘條에 남겨져 있는데, 이에 따르면 백 명이나 되는 사람을 순장했다고 합니다. 가야의 경우 기록에는 남아 있지 않지만 풍부한 고고자료로 순장이 확인되고 있습니다.

3세기 대성동 고분군에서 가야 최초의 순장이 나타나고 4세기가 되면 순장 규모는 더욱 확대되었습니다. 1~3명을 주인공과 수직하는 방향으로 발 근처에 주로 눕히며, 때론 5~6명을 매장하기도 하였습니다.

이후 5세기대에는 덧널의 크기에 따라 순장의 규모와 배치도 규칙성을 가지며 무덤 주인공의 좌우에 대칭적으로 배치되는 형태로 변해갑니다. 가야 무덤의례에서 순장이 하나의 제도로서 정착되는 것을 알 수 있습니다.

순장 인골은 가야 사람의 특징을 그대로 보여주며 현재의 우리에게 고스란히 남겨져 있습니다. 인골은 당시 가야 사람들의 모습을 복원하고 그들이 가진 생로병사를 탐구하는 중요한 자료가 되어 돌아왔습니다.

1) 죽은 사람을 떠나 보내는 의례

인골로 본 가야인

대성동 고분군에서는 이른 시기부터 순장된 인골이 출토됩니다. 23호에서는 4구의 인골이 확인되는데 무덤 구덩이와 덧널 사이를 흙으로 채우는 자리에 주로 순장자를 두었습니다. 그 중 가장 잘 남아 있는 인골의 치아와 두개골 상태로 보아 유소년 인골로 추정됩니다. 그 외 순장 인골로는 88호 덧널무덤 충전토에서 바르게 뉘어 묻은 2구가 있습니다. 이 중 남쪽에 위치한 남성 인골은 신장이 1m 54cm이며 대부분의 뼈가 잘 남아 있습니다. 이 인골 위쪽에는 키가 1m 46cm이며 임신한 경험이 있는 여성 인골이 확인됩니다.

사진 20. 김해 대성동 88호

사진 21. 김해 대성동 88호 인골 출토 상태

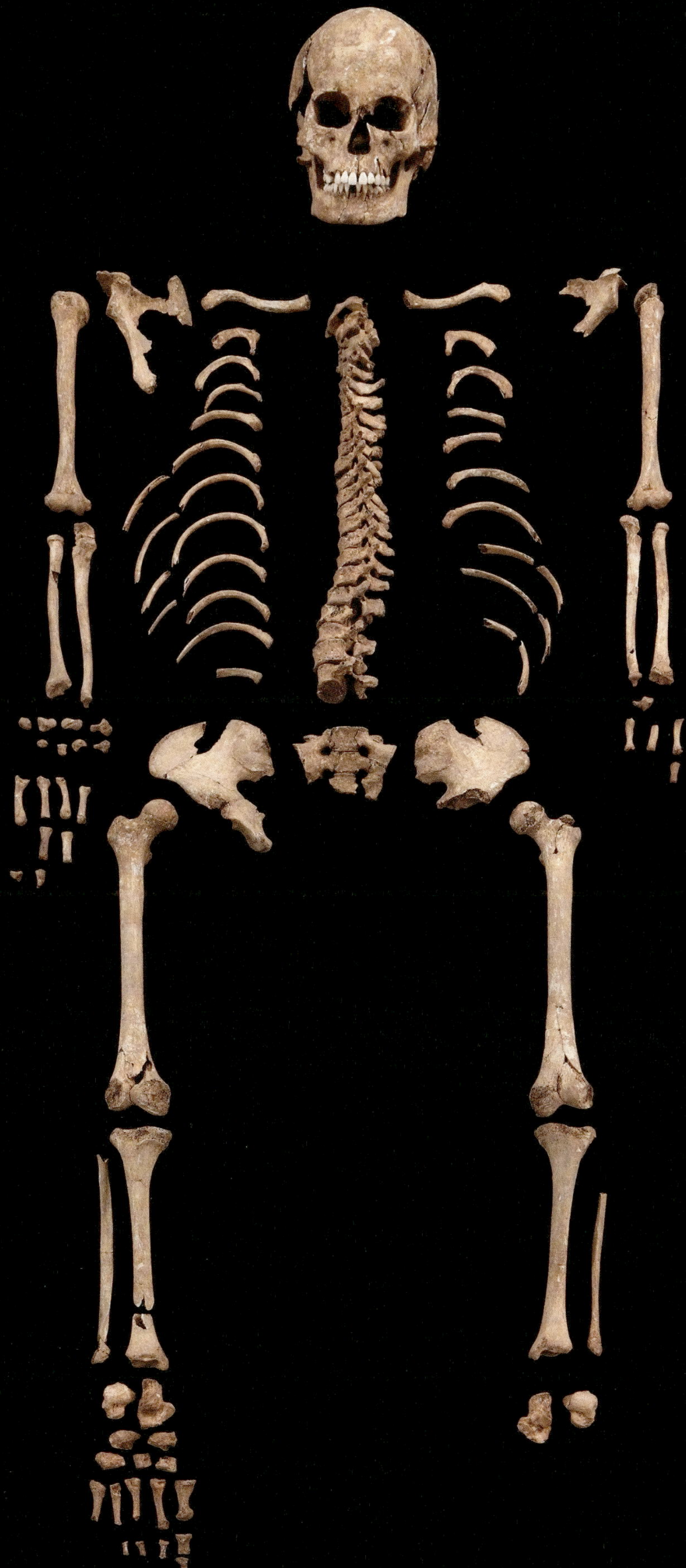

169
인골(남성, 30대)
人骨(男性, 30代)
Human Bone(Male, 30s)

김해 대성동 88호
대성동고분박물관

170
머리뼈(여성, 10대)
頭蓋骨(女性, 10代)
Skull(Female, 20s)

김해 대성동 24호

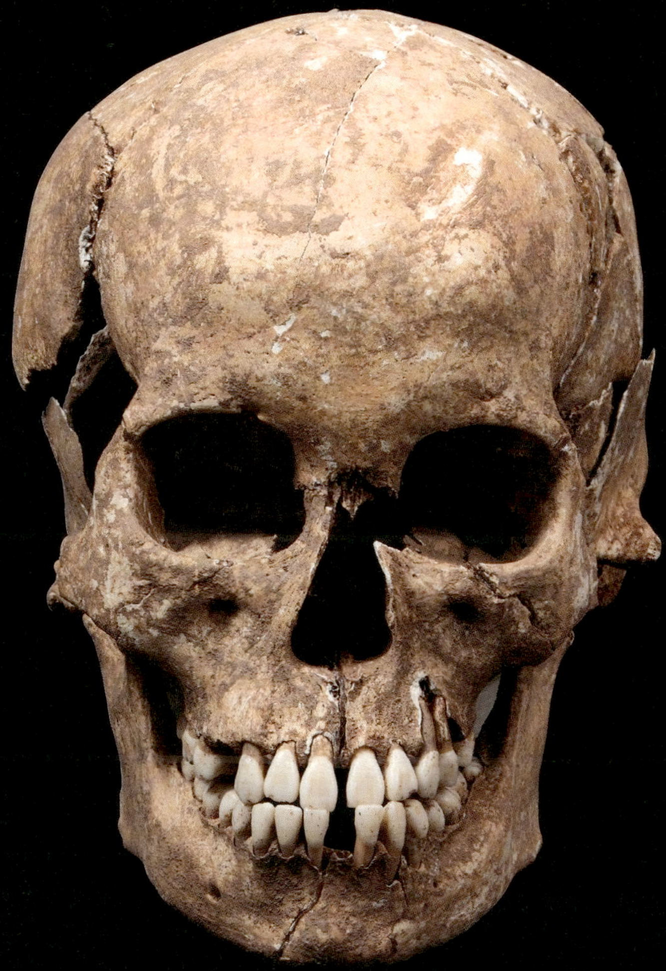

171
머리뼈(남성, 30대)
頭蓋骨(男性, 30代)
Skull(Male, 30s)

김해 대성동 88호
대성동고분박물관

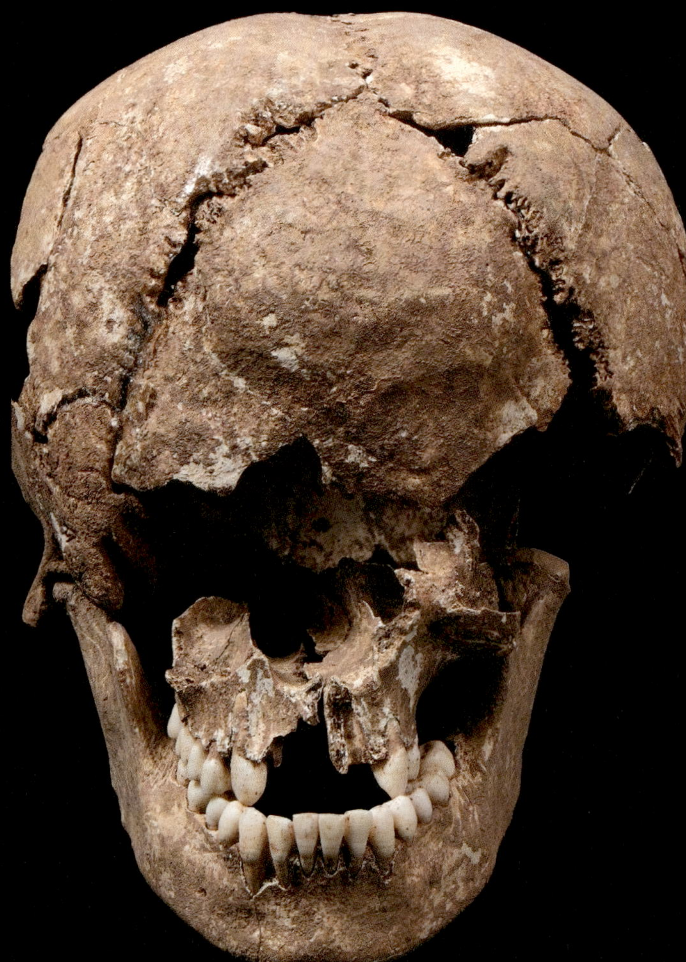

172
머리뼈(여성, 20대)
頭蓋骨(女性, 20代)
Skull(Female, 20s)

김해 대성동 88호
대성동고분박물관

김해 대성동 인골로 본 가야인의 특징

김 재 현
동아대학교 고고미술사학전공 교수
영남고고학회 회장

Ⅰ. 발굴된 대성동 인골

2024년은 대성동 인골과의 시작이었다. 윤형원관장님이 국립김해박물관으로 오면서 대성동유적 자료를 정리하고 학술대회를 갖고자하는 생각을 작심하고 오신 듯했다. 덕분에 대성동의 인골을 조우하게 된 행운을 누린 것은 말할 필요가 없다. 1990년 처음 대성동유적에 대한 발굴이 시작된 이래, 30년간 발굴은 지속되었고 그 결과들은 당시 발굴을 담당하던 기관들에 의해 보고되었다. 그러나 대성동유적의 또다른 특징인 출토인골에 대한 보고는 아쉽게도 미루어지고 있었다. 일부가 보고되었지만, 많은 인골자료가 당시 발굴을 담당한 기관의 유물창고에 그대로 보관되다가 국립김해박물관으로 이전 보관되게 되었다. 꽤 많은 시간이 흐르고 말았다. 이렇게 유물창고에서 잊혀져 가던 인골자료가 2024년에 드디어 잠을 깨기 시작한 것이다. 이처럼 관장님과 학예사님들의 의지가 나에게 대성동 인골을 만나게 하는 기회를 준 것이다. 이제 발굴에서 인골의 출토는 잦은 일이 되었다. 그만큼 고고학에서 인골의 중요성에 대한 관심과 발굴조사 테크닉이 많이 발전하였기 때문이다. 그렇지만 발굴에서 김해만큼 가야 즉 삼국시대의 인골이 다량으로 출토된 곳은 드물다. 가야라고 하지만 빠른 시기부터 늦은 시기까지 삼국시대를 포괄하는 인골이 다량으로 출토된 것은 아마 김해가 처음일 것이다. 바로 예안리 고분군 인골과 대성동유적의 인골이 그것이다. 또 발굴조사에서 출토된 다량의 인골을 고고학적 자료로서 보고한 것도 예안리 고분군의 김해가 처음이다. 전기가야인 김해가 이처럼 당시 사람들의 정보를 이렇게 많이 갖고 있을 줄이야 누가 짐작이라도 했겠는가.

가야의 문화유산은 다른 삼국과 비교해서 결코 뒤지지 않기에 '세계문화유산'으로 등재된 것이다. 그렇다면 이제까지 가야를 위해 고고학이 해온 성과를 독려하면서 더 세세한 그리고 미시적인 검토도 이루어져야 할 시기가 되었다고 생각한다. 그러한 작업 중에 하나가 인골 연구이다. 전기가야의 빠른 시기에서부터 늦은 시기의 인골이 이렇게 갖추어져 있으니 말이다. 대성동유적의 인골이 처음 알려진 것은 경성대가 발굴한 57호 목곽묘이다[1]. 이후 대

1 김재현 외, 「김해 대성동 고분군 전시관부지조사 출토인골에 대한 분석」, 『김해대성동고분 Ⅲ』, 2003, 301-320쪽.

그림 1. 대성동 인골 정리작업(국립김해박물관, 2024)

성동 고분박물관에서 발굴한 인골에 대해서도 보고가 이루어 진다[2]. 그러나 90년대 초반 발굴한 인골은 분석되거나 보고되지 않고 보관되다가 국립김해박물관에 이관되어, 2024년 비로서 분석이 이루어진 것이다. 분석에서 확인된 인골은 모두 88개체였고 88개체에 대한 부위동정과 성별, 연령 등에 대한 검토를 마쳤다. 그러나 설명한 바와 같이 처음 발굴 당시부터 인골의 상태가 양호한 편은 아니었고 더군다나, 30년이 지나면서 인골의 보존상태는 더욱 나빠져서 작은 골편이나 부스러기로 남아 있는 것이 대부분이었다. 거기에 당시 출토 위치나 출토상태에 대한 정보도 누락된 것이 있어서 인골과 유물을 정리하고 분석하는데 박물관의 모든 식구가 고전하고 있는 것은 사실이다. 오히려 이전 보관된 자료들을 묵혀놓지 않고 정리하여 알리고자 하는 국립김해박물관에 박수와 감사를 드린다.

비록 시간이 지나 골편과 부스러기로 남아 있는 인골도 최대한 얻을 수 있는 정보를 위해 노력할 필요가 있다. 왜냐하면 인골을 통해 얻는 기본적인 정보, 즉 성별이나 연령, 추정 키와 같은 개체별 정보도 중요하지만, 고고학적 관점에서 그들이 어떠한 신분에서 어떠한 매장장소에 어떠한 매장자세로 어떻게 그리고 왜 묻혀졌는가를 파악하는 것이 더 중요한 의미를 줄 수도 있기 때문이다.

Ⅱ. 인골로 비춰본 대성동유적

대성동유적에서 출토된 인골은 인골이 주는 정보 이외에도 인골을 둘러싼 정보도 새롭게 제공하였다. 대성동유적보다 뒤에 형성된 예안리 고분군의 경우는 물론 대성동유적보다 계층이 낮은 집단의 고분군이지만, 다수의 인골이 하나의 석실에서 나온 경우라도 그 구성은 적어도 혈연으로 추정되는 추가장의 형태를 보이고 있었다. 무덤의 형태가 석실묘인 만큼 시간 차이를 두고 세대를 아우르는 가족들이 묻혀졌을 것으로 추정된 것이다[3]. 그러나 대성동유적의 경우는 무덤의 형태부터 다른데, 분구를 중심으로 목곽묘가 주를 이룬다. 부장품에서 압도적인 차이점을 보이는 대성동유적은 분명히 예안리 고분과 시기도 다르지만, 묻힌 사람들의 신분도 달라서, 이른바 전기가야의 상위층으로 추정된다. 그리고 목곽묘도 주곽으로만 구성된 것과 주 · 부곽으로 구성된 것이 있다. 인골도 다수가 주곽에서 나오는 경우와, 주곽과 부곽으로 구분된 곳에서 각각 나오는 경우, 또는 목곽묘의 외곽에서 출토되는 경우 등 다양한 사례들이 있다. 이것은 목곽묘의 성격상, 동시에 매장되어진 사람들인 만큼 본래 매장 주체인 주인공을 중심으로 함께 묻혀진 사람들로 보아야 할 것이다. 그러나 주인공과 함께 묻혀진 사람들과 부장품을 넣는 곳에 묻혀진 사람들, 그리고 주 · 부곽도 아닌 묘곽의 주변에 묻혀진 사람들은 분명 매장된 위치가 다른 만큼 단순하게 모두를 순장자라는 말로 묶어 결론 짓기는 다소 꺼림직하다. 더욱이 수혈식석곽묘의 경우도 대성동고분박물관이 조사한 85호 석곽묘는 석곽묘 안의 바닥을 다시 파고 이른바 순장자를 안치한 경우도 있다[4]. 이처럼 대성동유적은 순장도 다양성을 보이고

2 대성동고분박물관, 『김해 대성동 고분군 -85호분~91호분-』, 2015.

3 부산대학교박물관, 『김해 예안리 고분군 Ⅰ』, 1985.
부산대학교박물관, 『김해 예안리 고분군 Ⅱ』, 1993.
田中良之역, 「매장인골에 의한 일한고분시대 비교」, 『4 5세기 한일고고학』, 1996, 77-104쪽.

4 주2)의 15-18쪽.

있다.

순장의 사례를 잘 보여준 하나가 대성동유적이다. 순장습속에 대한 정의는 중국의 연구에서 잘 정리되어 있으며 인간희생에서 인생人牲과 인순人殉의 구분을 명확히 하고 있다[5]. 그리고 한국에서도 이에 대한 정의를 잘하고 있으며[6], 순장 판단에 대한 문제점을 지적한 연구도 있다[7]. 이러한 것들을 종합하면 순장의 경우도 주인공인 주피장자와 함께 묻힌 순장자와 부곽에 묻힌 순장자, 주 · 부곽에 조차도 들어가지 못하고 묘곽 주위에 묻힌 순장자, 주인공이 묻힌 묘 바닥을 파고 묻힌 순장자 등, 여러 예가 있는 만큼, 분명히 주인공인 주 피장자와의 관련성이나 신분, 상징하는 의미가 달랐을 것이다. 어쩌면 김해 대성동유적의 사회는 순장이라는 제례행위를 오랫동안 유지하면서도 주인을 따라 스스로 순장된 순사殉死자와 부장품과 같이 죽여 묻혀진 순살殉殺자를 구분지어 보여주는 유적일지도 모른다. 더욱이 목곽묘의 외곽에 묻혀진 순장자는 처음부터 순장자로 묻혀졌을 수도 있지만, 차후에 순장되었을 가능성도 있기 때문에, 순장을 위한 의례행위도 하나의 방법으로 일축하지 않고 다양한 가능성에서 생각되어야 할 것이다.

Ⅲ. 순장은 있고 여전사는 없다

경성대가 발굴한 57호 목곽묘는 세간의 이목을 끈 유구이다. 처음 인골의 출토가 알려지고 나서 기사화 되고 TV에서도 다루어진 내용이 전기가야에 여전사가 있었다는 내용이었다. 그러나 당시 발굴된 인골을 다시 확인해 보면, 57호 목곽묘에서 확인된 인골은 모두 3개체로 각 인골에 대한 분석 결과에서는 3개체의 인골, 모두 성별에서는 여성으로 판정되었다. 연령에서는 A호여성이 30대, B호여성이 20대, C호여성이 20~30대로 판단되었다.

그 외 분석에서 확인된 것은 관골(일반적으로 골반으로 부름)에서 3개체의 여성 모두에서 1회 내지 2회의 출산

그림 2. 57호분 A호 여성

경력이 확인되었다. 즉 이들 3개체 여성의 혼인관계는 알 수 없지만 사실상 미혼의 여성들이 아님을 알 수 있었고, 자식이나 가족이 존재하였을 가능성이 있는 인물들로 추정되었다.

또한 키를 추정한 검토에서는 A호 여성이 152.6cm, B호 여성이 148.7cm, C호 여성이 147.7cm여서, 추정되는 키는 A호여성이 다른 B호 여성이나 C호 여성보다는 다소 차이나는 큰 키를 나타내었다. 그리고 팔과 다리에 해당하는 사지골에서 3개체 모두가 비교적 근육이 발달한 상태임을 나타내고 있었다. 남성만큼은 아니지만, 일반적인 여성에 비하여 팔(삼각근조면)이나 다리의 대퇴골(조선)이나 경골(가자미근선)의 근육선이 발달한 것으로, 이들 부위에 있는 근육이 발달하였다는 것은 세 명의 여성, 모두가 오랜 시간 동안 육체적 노동과 관련된 일을 한 것을 의미한다.

다시 말해서 이들 여성은 일반적인 여성보다도 사지골의 근육이 비교적 발달한 상태를 보이고 있는 것에서 육체적 노동이 수반되는 일을 장시간 해 온 인물들인 것이다. 물론 현대사회에서 스포츠를 좋아하는 여성의 경우는 근육의 발달이 수반되지만, 고대 인골이라는 점을 감안하면 신분적 역할에서 나타난 근조직의 발달로 보는 것이 타당

5 黃展岳 譯, 『中国古代の殉葬習俗』, 2000, 3-15쪽.

6 김성준·김수환, 「한반도 고대사회의 순장문화」, 『한국고고학보81』, 한구고고학회, 109-138쪽.

7 김재현, 「한국의 순장연구에 대한 검토」, 『문물연구』창간호, 1997, 105-123쪽.

할 것이다. 더욱이 두개골과 치아가 잔존한 A호 여성과 B호 여성은 치아의 치관 표면에서 에나멜질감형성이 확인된다.

이것은 A호~B호 여성이 잇몸 속에서 영구치가 형성되는 발육기에 영양장애 즉 성장기 스트레스성 영양공급 장애나 영양섭취의 곤란에 의한 장애를 의미하는 것이며 일시적 요인이 아닌 장기적 요인에 근원하는 만큼, 충분한 영양공급이 이루어지지 못한 환경에서 성장한 것을 의미한다. 이런 제반의 상황에서 57호분에 묻혀있는 3개체의 여성인골은 성장기 안정적인 영양공급이 어려운 환경에서 성장하여 20~30대에 이르기까지 육체적 노동에 종사하면서 몇차례 출산도 경험한 인물들이 나란하게 신전장을 하고 매장된 것을 보여주고 있었다.

이것은 이들 인골들이 이 목곽묘의 주인공이 아님을 보여주고 있다. 특히 A호 여성의 경우는 몸을 곧게 편, 신장장이면서도 목부분은 강하게 가슴 쪽으로 숙인 상태이며 이로 인해 상반신이 다소 들려진 상태였다. 그 이유는 간단했다. 이것은 3개체의 여성인골이 위치한 두개골 쪽의 철제부장품에서 인골의 발치쪽인 벽까지 거리가 150cm 채 되지 않았기 때문이다. 따라서 그 간격보다 키가 작은 B호 여성과 C호 여성은 일반적인 신전장을 하고 있는데 비해서 A호 여성은 추정되는 키가 152.6cm로 철제부장품과 벽 사이의 간격보다 길었기 때문에 목을 흉부쪽으로 심하게 굽혀 매장할 수 밖에 없었던 것이다.

따라서 함께 확인할 수 있었던 것은 이들 3개체의 여성이 먼저 매장되고 두개골 쪽에 부장품들이 배치된 것이 아니라 철제부장품이 먼저 배치되고 남은 공간에 3개체의 여성이 매장되었다는 것이다. 다시 말해서 이들 3개체의 여성은 철제부장품보다도 매장순위에서 그 중요성이 뒤로 밀렸던 것이다. 즉 이들은 철제부장품과 무관하다.

만약 3개체의 여성이 부장품보다 중요시 되었다면 뒤에 묻혔더라도 3개체의 여성이 매장될 공간을 우선 확보하고 부장품을 배치하였을 것인데, 인골의 출토상태는 전혀 그런 배려를 보이고 있지 않다. 즉 이들 3개체의 여성인골은 거의 같은 세대의 인골들이 부장품이 배치된 다음의 남은 공간에 매장되었으며 그들의 자식이나 가족과는 무관하게 매장되어진 인물들로 파악된다.

그러므로 이들 3개체의 여성인골은 그 출토상태에서 무덤의 주인공이 아닌, 주인공에 딸려 묻혀진 순장자로 보는 것이 타당할 것이다. 이러한 대성동유적의 순장 사례는 57호분 만이 아니라, 대성동고분박물관에서 발굴한 88호분의 여성 2개체와 남성 1개체, 91호분의 여성 2개체와 남성 3개체도 순장자로 판단되는 것이어서[8] 대성동유적은 순장을 확인할 수 있는 고분군이다. 결국 김해지역 가야는 순장제도가 존재하였다.

그러나 57호분의 순장된 3개체 여성은 이른바 여전사인가에 대한 대답은 결론부터 말하면 아니올시다이다. 이들 여성은 다소 팔과 다리의 근육이 비교적 발달하였지만, 그것은 이들 여성 3개체가 오랫동안 육체적 노동을 수반하는 신분의 인물들이며 출산경력을 통해 추정되어지는 자식이나 가족과의 관계성보다 주인공(주피장자)를 위해 부

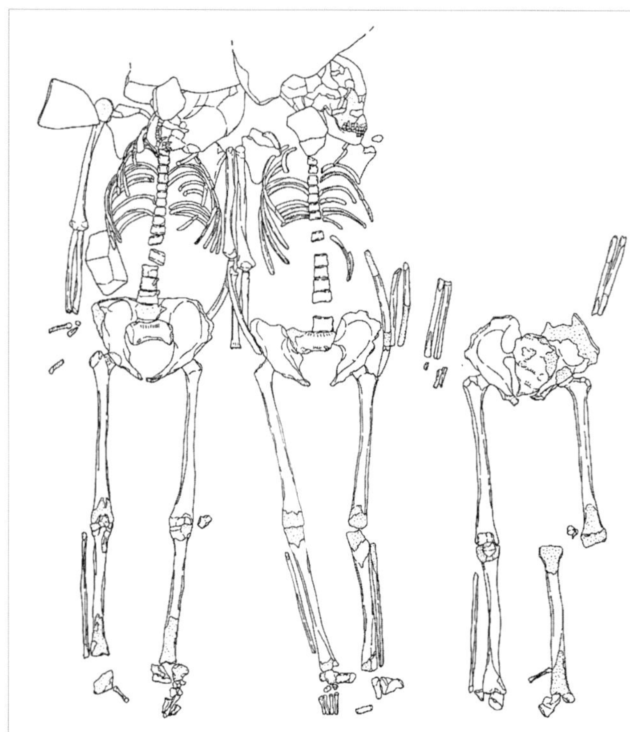

그림 3. 57호분 인골 출토상태(좌측부터 A, B, C호 여성)

8 주2) 의 50쪽과 139쪽

장품과 함께 배치되어진 신분이 낮은 인물로 추정되기 때문이다.

따라서 단지 철제부장품과의 위치관계에서 여전사와 결부시키는 것은 비약이며 두개골 윗쪽에 위치한 철제부장품을 마치 3개체 여성과 관련된 듯한 인상을 주지만, 어디까지나 여성 인골에 딸린 부장품은 아니며, 매장상태에서 설명한 바와 같이 부장품이 먼저 배치되고 남은 공간에 3개체의 여성이 순장된 점 등에서 철제부장품은 주인공(주피장자)과 관련한 유물로 보아야 할 것이다. 또한 여전사들이라고 하기에 무기(무구)의 부장품도 빈약하다. 무엇보다 대성동유적의 다른 유구에서는 여전사로 추정할 수 있는 사례가 확인되지 않는다.

여성이지만 팔, 다리의 근육이 발달한 상태라는 것과 철제부장품과 함께 위치한 사실만으로 가야의 여전사를 상상한 것은, 57호분의 인골 출토상태와 인골을 분석한 나로서는 동의할 수 없다. 결론은 대성동 57호분에서 순장은 있고 여전사는 없다.

Ⅳ. 모습을 나타낸 전기가야인

대성동유적은 많은 인골이 나왔음에도 대성동 사람의 얼굴을 추정해 낼 수 있는 자료는 적다. 작은 골편으로 검출된 두개골편은 다소 긴 시간을 들여 복원이라는 과정이 거치기 때문이다. 대성동유적의 경우는 57호분 3개체의 여성인골 중, 두개골에서 형질적 특징을 관찰할 수 있는 것은 1개체로 A호 여성 인골이다.

A호 여성의 두개골은 상면부 두개골의 크기(M8/1 두개장폭지수)에 있어서는 긴 편長頭이며 두개골 길이에 비해 두개골 높이(M17/1 두개장고지수)는 낮은 편低頭이다. 두개골 높이에 대한 두개골 폭(M17/8 두개폭고지수)은 중간형中頭이다. 얼굴 안면 길이에 대한 얼굴 넓이(M47/46 안지수 · M48/46 상안지수)는 각각 낮은 얼굴低顔과 매우 낮은 얼굴過低顔을 나타낸다.

또한 코의 폭에 대한 코의 길이(M54/55 비지수)에서는 넓은 코廣鼻 지수를 보인다. 즉 B호 여성은 두개골 길이는 고대인에서 보이는 특징인 장두를 하고 있으며 안면은 얼굴의 넓은 지점이 다소 아래에 위치하여, 이목구비가 얼굴 전체의 반에서 다소 아래로 모여진 상태이며 안면부의 아래쪽으로 몰려서 위치한 것이 특징이다.

도 4. 57호분 A호 여성 복원도(초안)

코는 길이에 비해 코의 폭이 다소 넓은 형태를 하고 있다. 또한 턱(하악각)은 완만한 편이며 안구는 컸을 것으로 추정된다. 분석에 준하면 얼굴에서 이목구비 전체는 다소 얼굴 아래쪽으로 모여진 상태이며 둥그런 눈주위, 약간 넓은 코폭과 편평한 미간, 갸름한 턱부분, 다소 앞으로 돌출된 입 등은 인골에서도 분명히 확인할 수 있는 특징이다.

그러나 57호분의 A호 여성은 순장자인 만큼, 전기가야인의 여성 모습을 대표한다고 단정하기는 어렵다. 이후 57호 여성 이외에도 복원 작업을 통해 확인된 24호 여성 두개골도 형질에서 57호와 동일한 특징을 나타내었다. 또한 88호분의 남성 순장자도 형질적인 차별성이 확인되었다. 어쩌면 대성동 출토의 순장자들은 고분의 주인공(주피장자)와는 다른, 형질의 인물들이었을 가능성이 제시되는 부분이다.

2.
성대하게 차린 제사에 바친 제물

대성동 고분군 속 깊은 땅 아래, 죽은 이가 저세상에서 풍요롭게 생활하길 바라는 마음으로 다양한 동물이나 과일, 어류 등을 토기에 담아 묻었습니다. 소와 말은 노동과 전쟁, 이동에서 중요한 수단으로 권력자들이 주로 소유하였습니다. 이런 중요한 동물은 무덤의 주인공이 죽으면 주인 무덤에 함께 묻어 희생하였습니다. 머리를 제거한 꿩과 닭 수십 마리를 저장용 토기에 넣거나 상어와 참돔 등의 어류를 작은 토기에 담아 함께 묻었습니다. 돼지와 사슴은 실생활에서 다양하게 활용된 동물로, 수컷 돼지의 날카로운 이빨은 화살이나 팔찌로, 사슴의 뿔은 칼 손잡이나 말 손잡이 등으로 만들어져 껴묻거리로 사용되었습니다.

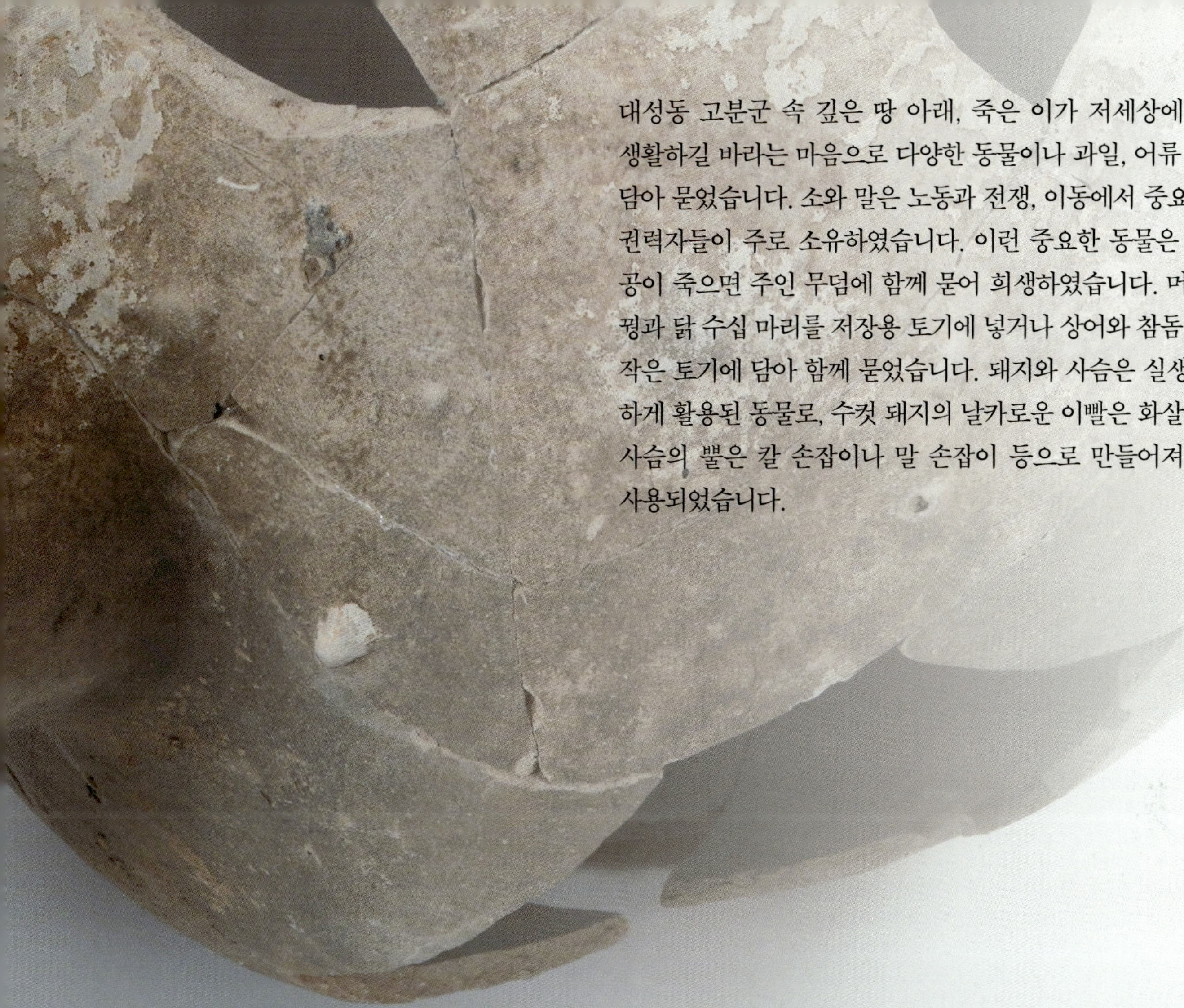

1) 성찬의식에 희생된 제물

소, 말

대성동고분 속 깊은 땅 아래, 죽은 이가 저 세상에서 풍요롭게 생활하길 바라는 마음으로 다양한 동물을 함께 묻거나 또는 일부는 토기에 담아 넣었습니다.소와 말은 노동과 전쟁, 이동에서 중요한 수단이었고 고대의 이런 이동성은 권력자들이 주로 소유하였습니다. 이런 중요한 동물을 무덤의 주인이 죽으면 주인 무덤의 보강토나 봉토, 별도의 구덩이에 넣어 희생하였습니다.

그 외 소형 동물은 단백질을 얻는 중요한 먹거리로서 활용되었고 저장용 토기에서도 꿩과 닭 수십 마리의 머리를 제외한 몸통만 넣어 부장하고 작은 토기에는 상어와 참돔 등의 어류와 조개류가 담겨져 있는데 이는 주인공이 저 세상에서도 풍요로운 삶을 살게 하려는 염원이 담겨있습니다.

아울러 돼지나 사슴은 실생활과 장신구로 다양하게 활용하였습니다. 수컷 돼지의 날카로운 이빨은 화살이나 팔찌의 장신구로 썼으며 사슴의 뿔은 칼 손잡이, 말 손잡이 등으로 널리 활용되었습니다. 그 외 손등뼈(중수골)와 발등뼈(중족골)는 화살촉으로 사용되고 견갑골은 점을 치는 도구로도 활용되었습니다.

사진 22. 김해 대성동 24호 소뼈 출토 상태

173

소뼈

牛骨

Cow Bones

김해 대성동 11, 14, 24, 62호

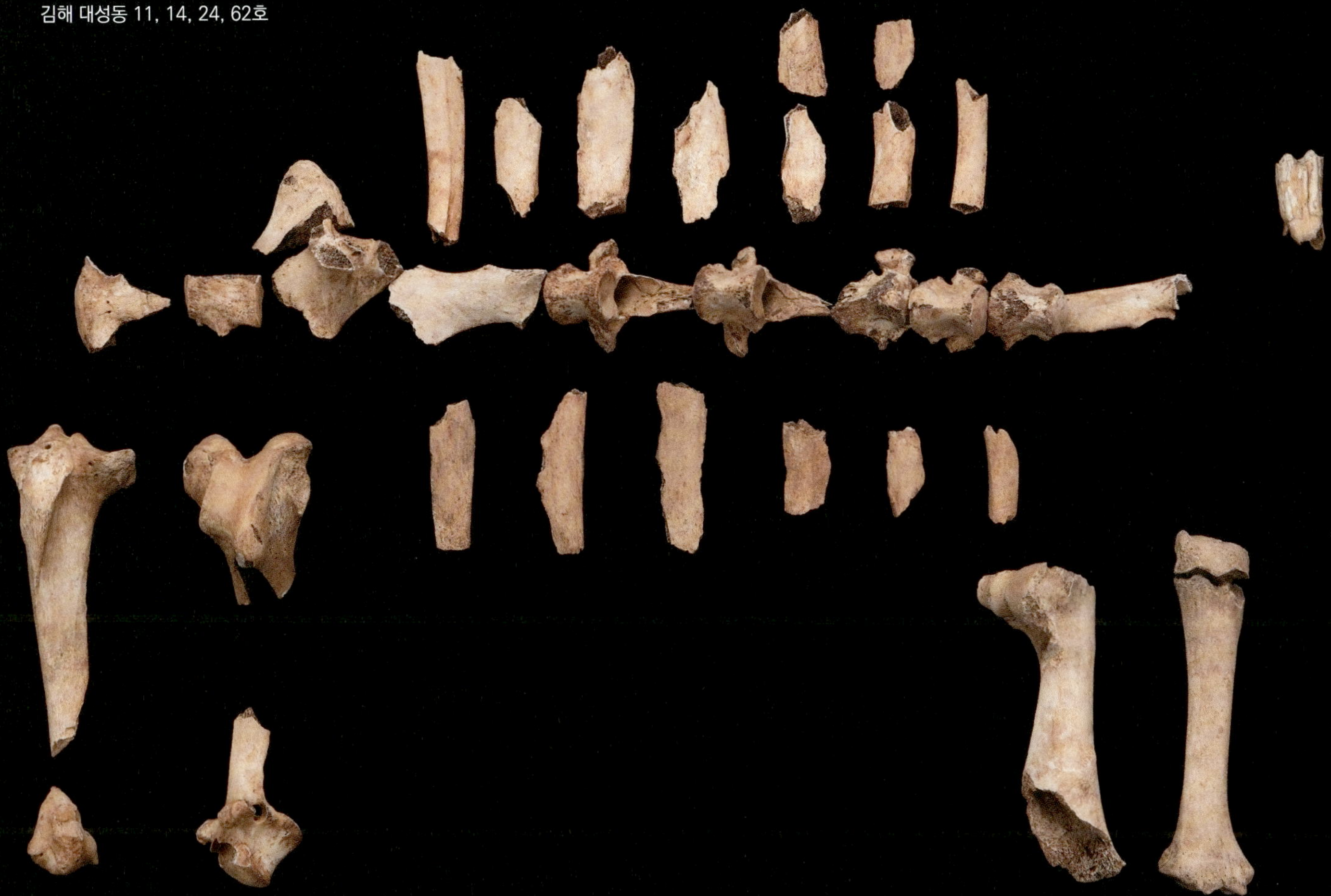

174

말 이빨

馬齒

Horse Teeth

김해 대성동 33, 38, 88호
대성동고분박물관(왼쪽 2점)

돼지, 멧돼지, 너구리

175
돼지 송곳니
猪犬齒
Pig Canine Teeth

김해 대성동 2호
길이 9.5(왼쪽)

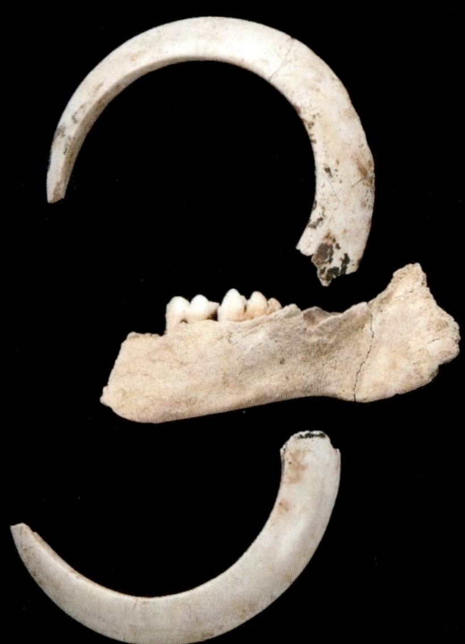

176
돼지 송곳니 · 멧돼지뼈
猪犬齒 · 野猪骨
Pig Canine Teeth·Wild Boar Bones

김해 대성동 2, 88호
대성동고분박물관(가운데)

177
멧돼지뼈
野猪骨
Wild Boar Bones

김해 대성동 91호
대성동고분박물관

178
너구리뼈
狸骨
Raccoon Dog Bone

김해 대성동 88호
대성동고분박물관

사슴, 개, 산양

179
쇠 손칼 · 사슴뿔로 만든 손칼자루
鐵刀子 · 鹿角製刀子柄
Iron Knife · Antlered Knife Handle

김해 대성동 88, 91호
길이 23.2(위)
대성동고분박물관

180
사슴뿔로 만든 칼집끝장식
鹿角製鞘尾裝飾
Antlered Scabbard Ornamentle

김해 대성동 85호
길이 6.8
대성동고분박물관

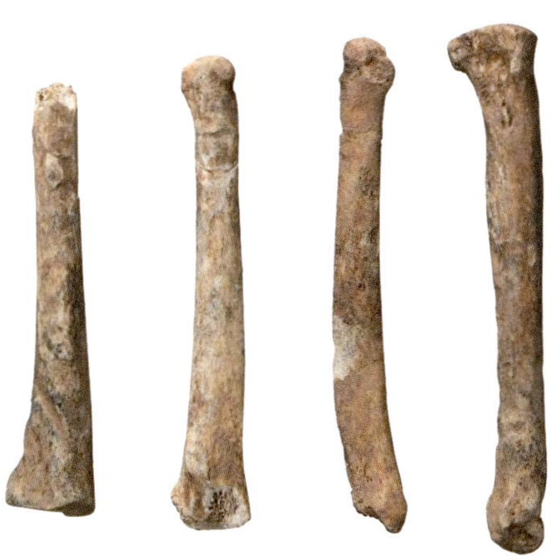

181
개뼈
犬骨
Dog Bones

김해 대성동 91호
대성동고분박물관

182
산양뿔로 만든 손칼자루
山羊角製刀子柄
Amur Goral Horn Knife Handle

김해 퇴래리
길이 13.9

183
꿩뼈가 담긴 항아리
雉骨・壺
Jar and Pheasant Bones

김해 대성동 39호
높이 32.3

184
닭뼈
鷄骨
Chicken Bones

김해 대성동 68호
높이 32.1
대성동고분박물관

185
참돔뼈가 담긴 항아리
眞鯛骨 · 壺
Jar and Pagrus major Bones

김해 대성동 91호
높이 37.4
대성동고분박물관

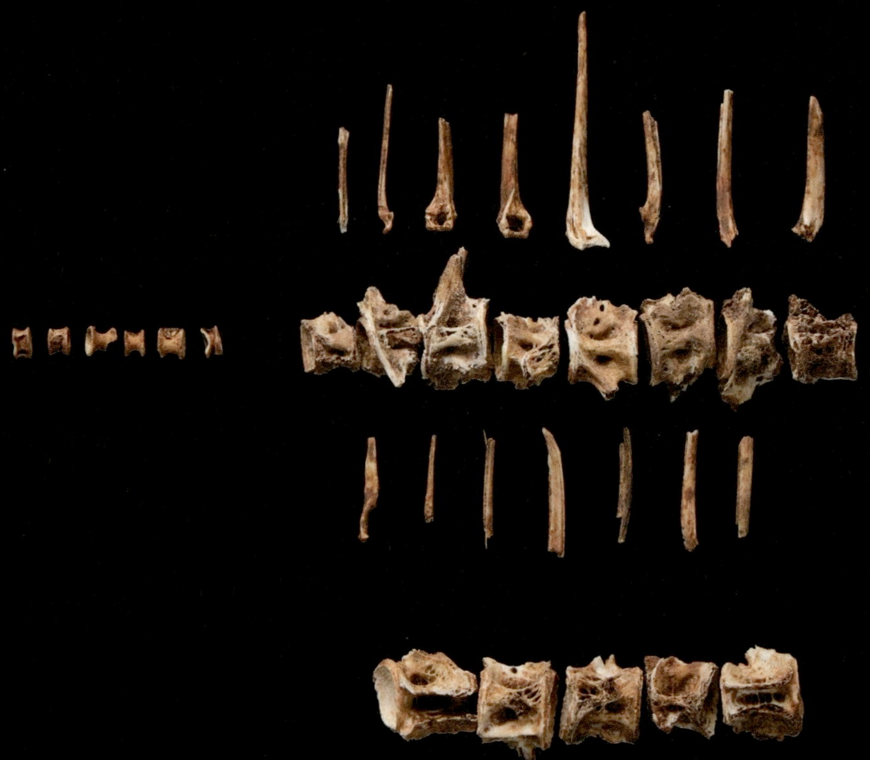

186
참돔뼈
眞鯛骨
Pagrus major Bones

김해 대성동 23호

187
물고기뼈가 담긴 항아리
魚骨 · 壺
Jar and Fish Bones

김해 대성동 57호
높이 65.0
대성동고분박물관

188
상어이빨
鮫歯
Shark Teeth

김해 대성동 2호

189
굴 껍데기
蠔殼
oyster shells

김해 대성동

190
조개로 만든 말띠 꾸미개
貝製雲珠
Shell Harness Fittings

김해 대성동 91호
지름 5.1
대성동고분박물관

191
백합
白蛤
Venus Clams

김해 대성동

192
꼬막
魁蛤
Blood cockles

김해 대성동

193
조개 꾸미개
貝製裝飾具
Shell Ornament

김해 대성동 23호

2) 제사에 바쳐진 음식

무덤에서 간혹 물고기 뼈나 패각류가 토기에 남아있는 사례는 많았지만, 곡물류나 과실류는 잘 알려지지 않았습니다. 그러나 최근 대성동 41호분 대형토기에서 재배용 복숭아씨가 확인되면서 저장용 토기에 다양한 음식을 담았을 가능성이 제기되었습니다. 이번 전시를 위해 토기 내부에 채워져 있던 다양한 유기물을 분석하던 중 대성동 29호 청동 솥 내 시료의 분석에서 기장과 꽃 화분이 확인되어 당시 환경을 알 수 있는 자료를 찾을 수 있었습니다. 기장은 고령 지산동 44호에서 출토된 이후로 처음으로 알려진 사실이며 대성동은 3세기에 이미 기장이 재배되고 있다는 점을 알려주는 중요한 자료입니다. 이와 함께 13호 원통모양 청동기 주변 바닥 흙에서 볏단의 존재를 확인하여 가야의 식생 복원에도 중요한 자료를 제공해주고 있습니다.

194

참돔뼈가 담긴 굽다리 접시

眞鯛骨 · 高杯

Mounted Dish and Pagrus major Bones

김해 대성동 23호

높이 8.6

195
복숭아씨 · 참외씨가 담긴 항아리
桃種子·眞瓜種子·壺
Jar and Peach Pits·Korean Melon Seeds

김해 대성동 41호
높이 51.8
대성동고분박물관

196
복숭아씨
桃種子
Peach Pits

김해 대성동 41호
대성동고분박물관

197
참외씨
眞瓜種子
Korean Melon Seeds

김해 대성동 41호
대성동고분박물관

김해 대성동 고분군 동물유존체로 본 동물희생의례

고 은 별
서울대학교 고고미술사학과 동물고고학연구실

가야의 고분군에서는 동물희생의례가 융성하게 베풀어졌다. 대성동 고분군도 예외가 아니다. 지금까지 다른 가야 고분군에 비해 대성동 고분군에서의 동물희생의례는 그 자세한 면모가 알려지지 않았으나 최근 그 실체가 드러나고 있다. 몇 년 전부터 국립김해박물관의 주도로 과거 대성동 고분군을 조사하는 과정에서 수습된 동물유존체에 대한 분석과 보고가 시작되었는데, 대성동 고분군에서 수습된 동물유존체는 보존 상태가 우수하고, 매장주체부 내부나 분묘 외부의 독립매장유구 등 유적 곳곳에서 수습된 것이어서 동물희생의례의 다양한 양상이 복원 가능하다.

분석 결과, 대성동 고분군에서는 기존에 보고된 어느 가야의 고분군들에서보다 더 많은 동물유존체가 출토되었으며, 더 다양한 희생 동물이 확인되었다. 그런 가운데에서도 동물희생의 방식에 있어서는 다른 가야의 고분군들과 공유되는 지점이 있어 대성동 고분군에서 이루어진 동물희생의례가 이곳에서만 이루어진 특수한 것이 아니며 당시 가야 사회에서 공유된 일정한 규범 속에서 이루어졌다는 것을 알 수 있었다.

대성동 고분군에서는 1호분, 3호분, 4호분, 13호분, 14호분, 16호분, 20호분, 23호분, 24호분, 33호분, 38호분, 39호분, 46호분, 55호분, 57호분, 62호분 등 16기의 분묘와 12-14호분 사이 도굴갱, Tr. 1-2 둑 사이에서 동물유존체가 수습되었다. 이에 대한 분석 결과, 동물유존체 총 552점이 동정되었다. 먼저 포유류 동물유존체로는 말과 소와 조류로는 꿩이 확인되었다. 이 외에 굴, 꼬막 등의 패류도 함께 확인되었다. 23호분과 57호분에서는 어골도 수습되었는데 이에 대해서는 아직 분석이 진행되지 않았다.

대성동 고분군에서 출토되는 동물유존체는 크게 두 가지로 구분된다. 먼저 매장주체부 내부에서 출토된 토기 안에 부장된 것과 분묘 외부에서 확인되는 것이다. 전자는 토기 내부에 담겨 다른 부장품들과 함께 부장된 것이고, 후자는 분묘 축조 과정 혹은 분묘 축조가 완료된 이후에 이루어진 제사의례에 공반된 동물희생의 증거이다. 매장주체부 내부에서 확인된 희생 동물로는 1호분, 23호분, 39호분, 46호분에서 출토된 꿩과가 대표적이고, 57호분에서는 꿩과와 함께 굴과 꼬막 등 해수산 패류도 함께 확인되었다.

대성동 고분군에서 출토된 꿩과의 출토 양상을 보면 하나의 토기 안에 한 개체부터 수십 개체까지 부장되는 것으로 확인된다. 또 동정된 부위를 보면 척추골, 관골, 흉골, 오구골, 견갑골, 상완골, 대퇴골, 경족근골 등 몸통과 날개 윗부분, 다리 윗부분에 해당하는 부위가 확인되고 있어 머리, 발, 날개 끝 등이 제거된 채 부장된 것을 알 수 있다. 이

그림 1. 꿩과 21개체가 출토된 대성동 고분군 39호 부곽 부장 토기

는 고령 지산동 고분군(모기철 1979)은 물론, 경산 임당 유적(고은별 2018)이나 청주 봉산리 유적(조태섭 2017)과 같이 4-6세기 한반도 분묘 유적에서 공통적으로 나타나는 꿩과의 부장 방식으로, 대성동 고분군에서도 역시 이러한 부장 방법이 공유되었다는 것을 알 수 있다. 이는 당시 꿩을 해체하는 일반적인 방식이었던 것으로 추정되는데, 이는 조류를 식용할 때의 해체 방식[1]이 의례적 도살과 해체에 그대로 적용된 결과라고 이해된다(고은별 2018: 154-155).

39호분 부곽 토기 내에서 429점의 동물유존체가 출토되었는데, 이것이 꿩과의 조류 21개체로 확인되었다. 다수의 척추골과 함께 날개와 몸통, 다리에 해당하는 부위가 출토되었고, 암컷과 수컷 모두가 확인되었다. 머리와 날개 끝, 발 부위에 해당하는 뼈가 확인되지 않은 것으로 보아 이러한 부위가 제거된 상태로 토기 내에 담긴 것으로 추정된다. 즉 다른 분묘에서와 유사한 방식의 동물희생 방식을 따르면서도 토기 한 점 내에 대량으로 부장한 사례가 확인된 것이라고 하겠다.

한편, 대성동 고분군에서는 말과 소와 같은 사육종 포유류 동물도 다수 출토되었다. 이는 출토 위치로 보아 분묘 축조 과정 혹은 분묘 축조가 완료된 이후에 이루어진 제사 의례에 공반된 동물희생의 증거로 추정된다. 말은 1호분과 33호분, 38호분, 55호분에서 확인되었고, 소는 1호분, 4호분, 11호분, 14호분, 20호분, 24호분, 38호분, 62호분에서 확인되었다. 소는 유구에 따라 척추골, 사지골 등 두부 외에 다른 신체 부위들도 확인되고 있는데, 말은 오로지 치아만 확인되고 있어 출토 양상의 차이가 있다. 대성동 고분군도 다른 가야의 고분군들과 마찬가지로 말은 오로지 머리에

1 시간차가 다소 있긴 하지만 조선시대 요리서에서 꿩에 대한 요리 방법 중 가장 빈번하게 등장하는 것은 구이로 과거인들이 가장 즐기는 꿩 조리 방식이었는데, 이때 꿩구이에 대한 설명에서 '대가리와 발을 자르고'양념하여 굽는다고 언급되어 있다(김태홍 1996: 90). 이를 고려하면 머리와 발을 자르는 것이 과거 꿩을 식재료로서 손질하는 일반적인 방식이었던 것이 아닌가 추정된다.

그림 2. 대성동 고분군 39호 출토 꿩의 척추골

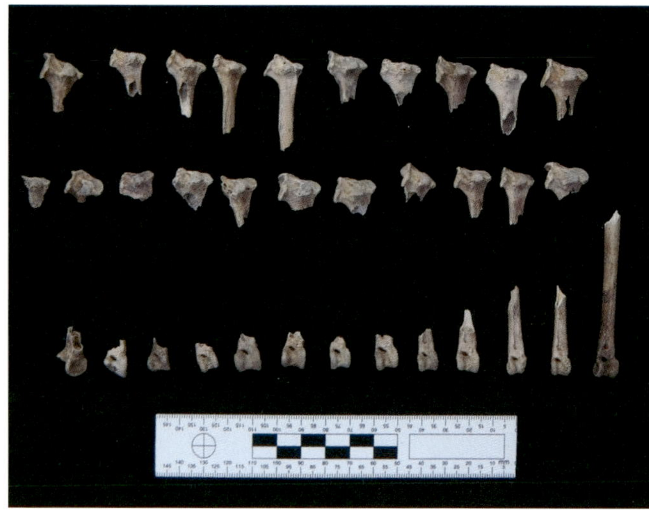

그림 3. 대성동 고분군 39호 출토 꿩의 경족근골

해당하는 부위만 선별적으로 매납한 것으로 추정된다.

1호분의 경우, 대부분 말의 치아가 소의 치아와 다수 뒤섞인 채 수습되었고, 최초 보고 당시 주곽의 보강토 내에서 소 뼈가 출토되었다고 언급되었던 것을 고려하면 말의 머리는 소의 머리와 함께 주곽 보강토 내에 매납되었을 가능성이 크다. 1호분 외에도 대부분 정확한 출토 위치를 확인하기 어려운데, 이는 분묘 외부에서 동물유존체가 출토되는 맥락과 밀접한 관련이 있다. 이는 매장주체부 내부에 부장되는 것과 달리 제사 의례 과정에서 분묘 외부에 매납되는 것이기 때문이다. 이로 미루어 볼 때 대성동 고분군에서는 제사 의례 과정에서 소나 말과 같은 사육종 포유류 동물을 희생했다는 것을 알 수 있다.

말은 교통, 운송 등 실질적인 유용성 이상의 특정 집단만 소유, 활용할 수 있는 사회경제적 측면을 동시에 내포하고 있어 말을 희생하는 의례는 다른 동물의 희생의례와는 구분되는 사회적 의미가 반영된 것으로 이해된다(李俊貞 2011: 161~162). 특히 한국 고대사회에서 말은 주인의 신분에 상응하는 신분적 가치가 부여되는 유일한 동물로(김정숙 2003) 그 장송의례 과정에서 말을 희생했다는 것은 곧 망자가 상당한 사회적 지위를 가진 신분의 사람이었다는 것을 의미한다고 할 수 있다. 대성동 고분군의 말은 1호분이 생후 4~5년, 38호분이 생후 3~4년, 55호분이 생후 7~8년 가량으로 추정된다.

희생되는 말의 연령은 고분군마다 차이가 있는데, 대성동 고분군에서 확인된 말은 가야 고분군 가운데 상당히 어린 개체군에 해당한다. 동물희생의례는 기본적으로 경제적인 가치를 포기하는 행위라는(李俊貞 2011) 점에서 노쇠한 개체보다는 인간에 의한 활용도가 높은 젊은 개체를 희생하는 것이 상대적으로 더 많은 비용을 지불한 것이라고 해석 가능하다. 따라서 대성동 고분군에서는 다른 고분군에 비해 말 희생 의례에 더 많은 비용을 지불했다고 할 수 있으며 이는 이 축조 집단의 사회경제적 위치와도 밀접하게 관련되었을 것으로 추정된다.

참고문헌

고은별, 2018,「임당 고총 동물부장 연구: 조류 부장 양상을 중심으로」,『한국고고학보』 106, 한국고고학회.

김정숙, 2003,「신라 사회에서 말의 사육과 상징에 관한 연구」,『한국사연구』 123, 한국사연구회.

김태홍, 1996,「우리나라 꿩요리 調理法의 歷史的 考察」,『韓國食生活文化學會誌』 11(1), 상명여자대학교 가정문화연구소.

모기철, 1979,「池山洞 44號古墳 出土 動物遺骸에 對한 考察」,『大伽倻古墳發掘調査報告書』, 高靈郡.

李俊貞, 2011,「飼育種 돼지의 韓半島 出現 時點 및 그 社會經濟的·象徵的 意味」,『한국고고학보』 79, 한국고고학회.

조태섭, 2017,「청주 봉산리 삼국시대 토광묘 출토 꿩뼈의 연구」,『고고학』 16-2.

김해 대성동 고분군 출토 식물유존체 분석

이 희 경
서울대학교 인문학연구원

Ⅰ. 머리말

국립김해박물관은 김해 대성동 고분군의 조사 과정에서 토기 내부 및 주요 유물 주변에서 채취한 토양 시료를 보관해왔다. 본 보고서는 그 중 유기물이 관찰되는 일부 시료를 대상으로 식물유존체의 분석을 시행한 결과이다. 토양 시료는 총 8기의 무덤에서 채취된 것으로, 서울대학교 식물고고학 연구실로 운반하여 부유선별 작업을 수행한 후, 실체현미경을 이용해 분석하였다. 그 결과, 8기 중 3기의 무덤에서 소량의 식물유존체를 확인할 수 있었다(표 1).

표 1. 분석 대상 시료와 식물유존체 출토 상황

순번	무덤	출토 위치	식물유존체
1	11호	소 주변 토양	X
2	13호	주곽 옆 목질흔	X
3	13호	파형동기 목질흔	X
4	18호	거치문 토기	환삼덩굴 완형 15, 반편 7
5	1호	말 치아 주변	X
6	29호	동복 부식토	조 1, 꿀풀科 종자 1
7	57호	대옹(꿩, 참돔 출토)	쌀 껍질 파편
8	62호	말 치아 주변	X

Ⅱ. 분석 결과

1. 29호분 동복 부식토

조 1립(그림 1)과 꿀풀科(Lamiaceae) 종자 1립(그림 2)이 확인되었다. 조는 껍질이 제거되지 않은 상태로 출토되었으며, 껍질 표면에서 특유의 돌기가 관찰되어 조로 동정할 수 있었다. 전반적으로 보존 상태가 좋지 않으며, 납작하게 변형된 상태로 껍질만 남아 있는 것으로 보인다.

꿀풀과 종자에서는 표면의 독특한 그물 무늬가 관찰되었으며, 이는 들깨, 소엽, 털들깨, 산들깨 등과 유사한 특징이다. 종자의 크기는 1mm보다 약간 큰 수준으로, 일반적으로 길이 2mm 이상으로 보고되는 재배종 들깨(Perilla frutescens var. frutescens)의 평균 크기보다 작아 재배종 들깨는 아닌 것으로 판단된다(Li and Kim 2021). 따라서 소엽 또는 꿀풀과 잡초류일 가능성이 있으나, 정확한 종 동정은 어렵다.

두 종자 모두 탄화되지 않은 상태로 소량만 출토되었기 때문에 교란 가능성을 완전히 배제할 수는 없다. 하지만 금속기와 인접해서 발견된 경우, 탄화되지 않고도 보존될 수 있으므로 원래 동복 내에 부장되었던 종자일 가능성 역시 고려할 수 있다.

그림 1. 현생 조와 대성동 29호분 동복 출토 조

그림 2. 29호분 동복 출토 꿀풀과 종자

그림 3. 57호분 대옹 출토 왕겨

그림 4. 18호분 거치문토기 출토 환삼덩굴

2. 57호분 대옹

벼 껍질 파편이 1개 확인되었다(그림 3). 작은 파편만 남아있는 상태이다. 이 대옹에서는 꿩과 참돔이 다량 출토되어 동물 부장 용기로 추정되므로, 소량만 확인된 볍씨는 본래 대옹 내 부장물이 아닐 가능성도 크다. 주변에 부장된 볍씨가 유입되었거나, 혹은 후대의 오염물일 가능성도 있다.

3. 18호분 거치문토기

환삼덩굴(그림 4) 완형 15립과 반편 7개가 확인되었다. 다만 탄화되지 않은 상태이고, 비탄화 종자가 보존될만한 조건이 아니므로 오염 가능성이 크다. 환삼덩굴은 우리나라 전역에서 나고 들이나 공터에서 잘 자라므로 후대의 것이 우연히 유입되었을 수 있으며, 특히 개미의 운반을 통해 유입되었을 가능성을 추정할 수 있다. 개미는 엘라이오솜이 붙어있는 종자를 개미집으로 물어가 애벌레의 먹이로 이용하는데, 환삼덩굴 또한 엘라이오솜을 부착한 종자로 개미에 의해 운반될 수 있기 때문이다(김갑태 2014). 실제 고고학적 맥락에서 다량의 비탄화된 잡초 종자가 발견된 경우, 개미 등 동물 교란의 가능성이 고려될 필요가 있음이 논의된 바 있다(안승모 · 안현중 2010).

Ⅲ. 맺음말

대성동 고분군의 여러 무덤에서 채취한 토양 시료를 분석한 결과, 57호분에서 쌀의 왕겨, 29호분에서 조와 꿀풀과 종자, 그리고 18호분에서 잡초류인 환삼덩굴이 확인되었다. 하지만 곡물류는 모두 1립씩만 확인되었고, 환삼덩굴만 15립 이상으로 출토되었다. 이처럼 수량이 적으면서, 조, 꿀풀과 종자, 환삼덩굴 모두 탄화되지 않은 상태라서, 본래 의도적으로 부장된 식물인지 아니면 후대에 유입된 것인지 단정하기 어렵다. 다만 조와 꿀풀과 종자의 경우 동복 내에서 발견된 것이라 금속의 작용으로 보존될 수 있고, 다른 기관의 분석 결과에서도 기장이 확인되었기 때문에 본래 부장 식물일 가능성을 배제할 수 없다.

만약 조가 부장된 식물이라면, 이는 가야 고분에서도 곡물이 부장되었음을 보여주는 중요한 증거라 할 수 있다. 현재까지 대성동, 칠산동 등 가야 무덤에서는 복숭아, 오이속, 밤 등이 출토되었을 뿐이며 곡물 부장 사례는 전혀 확인된 바 없다. 이는 신라 지역 무덤에서 쌀, 잡곡 등 곡물이 빈번하게 발견되는 것과 다른 양상으로 신라, 가야 간 식물 부장 관습의 차이를 드러내는 것으로 추정되었다(이희경 2025). 이번 분석을 통해 확인된 조가 본래 부장되어 있던 것이라면, 이는 가야 무덤에서도 탈각하지 않은 곡물류가 부장되었음을 보여준다. 다만 오이속 종자와 같이 보존도가 낮은 식물유존체가 출토됨에도 불구하고 신라지역과 다르게 곡물이 거의 확인되지 않는 상황은 부장량, 부장 방식 등의 차이를 반영하는 것으로 생각된다. 곡물의 부장량이 적을수록 보존, 발견될 가능성도 낮아지기 때문에, 가야 고분에서는 상대적으로 소량만 부장되어 보존되지 않았을 가능성이 있다. 또는 신라 대릉원 일대와 같이 철기 위에 식물을 흩뿌리는 의례 관습이 존재하지 않아 광화 등의 보존 기회가 적었기 때문일 수도 있다.

참고문헌

김갑태, 2014, 「개미가 종자를 산포하는 식물종과 전파체 특성에 관한 연구(1)」, 『한국환경생태학회』 28(4).

안승모·안현중, 2010, 「개미와 종자」, 『호남고고학』 53.

이희경, 2025, 「고대 한반도 매장 의례의 식물 이용: 낙랑과 영남지방의 무덤을 중심으로」, 『한국상고사학보』 127.

Li, B. and M. Kim, 2021, Cultivation of *Perilla frutescens*(Lamiaceae) in prehistoric Korea, *Journal of Archaeological Science: Reports* 40.

김해 대성동 고분군에서 찾은 가야인과 식물 이야기

안 소 현
국립경주문화유산연구소

Ⅰ. '현미경으로 다시 보는' 대성동 고분군

우리가 맨눈으로 볼 수 없는 미세한 고고학적 흔적 속에는, 당시 사람들의 삶과 문화, 그리고 환경을 엿볼 수 있는 중요한 단서가 숨어 있다. 김해 대성동 고분군이 처음 발굴되던 1990년대에는 미세 잔존물에 대한 분석이 활발히 이루어지지 않았다. 하지만 몇몇 시료가 후대 연구를 위해 보관되었고, 선행 연구자들의 이러한 안목 덕분에 이번 특별전 준비 과정에서 다시 검토할 기회를 얻을 수 있었다.

특히 29호분 목곽묘에서 출토된 청동솥 내부의 퇴적물과 10호분에서 발견된 60여 점의 복숭아 핵을 현미경으로 관찰할 수 있었다. 그 결과, 지금까지 알지 못했던 식물의 흔적들이 드러났고, 이를 통해 서기 3~5세기 무렵 가야인과 식물이 맺어온 관계를 새롭게 이해할 수 있었다. 이 글에서는 이러한 식물자료 분석 과정과 그 결과, 그리고 그 의미를 함께 살펴보고자 한다.

Ⅱ. 북방계 청동솥 안에 담긴 기장

기장은 논농사가 이루어질 수 없는 척박한 땅에서도 잘 자라는 곡물로, 특히 북방의 건조지대에서 중요한 식량자원이 되어 왔다. 고대 중국 문헌에는 기장黍과 조稷가 신과 조상을 위한 제례에 반드시 사용되었다는 기록이 있어[1], 단순한 음식이 아니라 제의적 의미를 지닌 곡물이었음을 알 수 있다.

김해 대성동 29호분에서 출토된 청동솥銅鍑 내부 퇴적물의 미세 유기물 분석 결과, 기장*Panicum miliaceum* L.이 담겨 있었음이 확인되었다. 발굴 당시 청동솥은 목곽부 중앙에 눕혀진 상태로 발견되었고, 내부에서는 유기물 흔적이 관찰되었다.[2] 이때 유기물을 포함한 토양 시료는 청동 용기의 하부, 중부, 그리고 옆으로 기울어진 상태로 출토된 부식질 부분[3]으로 나누어 수습되었고, 지금까지 수장고에 보관되어 왔다.

분석 과정에서 흙 속에 엉겨 붙은 작은 식물체 덩어리들이 발견되었다. 육안 관찰만으로는 종류를 알 수 없어,

1 오강원, 「고대의 오곡에 관한 연구-역사고고학적 고찰-」 55·56, 『사학연구』(1998).

2 경성대학교 박물관,『김해 대성동 고분군 Ⅰ -개보-』(2000).

3 1991년 발굴 시의 채취 기록에 따름.

그림 1. 김해 대성동 29호분 출토 청동솥(좌)과 퇴적물 분석으로 밝혀진 공헌물인 기장 이미지(우)

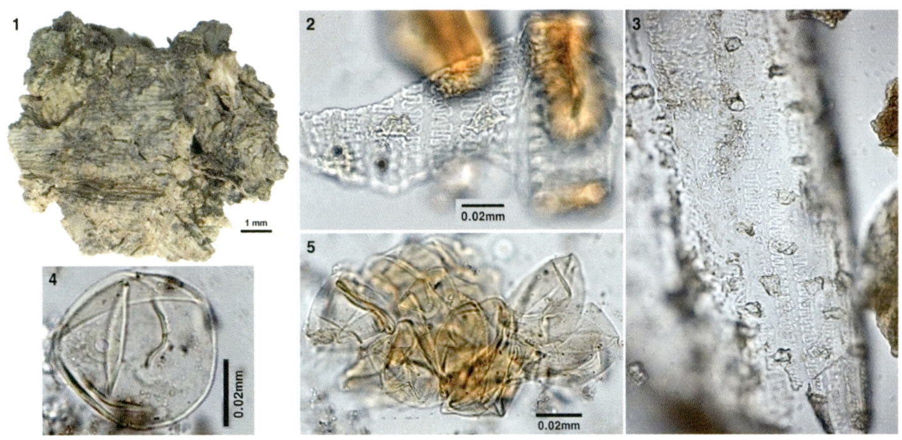

1. 내부토(下) 시료 중의 식물 흔적 2-3. 기장 화서부(종실부) 표피세포 규소체 4-5. 벼과 작물 꽃가루(5: 화분괴)

그림 2. 청동솥 퇴적물 시료에서 검출된 기장 유존체

꽃가루와 식물규소체(식물세포에 형성되는 규산질 구조물)를 분석한 결과, 기장 껍질 즉 겉겨에서 유래한 규소체와 벼과 작물의 꽃가루가 다량 검출되었다(그림 2, 4). 내부토 하부에서는 시료 약 10㎎중에 벼과 작물 화분이 514립 (전체 화분비율의 85%), 옆으로 기울어진 상태로 출토된 부식토에서는 1,167립(전체 화분비율의 89%)이 확인되는 등 압도적인 비율로 검출되었다. 이는 청동솥 속에 껍질째의 기장이 담겨 있었음을 보여준다.

그렇다면, 왜 기장 열매와 함께 꽃가루가 남아 있었을까? 벼과 식물의 이삭에는 수많은 꽃이 달리며, 수분이 끝난 뒤에도 꽃가루가 열매 껍질 등에 일부 남아 있게 된다. 따라서 가을에 수확된 곡물에는 눈에 보이지 않지만, 꽃가루가 붙어 있게 되는 것이다.

기장은 약 9,000년 전 북중국에서 작물화된 오랜 역사를 가진 곡물이다.[5] 한반도에서는 요동 지역을 거쳐 들어온 뒤, 적어도 6,000년 전부터 밭작물로 재배되었다.[6] 대성동 29호분이 만들어진 3세기 후반 무렵, 가야 지역에서는 기장뿐 아니라 쌀, 밀, 조, 콩 등 다양한 곡물이 이미 이용되고 있었다. 그럼에도 청동솥 속에 특별히 기장이 담겨 있었던 사실은 무엇을 의미할까?

4 기장 규소체의 식별은 서울대학교 박물관 이진옥 박사의 도움을 받아 수행되었다.

5 Stevens, C. J., Shelach-Lavi, G., Zhang, H., Teng, M., and Fuller, D. Q., 「A model for the domestication of Panicum miliaceum (common, proso or broomcorn millet) in China」, 『Veget. Hist. Archaeobot.』30, (2021).

6 안승모, 「동아시아 조·기장 재배의 기원과 확산」, 『한국 신석기문화의 양상과 전개』(중앙문화재연구원 편)(서경문화사, 2012).

기장은 국내 고분 출토 사례에서도 흔하지 않다. 지금까지는 평양 정백동 37호와 용추동 목곽묘의 낙랑 무덤에서만 확인되었을 뿐이다.[7] 특히 대성동 29호분 청동솥은 '오르도스형'으로 알려지며 북방계 부장품으로 주목받아 왔다. 여기에 기장이 담겨 있었다는 점은 북방 문화와의 연관 속에서 가야인의 곡물 이용을 보여주는 중요한 증거라 할 수 있다.

Ⅲ. 죽은 자에게 바친 수십 개의 복숭아

복숭아는 우리나라 원삼국시대부터 삼국시대까지 무덤에서 가장 널리 부장된 과실류였다. 이는 단순한 먹을거리가 아니라, 내세에서의 건강과 장수를 기원하거나 악귀를 물리치는 상징적 의미가 담겨 있었을 것이다. 중국 『산해경』 '서왕모의 반도蟠桃'설화에서 복숭아는 장수를 상징하며, 내과피 속 종자(도인, 桃仁)는 예로부터 약재로 쓰여 왔다.

그림 3. 대성동 10호분 출토 복숭아 핵(스케일 막대 1cm)

김해 대성동 10호분에서는 무려 65개의 복숭아 핵이 확인되었다. 우리가 흔히 '씨'라고 부르는 것은 사실 열매의 안쪽 껍질인 내과피(핵)이며, 그 안에 진짜 종자가 들어 있다.

발굴 기록[8]에 따르면, 10호분은 후에 조성된 것으로 보이는 7호분 부곽의 영향으로 일부가 훼손된 상태였고, 복숭아가 정확히 어느 위치에서 어떤 유물과 함께 묻혔는지는 확인하기 어렵다. 그러나 이처럼 많은 핵이 한곳에 모여 출토된 점으로 보아, 다른 고분 사례와 같이 저장용 토기에 담겨 부장되었을 가능성이 크다.

출토된 복숭아 핵은 온전한 것이 33개, 일부가 깨진 상태의 것이 32개로 확인되었다. 깨진 흔적은 규칙성이 없고 소형 설치류와 같은 동물이 갉은 자국도 보이지 않았다. 일부는 검게 변했지만 불에 탄 흔적은 아니었다. 인위적으로 부서진 것인지, 흙의 압력으로 인해 깨진 것인지는 더 살펴볼 필요가 있다.

무엇보다 주목되는 점은 김해지역의 가야 지배층 무덤에서 복숭아가 대량으로 확인된다는 사실이다. 대성동 41호분의 대형 단경호에서는 340여 개[9](고분 부장 사례로는 국내 최다)가, 칠산동 32호분 단경호에서는 64개가 확인되었으며[10], 이번 10호분의 사례까지 더하면 전기가야 무덤에서 복숭아의 대규모 부장이 성행했음을 알 수 있다. 이는 해당 시기의 매장의례에 나타나는 다양한 공헌품과 함께 식물 이용에서도 성대하고 의례성이 강조된 성격을 보여준다.

Ⅳ. 꽃가루로 엿보는 가야의 숲

오늘날 대성동 고분군이 자리한 애구지 구릉의 팽나무는 과거 환경과 현재 풍경을 이어주는 상징 같은 존재일 지

7 考古學硏究所, 『考古學資料集 5(樂浪區域의 무덤떼)』(1978); 이희경, 「고대 한반도 매장 의례의 식물 이용 낙랑과 영남지방의 무덤을 중심으로」, 『한국상고사학보』 127, (2025).

8 경성대학교 박물관, 『김해 대성동 고분군 Ⅰ-개보-』(2000).

9 대성동고분박물관, 『가야인의 곳간』(2023년 대성동고분박물관 특별전시 기념도록), (2023).

10 경성대학교박물관, 『金海七山洞古墳郡 Ⅰ-第Ⅲ地區의 發掘調査-』(1989).

도 모른다. 김해를 비롯한 남해안 곳곳에서도 오래된 팽나무 노거수를 볼 수 있는데, 이는 팽나무가 예로부터 지역을 대표하는 수종이었음을 나타낸다.

청동솥 내부 퇴적물을 분석한 결과, 다량의 벼과 꽃가루 외에도 다양한 나무와 풀에서 온 꽃가루가 확인되었다. 이는 무덤이 조성되던 당시의 환경을 짐작하게 하는 중요한 단서가 된다. 물론 보다 정밀한 고환경 해석을 위해서는 출토 정황과 매장 환경을 면밀히 검토할 필요가 있다. 그러나 기장 유래 식물규소체와 꽃가루 산출 양상으로 볼 때, 이 퇴적물 대부분은 매장 당시 형성된 흔적으로 이해된다.

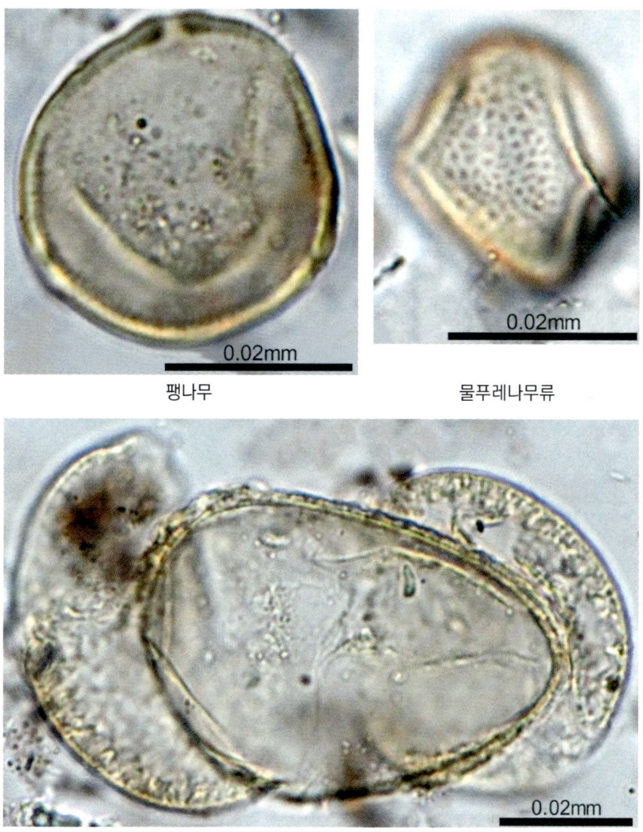

그림 4. 청동솥 퇴적물에서 검출된 주요 나무 꽃가루 현미경 사진

특히 소나무류, 팽나무, 물푸레나무류의 꽃가루가 높은 비율을 차지했다. 소나무 꽃가루는 바람을 타고 멀리까지 날아가기 때문에 직접적인 환경 지표로는 한계가 있지만, 팽나무와 물푸레나무류는 주변 실제 식생을 반영한다.

물푸레나무류는 하천변이나 계곡의 습윤 환경을, 팽나무는 해안 숲의 주요 구성종을 시사한다. 따라서 당시 해반천 주변의 자연제방이나 해안 구릉지에는 팽나무가 자라는 해안 숲이 형성되어 있었을 가능성이 크다. 팽나무는 염분에 강해 오늘날에도 우리나라 남부 해안 지역에서 흔히 자라는 나무이다.[11]

그림 5. 김해 대성동 고분군 구릉에 자리 잡은 팽나무(2025년 여름)

무덤군이 조성되던 시기에는 해안선이 지금보다 훨씬 내륙 깊숙이 들어와 고古김해만을 이루고 있었을 것이다. 그 속에서 애구지 구릉은 해안가에 위치한 높은 지대로서 두드러진 경관을 형성하였을 것이다. 청동솥 퇴적물에서 확인된 꽃가루는 바로 이러한 당시의 풍경을 보여주는 기록으로, 그 시기의 숲을 이루던 나무와 고대인의 삶을 엿볼 수 있게 해준다.

---

11 김종원, 『한국식물생태보감3-바닷가에 사는 식물』(자연과 생태, 2025).

김해 대성동 고분군 장송의례의 특징

이 춘 선
국립김해박물관

Ⅰ. 머리말

가야의 상장의례에 대한 연구는 풍부한 분묘 유적의 발굴과 그에 따른 부장품을 중심으로 연구가 활발하게 진행되었다. 가야 고분에 남아있는 자료인 매장과정이나 무덤 축조와 관련된 것이 주로 연구대상이 되거나 부장토기 기종구성과 의례용 철기의 부장특징과 함께 제의의례 양상에서 나타나는 특징을 주로 연구하였다[1].

가야 장송의례는 고분에서 발견되는 의례와 관련된 자료를 유형화하고 그 변화양상을 파악하여 의례 복원을 하려는 연구가 지속적으로 시도되었다[2]. 가야에서 장례 과정과 제의에 대한 과정은 묘지선정-묘지의 정지-묘광의 굴착-주부곽식 석곽의 축조-주곽내부 목곽의 설치-주검의 안치-목곽의 유물부장-목곽의 복개-목곽 외부와 부곽의 유물부장-주곽과 부곽의 복개와 밀봉-봉분의 조성-봉분의 밀봉-완성후 일정한 의례의 순으로 정리될 수 있다[3]. 분묘에서 유물이 출토되는 위치를 입체적으로 분석하여 부장품의 발견 위치에 따라 별도의 의례가 치러졌음을 추정하고 상장의례의 절차로 비정하는 연구도 있었다[4].

이러한 최고 지배자의 무덤은 거대한 건축 구조물의

1 김동숙, 2000,「신라 가야 고분의 제의유구와 유물」慶北大學校 考古人類學科 석사학위 논문.

2 권오영, 2011,「喪葬制와 墓制」,『동아시아의 고분문화』, 중앙문화재연구원, 서경문화사.

3 김용성, 2007,「대가야 고총의 상장례」『가야의 정신세계』 대가야 학술총서 7, 고령군 대가야박물관, 계명대학교 한국학연구원.

4 최종규, 2013,「石室墳의 禮制」『고고학연구』 13, 고고학연구회.

축조의 과정에 많은 인력과 시간이 동원되어야 한다. 백제의 무령왕릉의 묘지석에서 죽음 이후의 27개월의 빈전을 명기하였고 빈전지와 빈전에 대한 여러 증거를 확인하였다[5]. 신라에서는 대표적인 마립간의 무덤인 적석목곽묘의 축조 과정과 축조 이후에 묘사까지 7단계의 의례로 파악하는 등 고분의 축조에서 일어나는 모든 과정을 일련의 의례 행위로 보고 그 상장의례 특징을 정리하였다[6]. 같은 시기 가야에도 이러한 많은 의례를 수행하려면 많은 시간이 필요했고 이러한 여러 가지 절차에 따라 매장의례 행위가 진행되었을 것이다.

그러나 가야 고분 내 많은 특징이 현재의 물질적 자료로서 남아 있기는 상당히 어려운 부분이 있을 수 있다. 특히, 대성동 고분군은 봉토분이 거의 남아 있지 않고 분묘의 중복과 후대 도굴과 삭평으로 인한 훼손이 심각하여 의례의 원상을 확인하기 어려운 부분이 있다. 하지만 대성동 고분군은 가야 출현기의 장송의례의 많은 것을 내포하고 있어 목곽묘의 분묘 매장의례를 전반적인 특징을 검토할 수 있다. 또 의례에 사용된 특수 의례기물의 부장양상과 의례품에 남아 있는 독특한 의례 행위로 보이는 훼손과 같은 전기가야 권역의 장송의례 특징을 살펴보고자 한다. 이후 최고 지배자의 장례 의례는 사회 공동체가 행하는 거대한 이념을 위해 사회 공동체가 함께 준비하는 의미를 가지므로 의례에 제공되는 당시의 공헌물의 의미를 살펴본다.

II. 대성동 고분군 분묘 축조에 따른 장송의례의 특징

분묘 내 부장하는 유물 위치와 그 기종의 구성에 따라 가야의 권역별 차이가 나타나는데 크게 낙동강 하구권역과 낙동강 이서권역으로 대별된다[7].

낙동강 하구권역 목곽묘는 김해지역을 중심으로 대성동 고분군, 양동리, 망덕리, 퇴래리 여래리 고분군과 창원 분지, 부산 복천동 고분군 등 유적 수는 적지만 고분의 수는 1,500여 기 이상의 목곽묘가 확인되었다 이 중 20㎡ 대형 목곽묘는 46기 이상으로 낙동강 이서권역의 19기보다 훨씬 많다. 대형 목곽묘에 저장용 토기만을 따로 부장하는 공간을 마련하기 시작하면서 공간분화가 나타난다. 주인공이 놓이는 주곽 외에 저장용 토기만을 놓는 부곽을 따로 높이를 높혀서 축조하였다. 이후 중소형 고분에서는 주곽 아래 凹자의 구덩이를 파서 부장공간을 마련하는 것에서 부곽을 주곽의 위쪽에 제단처럼 높게 하는 형태의 목곽묘가 축조되었다. 이러한 부장곽의 축조는 저장용 토기의 발달과 함께 부곽 확대에 따라 신분의 과시적 의미로 사용함으로서 그 권위와 신망을 높이려는 차별화의 과정으로 이해하였다[8].

1. 묘전제사

단독의 부정형 제사 수혈유구는 대성동 88호 수혈로 소와 말의 하악골, 사지골이 일부 부위만 인위적으로 매납되었고 너구리와 멧돼지 뼈도 확인되어 동물 매납갱으로 추정하였다.

대성동 Ⅱ-38호 수혈에서도 말뼈로 추정되는 동물뼈 3점과 도자 1점이 출토되어 동물 부장 수혈로 추정하였다[9]. 그 외에도 김해 예안리 44호, 46호, 50호 주변과 1호 주변에서 말뼈와 함께 다량의 토기편이 확인되는 점과 복천동 4호 주변에 수혈유구 내 주혈에서 말 이빨이 확인되어 매장지 주변에 확인되는 수혈과 주혈군을 매장과 관련된 의례로 해석하였다[10].

---

5 강원표, 2016, 「百濟 喪葬儀禮 研究」 고려대학교 문화재학협동과정 고고학전공 박사학위논문.

6 김은경, 2023, 「신라 적석목곽묘 상장의례 연구」, 영남대학교 대학원 박사학위논문.

7 李春先, 2024, 「嶺南地方の 原三國時代 墓制からみた 地域集團」『地域と交流の考古學』日本考古學協會 2024 年度根大會研究發表資料集.

8 이성주, 2014, 「저장제사와 성찬제사: 목곽묘의 토기부장을 통해 본 음식물 봉헌과 그 의미」, 영남고고학 70호.

9 김해 대성동고분박물관, 2025, 『김해 대성동 고분군-주변 Ⅰ~Ⅳ지구』, 국가유산청·대성동고분박물관.

10 김동숙, 2002, 「신라 가야분묘의 제의유구와 유물에 관한 연구」, 『영남고고학』 30호.

대형 목곽묘 | 이혈 주부곽식 목곽묘 | 동혈 주부곽식 목곽묘

김해 대성동 29호 목곽묘

김해 대성동 39호 목곽묘

김해 본산리·여래리 Ⅱ-17호 목곽묘

김해 구지로 33호 목곽묘

그림 1. 낙동강 하구권역 목곽묘 특징

Ⅲ. 의례 기물의 종류와 부장특징

분묘 부장 유물 중 장송 의례 행위를 위해 특별하게 제작된 유물로는 상형토기, 오리모양 토기[11]가 확인되며 금속기로는 원통형 청동기, 유자이기와 기타 유물로는 방패, 운모[12] 등의 부장을 들 수 있다.

1. 원통형 청동기 부장양상

전기가야 권역 내에서 원통형 청동기는 대부분은 대성동 고분군의 중대형분을 위주로 27점, 김해 양동리 고분군에서는 19점, 망덕리 고분군 3점, 부산 복천동 고분군에서는 12점, 창원 석동 고분군에서 1점이 포항 남성리 고분군에서 2점이 출토되고 있으며 단일분묘 내 출토량으로는 대성동 고분군이 상당히 많은 편이다. 전기가야 권역 내 하위 고분군에서 원통형 청동기의 부장은 보이지 않고 원통형 청동기가 출토된 유구는 대부분 그 고분군 내에서도 대형분에 속하며 김해 대성동 고분군 1호분에서만 8점이 출토된다.

원통형 청동기의 규격은 길이 13~15cm, 직경 지름이 2.0~3.0cm으로 대부분 이 범주에 해당한다. 이러한 원통형 청동기의 용도는 다양하지만 그 내부에서 확인되는 소리내는 도구인 설舌의 존재와 외면의 투창은 내부의 소리를 내어 이목을 집중시키는 도구로 볼 수 있다. 내부에 들어있는 설은 청동제로 만든 것도 있지만 벽옥제, 돌, 쇠, 청동제로 다양하다. 설의 길이는 4~6cm, 직경 3mm이며 원통형 청동기의 마디와 같은 크기로 제작되는 것이 일반적이라 설의 길이만으로도 원통형 청동제의 크기를 짐작할 수 있다.

이러한 원통형 청동기의 구멍이 뚫려 있는 아랫단으로는 자루와 연결을 위한 못 구멍이 있어 나무 자루를 연결하여 사용한 것으로 알 수 있으며 부장양상은 피장자의 시상

11 김동숙, 2002, 전게서.

12 91호분 출토 운모는 도교적 의례로 도입된 유물로 의례적 의미가 있다.

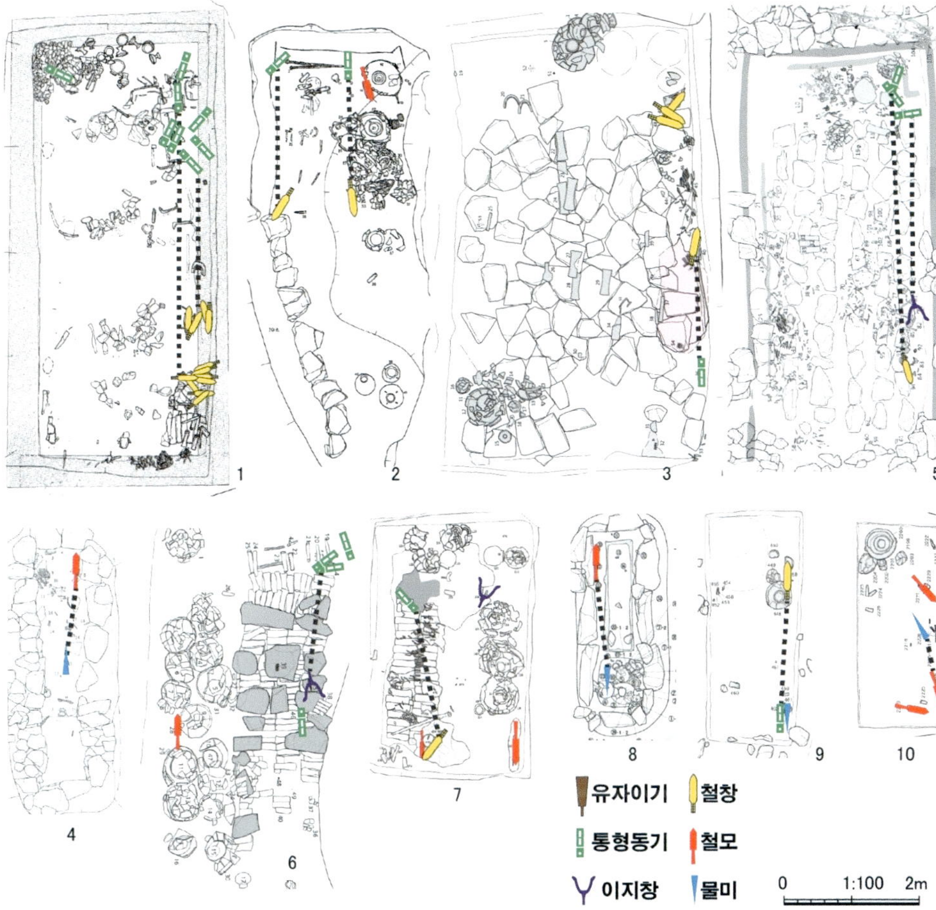

1 대성동1호 목곽묘 2 대성동18호 목곽묘 3 대성동70호 목곽묘 4 대성동87호 석곽묘 5 대성동88호 목곽묘 6 대성동94호 목곽묘 7 대성동108호 목곽묘 8 대성동7호 석곽묘 9 망덕리Ⅰ-16호 목곽묘 10 망덕리Ⅱ-44호 목곽묘

그림 2. 김해 출토 원통형 청동기 부장 양상(2024. 김도영, 전게서 인용)

단 외곽 끝 부분에 단벽과 장벽의 모서리에 놓여 있으면서 원통형 청동기와 대칭되는 반대편에는 창이 확인되기도 하여 하나의 자루에 원통형 청동기와 창을 같이 조합했을 가능성이 높다고 추정한다[13].

원통형 청동기 부장되는 양상은 가야권역에서는 대성동 대형묘에서 가장 이른 시기 확인되며 대성동 고분군 외 분묘에서는 복천동 고분군의 4차 발굴조사 구간인 첫 번째 구릉에 위치하는 4세기 전중반 유구에서 가장 많이 확인된다. 그 외 지역은 대부분은 4세기 중후반에 집중되는 양상을 볼 수 있다. 특히, 주부곽식 목곽묘가 축조된 최상위계층 주곽에서만 확인되고 있다는 점에서 매장주체부 주인공이 가질 수 있는 위세품에 해당한다.

다만 김해 대성동 고분군에서는 원통형 청동기만 여러 점이 부장되는 반면 양동리와 복천동, 망덕리, 경북 포항 남성리 적석목곽묘에서 의례용 철기인 유자이기와 원통형 철기가 같이 부장되는 예도 있다. 원통형 철기의 부장은 김해 양동리가 유일하다. 원통형 철기는 양동리 453호가 가장 이른 시기의 의기품에 해당하며 공반되는 토기에는 일본 야요이 시기 주구토기注口土器, 북형기대鼓形器臺 등 산인계山陰係 토기가 공반되고 있다[14]. 일본 야요이시대에서 고

13 김도영, 2024,「한·일 교섭사 속 가야철기」『일본 출토 가야의 鐵』, 국립김해박물관 가야학술제전 학술총서.

14 松山智弘, 2018,「山陰」『前期古墳編年を再考する』, 六一書房
松山智弘 2023.6.26. 국립김해박물관 소장품 열람 후 열람소견서와 의견을 개진하여 인용.

분 전기 2세기 후반 3세기 초에 원통형 동기[15]가 출현하는 시기와 일치한다. 또, 양동리 고분군 양동리 Ⅳ-1호분[16]에서는 특이하게도 유자이기와 함께 원통형 철기도 공반되는 특징을 보인다.

원통형 청동기의 부장이 대성동 고분군 내 왜계유물이 다량 부장된 대형분을 위주로 나타나고 있어 왜와의 교역에 의한 수입품으로 보는 경향도 있지만 대성동 고분군 외 다른 지역에 서 부장되는 양상은 왜와의 교역품도 공반되기도 하지만 오히려 전기가야와의 교역품이 그 지역의 지배계급 고분군으로 확대되는 4세기 후반에 집중되고 있어 전기가야와의 교역 양상을 잘 보여주고 있다. 일본에서의 부장양상도 중소형의 고분 위주로 산발적으로 부장되며 한반도 관련 철기유물과 공반되는 양상[17]을 보아 가야의 철기 부장의례 양상을 보이고 있어 오히려 가야의 제의적 양상을 모방하였을 가능성도 있다.

그림 3.

2. 유자이기의 부장양상

가야의 상장의례에서 장례 행렬에 들고 사용하였던 유물로 각 지역별 집단의 차이에 따라 권역별로 형태가 달리 만들어졌을 것으로 보고 있다[18].

전기가야에서 최고 무덤인 대성동 고분군에서만 출토되지 않고 있으며 그 외 대부분의 고분군에서는 궐수형의 유자이기 형태가 전기가야권역의 고분군인 김해 양동리(17점), 김해 망덕리(7점), 김해 여래리(3점), 김해 퇴래리(11점), 김해 고모리(1점), 김해 예안리(2점), 부산 복천동(7점), 부산 기장 대라리(2)와 부산 기장 가동(2), 창원 도계동(3점)등에서 출토되었다[19].

유자이기의 부장은 원통형 동기의 의례와 같이 피장자의 머리쪽이나 외곽에 피장자와 나란하게 부장하는 형태를 띠고 있다.

전기가야 유자이기와 형태적으로 비교적 판이 좁고 길게 형성된 유자이기는 비화가야의 유자이기로 신라지역의 유자이기가 끝단이 살포처럼 벌어지거나 모처럼 삼각형을 이룬 형태와는 달리 끝단이 직선적이며 자의 끝부분만 살짝 잘라 모양을 내고 유자이기의 끝단은 벌어지는 형태를 띠고 있다. 대체로 전기가야와 비화가야의 양식적 모티브를 공유하여 독자적인 형태를 제작하였다. 유사한 대칭적인 자刺를 가진 유자이기는 대형분을 중심으로 현재까지 19점 정도 출토되고 있다[20]. 대부분 유자이기 1점이 피장자의 머리쪽 모서리에서 출토되고 있으나 교동 Ⅱ지구 3호분[21]에서만 4점이 확인되고 있다. 자이기는 공반되지 않는다. 호남지방에서 의례기물로 사용된 부형철기에 다양한 농경구를 형상화한 모형철기가 공반되고 있다는 점이 특

15 赤塚次郎, 2008.「弥生後期筒狀·巴形銅器について」『古墳時代の青銅器-前期 中心に』考古學ジャマーナル 저널 570.

16 국립김해박물관, 2012,『金海 良洞里 遺蹟』, 國立金海博物館學術調査報告書 10冊.

17 岩本崇 2005b,「筒形銅器の副葬とその背景」,『定納古墳群』, 近江町文化財調査報告書第28集, 近江町教育委員会.

18 이현주, 1990,「(2)有刺利器에 대하여」,『동래복천동 고분군 Ⅱ』, 부산대학교박물관.

19 이춘선, 2020, 전게서.

20 동아대학교박물관,1991,『창녕 교동고분군』.

21 이춘선, 2023,「철생산 관련 유물로 본 비화가야 철기문화의 특징」『창녕의 가야, 非火』, 제 1회 창녕 비화가야 학술심포지엄.

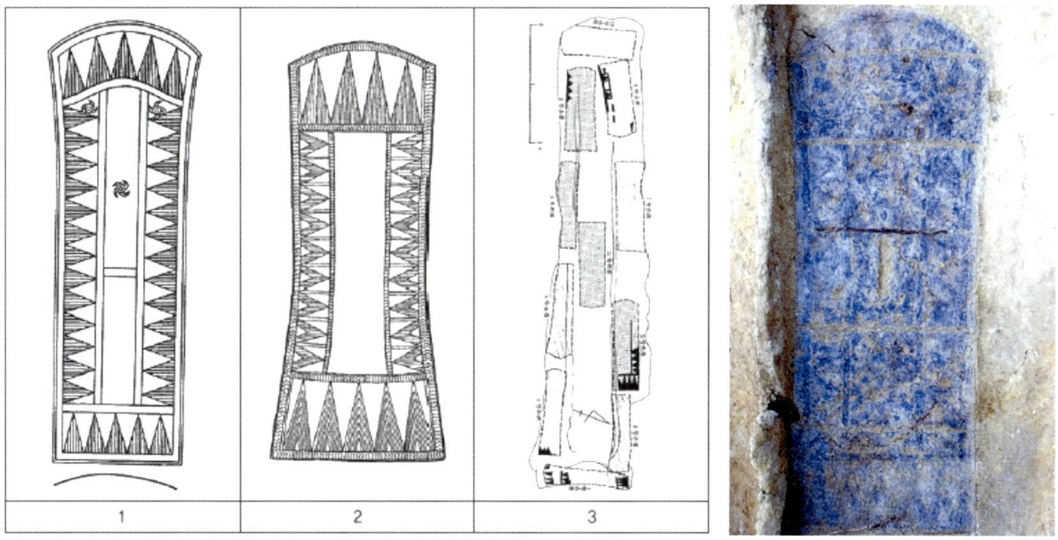

그림 4. 1. 黃金塚, 2. 盾塚, 3. 盾塚革盾 出土狀況(이성훈, 2015, 그림 22 인용), 4. 大阪府豊中市の御獅子塚古墳

징이다[22].

3. 의례용 방패 부장의 의미

주칠과 채색흔이 있는 무덤은 주로 목곽묘 보다는 석곽묘에 회곽을 바르고 채색을 하면서 남겨져 있거나 중요 유물을 포장한 직물 등에서 확인되기도 한다. 전기가야 권역에서는 목곽묘가 주로 사용되면서 유기물에 주칠이나 채색이 된 유물이 확인되는데 대성동 고분군에서 확인되는 진사(HgS)가 유기물에서 확인되고 그 유물이 대부분이 유기물제 방패였음을 확인하였다. 일본에 상위 위세품으로 방패가 확인되며 방패에 진사가 다수 사용되고 있어 당시 동아시아 진사 유통의 단면을 확인할 수 있다[23].

고대 일본 매장에서 현재 일본열도에서도 고훈시대 중기부터 가죽 방패가 출현하는데 54개 고분에서 108매 이상의 출토사례가 확인되며 4세기 후엽부터 출현한다[24]. 실전용이기 보다는 점토곽의 상부에 놓거나 방패 매납만을 위한 별도의 공간을 두고 매납하여 벽사의 의미를 가진 의례용으로 이해하고 있다[25]. 4세기말 미에현 이시야마 고분의 중앙곽과 동곽에서 13매의 가죽방패가 출토되었다. 특히, 가죽방패의 표면을 피장자에게 향하게 하는 경우는 피장자의 혼을 영원히 묘광 내로 봉인하는 의미가 있고 가죽 방패의 표면을 위로 향하는 경우는 매장시설로 진입해서 오는 악령을 보호하는 벽사로서의 의미가 있다고 한다[26].

김해 대성동 고분군 내 방패는 대부분 지배계급의 무덤의 목곽묘에서 출토된다. 대부분 유기물로 확인되며 가장 빠른 방패는 대성동 29호분에서도 일부 확인되며 3세기 후반 노포동 31호분에서도 29호분과 문양이 유사한 칠 흔적이 확인된다. 대부분 주피장자에 놓이는 반면 대부분은 장축에 연이어 놓여 있었다. 방패의 잔존길이로 보아 길이가 약 100cm, 폭 45cm로 실전용과 가장 유사한 형태로 확인된다. 최근 봉황동 10pit 구상 유구에서 확인된 오리나무로 된 목재에서도 방패로 추정되는 유물이 확인되었다. 나

22 이춘선, 2022, 「가야 북부 지역의 중심과 주변」『가야 정치체의 중심과 주변』, 2022 가야사 기획 학술심포지엄, 국립가야문화재연구소.

23 임지영,2020, 「칠도막 분석으로 살펴 본 전기가야 칠기 제작기술」『고고광장』 p 110.

24 青木あかね,2003, 「古墳出土革盾の構造とその変遷」『古文化談叢』49.

25 橋本達也, 2001, 「盾の系譜」『季刊考古学』76.

26 坂本豊治, 2019, 「고대 일본의 매장의례」『고대 동아시의 금동신발과 금동관』, p 239.

표 2. 전기가야 권역 출토 방패[29]출토 일람표

유적	호수	위치	금속제 장식품	유기물 흔적
김해 대성동 고분군	2호	2매	파형동기 2매 이상	목질
	11호	4매		주칠흑칠 4매
	13호	2매	파형동기 2점, 4점	거치문, 흑칠
	14호	1매	화살통과 공반	유기물
	29호	피장자 중앙 1매		원형+삼각형문, 흑칠
	23호		파형동기 2점	
	68호			
	70호	동쪽장벽		피혁제 주칠
	88호	동쪽장벽1, 북쪽 단벽1	파형동기 13점	피혁제 주칠
부산 노포동 고분군	31호	피장자 중앙 1매		원형+삼각형문, 흑칠
부산 복천동 고분군	38호			흑칠
	54호			
	21·22호			평행문,
	25·26호		방패금구 3점	

무 표면에 직접 문양을 새긴 것이 아니라 특정 물질을 접착하여 장식했던 것으로 보았다[27]. 이 구상유구에서 공반되는 유물이 기원후 1세기 후반 2세기 전반에 해당한다. 이와 시기적으로 유사한 목제 방패가 경산 임당동 저습지 유적에서 3점이 확인된 바 있다[28]. 잔존길이가 74.5cm, 잔존 폭 14.7cm 등으로 확인되며 외면에 흑칠과 주칠의 흔적이 관찰되어 앞으로 이른 시기 한반도 목제 방패의 검토가 필요하다.

그 외 목제 틀에 방패 외면을 파형 모양 청동기로 장식한 유구가 확인되는데 대성동 고분군 2호, 13호, 88호가 해당하며 파형동기의 위치로 방패 길이를 추정해 보면 잔존 길이는 120cm, 폭은 25cm로 추정된다. 파형동기는 대성동 고분군에서만 출토되는 유일한 왜계 유물이라는 점이 가장 특징적이다. 또, 13호분에서는 파형동기 2매는 위로 향하고 2매는 바닥을 향하고 있어 방패 2점이 다른 방향으로 부장되었을 것으로 추정 가능하여 일본 고분에서 방패 부장이 가지는 특징을 가지고 있어 그 부장의 의미를 생각해 볼 필요가 있다.

특히, 11호분에서는 피장자의 좌측 발치쪽에 4매 이상이 매납되었다. 각기 문양이 상이한 4매의 방패의 흔적이 확인되는 등 복수의 방패를 부장하는 예가 확인되고 있다. 잔존하는 유기물로 보아 길이가 168cm, 너비 62cm로 이중 거치문과 삼각집선문의 복합 문양대를 형성하고 있다. 일본의 가장 화려한 의례용 방패와 유사한 문양으로 볼 수 있다.

대성동 고분군 이외에 지역에서는 가장 빠른 것은 부산 복천동 고분군에서 확인되고 4세기 후반 방패 금구의 형태로 확인된다.

4. 훼기 의례의 특징

분묘 부장하는 의례기물에서 확인되는 독특한 현상으로는 기물을 의도적으로 훼손하여 부장하는 행위가 보인다. 부장상태에서 유물의 파손이 심한 경우에는 의도적 파

27 한우림·조석민·박영아, 2025,「김해 봉황동 유적 출토 유물, 과학적 분석으로 풀어낸 제작의 흔적」『김해 봉황동 유적을 바라보는 다양한 시선』, 김해 봉황동 유적 발굴조사 10주년 기념 학술 심포지엄, 국립가야문화유산연구소.

28 朴升圭 · 張容碩 · 禹炳喆 外, 2008,『慶山 林堂洞 低濕池遺蹟』Ⅰ, 嶺南文化財硏究院.

29 이성훈, 2015,「삼국시대 한반도 출토 방패와 무기류의 변화」『한국고고학회』97집.

방패 부장양상	방패 모양 복원

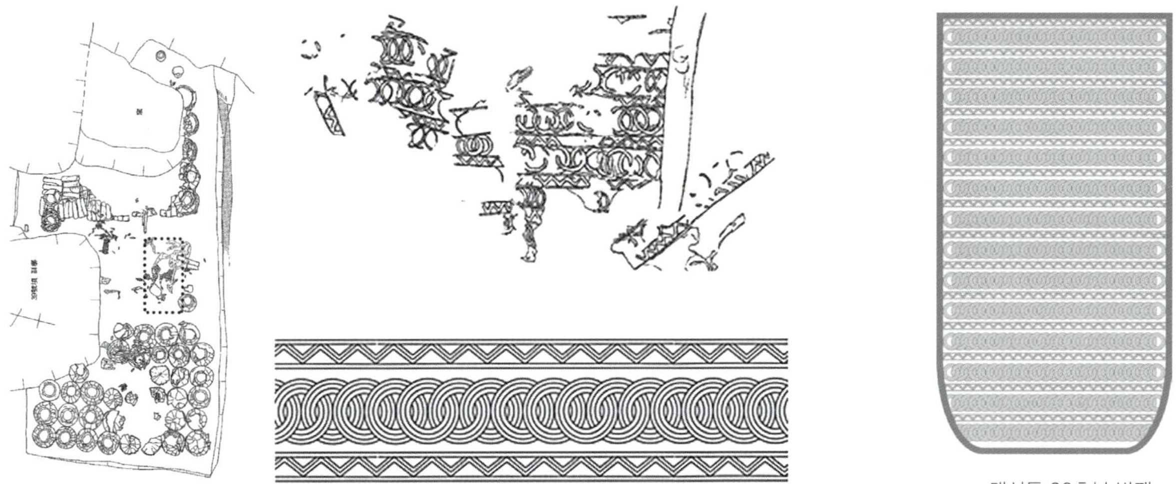

대성동 29호분 방패

대성동 13호분 방패

대성동 11호분 방패

그림 5. 김해 대성동 고분군 방패 출토 위치와 방패 모양 복원

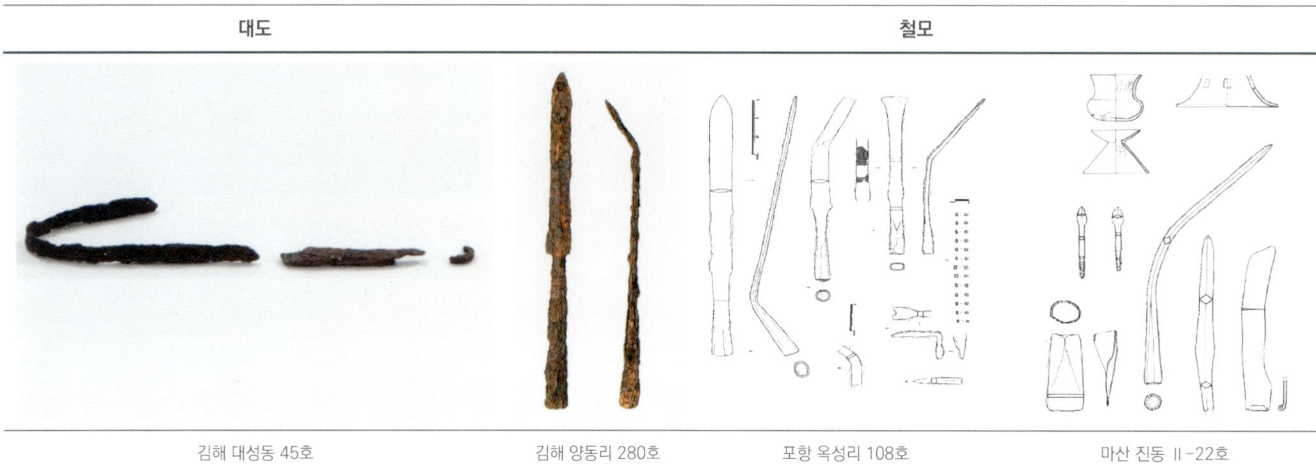

그림 6. 철기 훼기 양상

그림 7. 토기 파손 양상

손과 구별하기 어려운 점이 있지만 도굴되지 않은 유물 상태인 경우에는 의도적 훼손을 구별할 수 있다. 이러한 의례 유물 일부를 파손하여 부장하는 것은 제사 과정에서 행해지는 의례로 이승과 저승을 구별 짓기 위한 기물의 의도적인 훼기로 추정되며 삼국시대에 백제와 신라 고분의 의례에서도 확인되고 있다.

1) 기물의 훼손

가야는 이른 시기 철도를 구부리거나 철부의 일부를 파쇄하여 부장하는 양상이 나타나는데 이러한 훼기의 풍습 중 가장 이른 시기에 확인되는 양상은 김해 양동리 162호분과 병행기에 해당하는 경북 포항 옥성리 108호분에서 철모 2점을 구부려 부장한 예가 확인되고 김해 양동리의 대형분인 280호분에서도 확인된다. 그 이후에 해당하는 대성동 45호분에서는 대도를 구부려 피장자 인근에 배치하였다. 아라가야권역에서는 중하위고분군인 마산 진동 고분군에서도 확인된다.

2) 기물의 일부 파손 후 부장

토기의 기종 중에서 일부분을 결실시키는 행위로 기물을 훼손하는 것과는 구별되는 것으로 토기의 기종 중에서 외면에서 드러나는 꼭지부나 대각부분을 제거하거나 구연단을 잘게 쳐서 의도적인 파손 후에 부장하는 양상을 보인다.

3) 목곽묘 불태우는 의식

목곽을 불로서 태우는 습속은 무기를 구부려 부장하는 습속과 함께 부여계통의 무덤인 노하심 유적老河深遺蹟과

김해 양동리 235호 / 김해 본산리 15호 / 진주 안간리 Ⅱ-4호

그림 8. 불 태운 목곽묘가 확인되는 분묘

같은 습속으로 보는 경향이 있었으나[30] 3세기 후반에 해당하는 울산 하대 18호, 23호, 48호와 김해 양동리 235호, 318호, 부산 복천동 84호분 등 대형분을 중심으로 확인되고 있고 시기적으로나 다른 유물의 부장에서는 차이가 있다. 이러한 양상은 김해와 그 인근 지역만이 아니라 동해안을 따라 포항 옥성리 78호, 100호분에서 확인되고 있다. 이른 시기 대형 목곽묘를 중심으로 목곽을 불로서 태우는 습속은 늦은 시기에는 중하위고분군으로 확대되었다. 낙동강 하구권역의 김해 본산리 15호분, 밀양 귀명리 313호과 낙동강 이서권역에서는 함안 도항리 11호, 진주 안간리 Ⅱ-4호, 진주 사곡리 130호, 131호, 144호 150호 등 중하위 고분군에서 확인된다. 이러한 목곽을 불태우는 습속이 있는 무덤은 그 고분군 내에서 위계가 높은 편에 해당하는 것을 알 수 있어 상위 분묘의 불 태우는 습속을 모방하여 나타나는 것으로 보았다[31].

Ⅳ. 제의의례에 사용되는 공헌물

1. 음식 공헌

성찬기로서 사용되는 고배와 저장용 호에는 각종 음식 공헌의례가 행해졌을 터인데 현재 그 잔존물이 잘 남아 있는 경우는 드물지만 발굴조사로 확인된 사례를 통해 당시의 음식 공헌의례를 살펴볼 수 있다.

대성동 고분군에서 확인된 볍씨는 현재까지 없지만 13호분의 통형동기 바닥의 깔았을 것으로 추정되는 볏단의 존재[32]와 57호 대옹 내 벼 껍질 파편이 1개 확인된 점[33], 최근 봉황동 토성 내 10pt 내 다량의 볍씨 존재[34]는 기원후 1세기 후반에 가락국의 왕성과 그 지배자 집단의 왕묘 무덤인 29호 동복에서 기장이 확인되어 많은 곡물의 소비가 가능했던 환경이었음을 반증한다. 고령의 경우에는 곡물류로서는 기장이 출토된 지산동 44호분 75호분의 철정과 등자에서 다수의 볍씨가 수착되었다.

제철 과실류로는 대성동 10호분에서 복숭아씨 75개체가 부장되었고 대성동 41호분 대형 단경호에서는 복숭아씨가 64개체와 함께 참외씨도 확인되어 매장의례의 시점

30 신경철, 1992, 「전기가야의 성립과 대외관계」『가야문화』5, 가야문화연구원.

31 이춘선, 2020, 전게서.

32 류춘길, 2025, 「대성동 고분군 묘곽 토양의 자연과학적 분석」, 한국지질환경연구소, 국립김해박물관.

33 이희경, 2025, 유기물 자문위원회 주변에 있던 볍씨가 내부로 쓸려 들어갔을 가능성도 있다.

34 안소현, 2025, 「김해 봉황동 유적 출토 식물자료로 본 전기가야 중심지의 생활상」『김해 봉황동 유적을 바라보는 다양한 시선』, 김해 봉황동유적 발굴조사 10주년 기념 학술심포지엄, 국립가야문화유산연구소.

이 여름이었을 단서를 제공한다. 이러한 복숭아는 고령 지산동 고분 30호분 유개식 평저옹에서 출토되어 단순한 먹을 거리로서 뿐만 아니라 복숭아가 가지는 도교에서 보이는 건강과 장수를 비는 의미도 있었을 것으로 볼 수 있다.

대성동 고분군에서 1호, 23호, 39호, 46호분에서 꿩과의 조류를 저장용 용기에 상당히 많이 담았던 것이 확인되었다. 특히, 대성동 39호분에서 21개체 이상의 꿩을 머리와 발이 떼어 내어 일정 손질한 상태로 확인되었다. 닭뼈는 대성동 68호분 단경호에서 확인되었고 고령 지산동 45호 유개호에서도 닭뼈가 상당수 확인되었다. 소형의 동물은 당시 단백질 공급원으로 상당히 중요한 음식물이었고 기본적으로 사냥하기 용이하여 신라 · 가야고분 제의에 많이 사용되는 개체이다.

그 외 물고기류는 대성동에서는 돔과와 상어이빨이 다수 확인되어 대체로 바다어류가 다수가 대호에 부장되었고 꼬막, 백합, 굴 등의 다양한 해수성 조개류가 부장되었다. 고령 지산동 고분군에서는 청어뼈, 담수어종인 누치뼈, 소라, 조개류가 고배류에 잔존한다. 이들 유기물 중 청어는 한류성 어류로 동해에서 잡히는 어종이며 누치는 담수어종이라 낙동강을 통한 교류가 있었음을 암시한다. 또, 고동과 조개류는 남해안이나 서해안을 통해 유입된 생물이다.

이상과 같이 공헌된 음식으로 보아 가야는 농경 기술 확대를 통한 쌀, 기장, 보리와 같은 곡물을 생산하였고 내륙지역은 해안지역의 소금, 어패류 등 필수물자를 조달을 위한 교역이 필요하였을 것이다. 대가야는 이러한 교역을 위한 교통로서 낙동강변의 개포나루를 통한 낙동강을 통한 교역[35]과 황강 상류장악을 통한 섬진강을 통한 장악과 낙동강 수로를 통한 남해안의 가야 남부세력과의 교역은 필수적인 상황이었다. 대가야는 진주를 통하여 사천만과 마산만을 확보하기 위해 의식적으로 노력하였음을 공헌된 음식물을 통해 알 수 있다.

2. 동물 희생

고총고분에서 매장주체부를 조성하고 그 내부에 매장의례 단계에서 다양한 의례가 행해졌겠지만 순서상으로 나타나기가 쉽지 않다. 따라서 밀봉 후에 봉토에서 행해지는 희생의례로서 말이 사용된 증거가 다수 확인되고 있다.

김해 대성동 1호분 보강토에서 말의 치아와 소의 치아가 함께 출토되고 주곽의 보강토에서 소뼈가 출토되었다. 김해 대성동 24호분 보강토에서 거의 온전한 한 개체의 소뼈가 확인되었다. 1호분의 말은 생후 4~5년의 어린 말이 희생되었다. 고령 지산동 73호분에서는 봉토 축조과정에서 생후 5~8년 정도 된 어린 말의 머리를 부장곽 상부에 매장한 사례가 있고, 고령 지산동 44호분에서도 봉토 축조시 순살殉殺된 것으로 보이는 말머리가 확인되었다. 합천 반계제 가A호분 부곽의 북동쪽으로 80cm 떨어진 지점에서 말 이빨 1마리분이 확인된다. 남원 두락리 32호분에서도 말개체가 확인되었다. 신라권에서는 황오동 100호분 고분의 내외부와 독립된 매납유구埋納遺構에 말을 매납하거나 창녕 교동 68호분처럼 개를 순장[36]하는 등 다양한 위치와 방식으로 매장하는 반면, 가야권에서는 봉토 내부에서 말이빨만 확인되는 사례가 많아 이를 가야권의 전형적인 동물매납 양상으로 보기도 한다[37]. 이 외에도 마산 합성동 유적에서는 삼국시대로 추정되는 4기의 수혈에서 말, 소, 돼지 등 다양한 동물유체 수십 개체분이 확인되었는데, 유독 머리만 집중하여 출토되는 점이 주목된다. 이는 의례에 참가한 구성원과 함께 말 고기를 먹은 후 버려진 식용폐기물로 추정된다[38]. 이 시기부터 일본열도에서 말이 다수 이입된 것으로 보고 있어 가야에서 말 사육은 성행했을 것으로 추정하고 있다[39]. 가야에서 말은 이동수단, 전쟁, 신분상징

35 본관동고분군의 저장용토기 중 말모양의 귀를 가진 유개식의 호는 대구나 현풍일대에서 주로 출토되는 토기이므로 낙동강 동안의 이들과도 교역을 하였을 것으로 추정된다.

36 국립가야문화재연구소, 2021, 창녕 68호분 발굴조사 개보,

37 이준정·고은별, 2012, 「고령 지산동 제73호분 출토 말 두개골에 대하여」『고령 지산동 제73~75호분』 대동문화재연구원 학술조사보고 제36집.

38 이준정, 2013, 「한반도 선사, 고대 동물사육의 역사와 그 의미」『농업의 고고학』, 한국고고학회 학술총서 5.

39 박천수, 2018, 『가야문명사』 진인진, p 204.

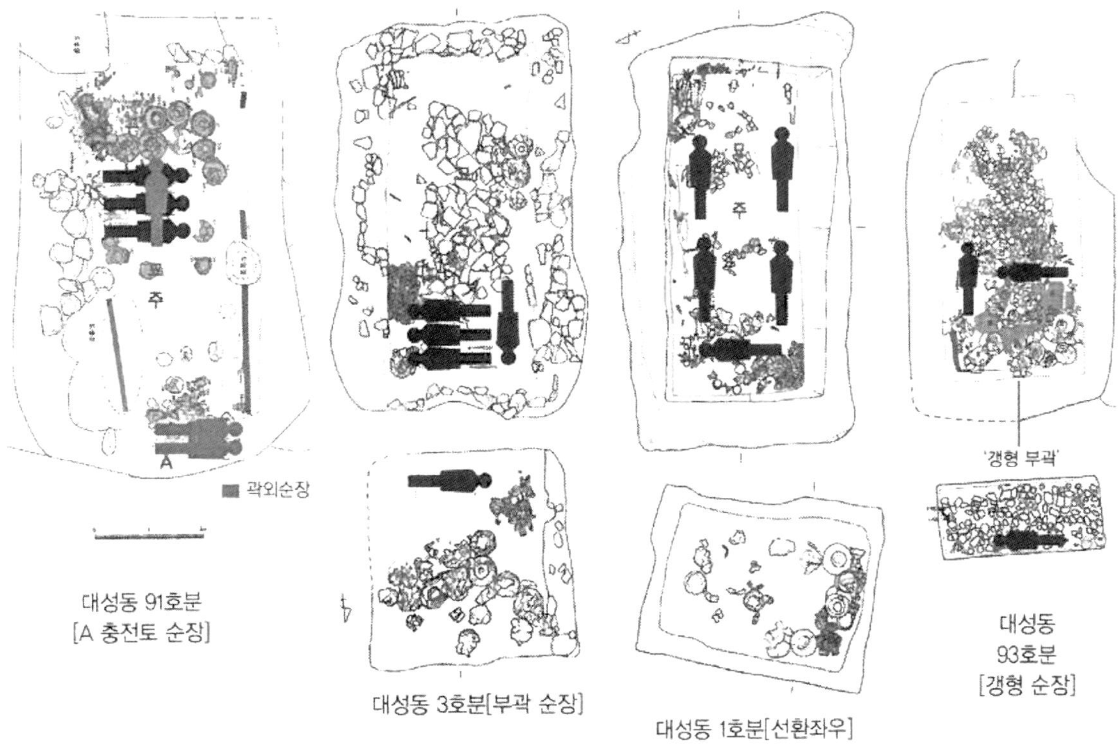

그림 8. 순장의례와 배치정형(2019, 심재용, 전게서 인용)

등 다양하게 활용되었으며 다양한 마구류가 장송의례에 사용되는 것으로 보아 말은 내륙에 위치한 가야 권역에서 중요한 희생 재물이었던 것으로 알 수 있다.

3. 순장

분묘 내 토기를 통한 음식 공헌 의례와는 달리 인신공양을 의미하는 순장은 가야 최상위지배층에 사용된 의례이다. 다수의 저장용토기를 통한 물자의 소비뿐만 아니라 사람의 희생인 순장과 순사는 그 사회의 초월적 절대자의 존재를 나타내고 있다. 가야의 대표적인 매장의례로 순장의례는 김해 대성동 고분군에 대형분인 대성동 29호분에서 확인된다. 주인공이 놓이는 위치 발아래 직교 되게 순장자가 놓여 있었을 것으로 추정된다.

대성동 88호, 91호 등에서는 순장자가 대부분 목곽의 충전토에서 확인된다. 이후 주곽과 부곽이 나뉘어진 주부곽식목곽묘인 3호분에서는 부곽에 놓이며 주인공과 직교하게 3명이 나란하게 놓인다. 1호에는 중앙의 주체부 좌우 장벽에 나란하게 2명의 순장자를 놓았다. 이후 93호의 묘광 내부에 순장자가 확인된다[40].

V. 맺음말

이상으로 대성동 고분군 축조에 반영되어 있는 가야의 장송의례를 검토해 보았다. 하나의 봉토와 같은 언덕이 당시 지배자들 모두의 사후공간으로 사용되었다. 집단 무덤으로서 사용되면서 각각의 장송의례 절차를 알기 어려운 면이 많이 있었다. 게다가 발굴 당시에도 많은 알 수 없는 유물과 유기물, 동식물을 해결하기 위해 고군분투하였지만 시간이 흘러 상당히 원형에서 알 수 없는 부분도 있다. 하지만, 앞으로도 대성동 고분군의 발굴은 지속될 것이며 이와 함께 이어지는 보고서 작업도 계속될 것이다. 이러한

40 심재용, 2019, 전게서.

고분군 내 의례와 관련된 유물에 대한 이해는 지금까지 주목하지 못한 당시의 의례과정을 추론할 수 있는 작은 단서도 중요하게 여겨야 함을 알려준다.

특히, 대성동 고분군은 가야의 첫 시작을 알 수 있는 고분이며 그 의례 행위는 어디에서 기원을 했는지 후기의 대가야와는 어떤 차이가 있었는지를 밝히고 가야의 장송의례가 백제, 신라와 다른 것은 어떤 것이며 그것이 가지는 사후관념의 세계는 가야의 어떤 정신세계를 보여주는지를 밝히는 것이 필요하다. 이와 더불어 국가제사의 장소로 또는 빈장으로서의 왕성 인근의 구지봉과 같은 제의공간에 대한 이해도 함께 검토해 앞으로 세계유산 가야 고분군과 함께 전체적인 가야 고고학이 밝혀내야 할 새로운 과제가 되기를 희망한다.

참고문헌

권오영, 2011,「喪葬制와 墓制」,『동아시아의 고분문화』, 중앙문화재연구원, 서경문화사.

강원표, 2016,「백제 상장의례 연구」, 고려대학교 박사학위논문.

김도영, 2024,「한 · 일 교섭사 속 가야철기」『일본 출토 가야의 鐵』, 국립김해박물관 가야학술제전 학술총서.

김동숙, 2000,「신라 가야 고분의 제의유구와 유물」慶北大學校 考古人類學科 석사학위 논문.

김동숙, 2023,「신라의 제사와 의례」慶北大學校 考古人類學科 박사학위 논문.

김세기, 1995, 대가야 묘제의 변천 가야사연구-대가야의 정치와 문화, 경상북도.

김영민, 2008,「金官加耶의 考古學的 硏究」, 부산대학교대학원 박사학위논문.

김용성, 2007,「대가야 고총의 상장례」『가야의 정신세계』 대가야 학술총서 7, 고령군 대가야박물관, 계명대학교 한국학연구원.

김은경, 2023,「장송의례적 관점에서 본 신라 · 가야 고분의 축조와 매장」『종교와 의례의 고고학』, 32회 영남고고학회 정기학술발표회.

김은경, 2023,「신라 적석목곽묘 상장의례 연구」, 영남대학교 대학원 박사학위논문.

김재홍, 2004,「대가야지역의 철제농기구-소형철제농기구와 살포를 중심으로」『대가야의 성장과 발전』, 고령군 대가야박물관 계명대 한국학연구원.

김은경, 2023,「장송의례적 관점에서 본 신라 · 가야 고분의 축조와 매장」, 영남고고학회.

박천수, 2000,「考古學資料를 통해 본 大加耶」『考古學을 통해 본 加耶』, 한국고고학회 학술총서1, 혜안.

박천수, 2018,『가야문명사』, 진인진.

신경철, 1992,「전기가야의 성립과 대외관계」『가야문화』5, 가야문화연구원.

沈載龍, 2019,「金官加耶 古墳硏究」, 釜山大學校大學院 博士學位論文.

이성주, 2014,「저장제사와 성찬제사: 목곽묘의 토기부장을 통해 본 음식물 봉헌과 그 의미」, 영남고고학 70호.

이성주, 2023,「종교와 의례의 고고학」『종교와 의례의 고고학』, 32회 영남고고학회 정기학술발표회.

李春先, 2020,「가야 남부 세력의 형성과 전개」慶北大學校 考古人類學科 博士學位論文.

이춘선, 2022,「가야 북부 지역의 중심과 주변」『가야 정치체의 중심과 주변』, 2022 가야사 기획 학술심포지엄, 국립가야문화재연구소.

이춘선, 2022, 5「영남지방 목곽묘 토기부장 의례 양상으로 본 토기 유통권의 변화」『영남고고학』93, 영남고고학회.

이춘선, 2023,「철생산 관련 유물로 본 비화가야 철기문화의 특징」『창녕의 가야, 非火』, 제 1회 창녕 비화가야 학술심포지엄.

李春先, 2024,「嶺南地方の 原三國時代 墓制からみた 地域集團」『地域と交流の考古學』日本考古學協會 2024 年度根大會硏究發表資料集.

최종규, 2013,「石室墳의 禮制」『고고학연구』13, 고고학연구회.

에필로그

과거는 어떻게 미래가 되는가?
'세계유산 가야'의 7곳 고분군 중 그 첫 번째인 대성동 고분군, 그 고요한 언덕에는 오랜 세월을 견뎌온 이야기들이 숨 쉬고 있습니다.
잊혀진 이름들과 사라진 꿈, 삶의 흔적들이 한 알 한 알 씨앗처럼 남아 우리 곁에 다가왔습니다. 우리는 과거의 작은 속삭임에 귀 기울이며, 그 무수한 시간의 결을 따라 오늘 여기에 이르렀습니다.
현재와 과거를 잇는 흔적들은 지금 이 땅을 살아가는 우리가 누구이고 어디에서 왔는지를 너무나 명백하게 보여줍니다. 먼 옛날로부터 흐르는 생명의 바다는 지금도 우리를 적시고, 이 땅은 다음 세대를 기다립니다.
여기에 선 우리는 가야의 시간을 품은 이어달리기 주자입니다. 과거의 빛을 현재로, 그리고 저 너머의 미래로 건네며, 대성동 고분군의 이야기는 영원히 계속될 것입니다.

사진 23. 1990년 시굴조사

사진 24. 1990년 개토제 1차

사진 25. 1990년 1차 발굴조사 1호분

사진 26. 1990년 1차 발굴조사 2호분

사진 27. 1990년 1차 자문위원회

사진 28. 1990년 현장설명회

사진 29. 1990~91년 2차 발굴조사 3호분

사진 30. 1990~91년 2차 발굴조사 7호분

사진 31. 1990~91년 2차 발굴조사 10호분

사진 32. 1990~91년 2차 발굴조사 13호분

사진 33. 1990~91년 2차 발굴조사 14호분

사진 34. 1990~91년 2차 발굴조사 23호분

사진 35. 1990~91년 2차 발굴조사 29호분

사진 36. 1990~91년 2차 발굴조사 39호분

사진 37. 1991~92년 3차 발굴조사 김대중 대통령 방문

사진 38. 1991~92년 3차 발굴조사

사진 39. 1993년 4차 발굴조사

사진 40. 2009년 5차 발굴조사

사진 41. 2011년 6차 발굴조사 3호분

사진 42. 2012년 7차 발굴조사 7호분

사진 43. 2012년 7차 발굴조사 10호분

사진 44. 2013년 8차 발굴조사 13호분

사진 45. 2014년 9차 발굴조사 14호분

사진 46. 2019~20년 10차 발굴조사 23호분

특 별 논 고

김해 대성동 고분군의 의의와 가야의 추이

신 경 철
부산대학교 명예교수

Ⅰ. 머리말

Ⅱ. 대성동 고분군의 등장과 일본열도

Ⅲ. 가야전기의 특질과 해체
1. 특질
2. 대성동 고분군 축조중단과 가야의 재편, 그리고 왜

Ⅳ. 후기가야의 구조
1. 친신라계가야
2. 비신라계가야

Ⅴ. 총괄정리

Ⅰ. 머리말

주지하듯이 가야에 대한 기록은 지극히 영세하다.

이는 동시기의 고구려, 백제, 신라와 대비되는 것으로, 이 때문에 가야사의 복원은 상대적으로 매우 지체되었거나, 여전히 많은 문제가 미궁의 상태로 남아 있다. 한마디로 말하면 '가야에는 기록은 없고 유적만 남았다!'해도 지나치지 않다. 이 사실을 바꾸어 말하면 가야사의 복원은 거의 전적으로 고고학에 의지하지 않을 수 없음을 의미한다.

다행히 근년 가야에 대한 고고학적 조사가 급격히 진행되어, 고고자료에 의한 가야사 전반을 언급할 만큼, 고고자료는 충분히 확보되었다. 그 중심에는 김해 대성동 고분군이 자리 잡고 있음은 말할 필요가 없다. 아래에서 말하듯이 가야의 출발은 대성동 고분군의 출현과 궤를 함께하므로, 대성동 고분군의 존재 없이는 가야사 자체를 논할 수가 없기 때문이다.

그럼에도 불구하고 현재 학계에서는 대성동 고분군에 대한 이해가 충분하지 않은 것 같다.

이하는 대성동 고분군 발굴조사에 의해 획득한 지견들이다.

즉 대성동 고분군의 축조, 대성동 고분군의 존재하는 시기와 그렇지 않은 시기의 가야의 성격과 영남지역 제정치세력의 추이, 주변지역의 동향, 특히 일본열도의 정세는 판이하다.

이 점들에 대해 파악하기 위하여 크게는 전기가야와 후기가야로 대별하여 접근하는데, 이의 명확을 기하기 위하여, 전기가야와 후기가야의 획기는, 후술하듯이 서력 400년 고구려군의 남정으로 촉발된 김해 대성동 고분군의 축조중단에 둔다. 즉 대성동 고분군이 존재하는 시기와 그렇지 않은 시기가 기준이 되는 것이다.

Ⅱ. 대성동 고분군의 등장과 일본열도

가야의 출발을 알리는 것은, 이미 충분히 논의되고 또 동의하고 있듯이. 김해의 대성동 고분군중에서도 29호분이다. 이 고분은 철저한 도굴의 피해를 입은 대성동 고분군의 대부분의 고분들과는 달리, 극히 일부분만 도굴의 피해를 입어, 이 고분의 성격에 대해 치밀하게 논의할 수 있을 정도로 괄목할 만한 양호한 고고자료들이 출토되었음은 다 아는 바와 같다.

이 대성동 29호분에 대한 상세한 서술은 피하는 데, 이 고분군에서 확인된 최고의 도질토기[1]와 순장, 오르도스형 동복, 보요부금동관步搖附金銅冠 등의 북방적 성격의 부장유물로 보아, 이 피장자의 출자는 북방에 있음에 틀림없다. 보다 좁혀서 말하면, 이들 유물의 상세한 검토에 의해 그 출자는 부여에 있었을 가능성이 지극히 높다. 가야의 출발은 이 대성동 29호분에서 비롯되는데, 이 고분에서 알 수 있듯이 가야문화는 북방적 성격이 농후하다. 이런 북방적 성격이 짙은 가야문화는 수십년이 경과한 후 신라의 중추부에도 전파되는데[2], 신라문화의 북방문화적 요소-도질토기, 순장, 보요부금동관步搖附金銅冠 등-는 낙동강 하류역의 이러한 가야문화-대성동 고분군-에서 비롯된 것임이 분명하다.

또 하나 주목되는 점은, 이 시기의 일본열도의 동향이다.

가야의 출발을 알리는 대성동 29호분과 일본 고훈시대 전기 초의 가장 중요한 고분인 츠바이오오츠카야마椿井大塚山 고분 출토의 철촉을 상호 비교검토해 본 결과, 대성동 29호분이 다소 이른 시기의 고분임이 판명되었다. 때문에 대성동 29호분은 츠바이오오츠카야마 고분보다 한 단계 이른 시기의 고분인 하시하카箸墓 고분과 연대적으로 평행할 가

1 도질토기가 중국 華南에서 기원하였을 것이라는 점을 들어, 김해에서 초현한 도질토기는 화남 도공집단의 김해로의 이주의 소산이라는 견해가 있다. 그렇다면 3세기 말-대성동 29분 시기-에 이른바 화남의 도질토기가 북방유물과 김해에 동시에 출현한 것은 우연인지, 혹은 북방지역의 집단과 화남의 도공집단이 상호 모종의 약속에 따라 특정 시기에 김해서 만나기로 한 것인지, 이런 의문들에 대한 납득할 수 있는 해명이 필요하다. 나는 이런 유물들이 대성동 29호분에서 함께 반영되고 있다는 점은, 이들이 중국의 각지에서 각각 유입된 것이 아닌, 특정 지역에서 일괄로 들어 왔음을 강력히 시사하는 것으로 여기고 있다.
김일규, 「금관가야고분 출토 외래유물의 성격과 의의」『湖南考古學報』第60輯. 2018.
김해에서 초현한 도질토기의 문제라면, 陶質兩耳附圓底短頸壺 외, 특히 후기와질토기 단계에 보이지 않았던 小形의 도질원저단경호의 존재에 각별히 유념할 필요가 있다.
申敬澈,「陶質土器의 발생과 확산」『考古廣場』11, 釜山考古學研究會, 2012

2 이를테면 낙동강 하류역-김해-에서 발생한 도질토기가 수십년 후 경주지역으로 파급되는 것이 가장 좋은 예이다.
申敬澈, 「陶質土器의 발생과 확산」『考古廣場』第11號, 2012.

능성이 지극히 크다[3].

하시하카 고분은 이른바 최초의 정형전방후원분定型前方後圓墳이다. 일본학계에서는 이 보다 이른 '마키무쿠纏向형 전방후원분'부터를 '고분'으로 보고, 이런 형식의 고분의 등장부터 고훈시대로 간주하려는 경향도 있다. '마키무쿠형 전방후원분'과 '정형전방후원분'은 부장토기에서 상호 현격한 질적인 차이가 있다. 이 점은 특히 부장토기에서 두드러지게 나타나는데, 전자가 킨키近畿 중심의 쇼나이庄內식 토기가 일본열도 광역의 정형전방후원분이 아닌, 킨키의 마키무쿠형 전방후원분에 한정되어 부장되는데 비해, 정형화한 전방후원분인 하시하카 고분부터는 역시 킨키 중심의 후루布留식 토기가 일본열도 전역의 전방후원분에 부장되는 것이 그러하다. 삼각연신수경의 부장도 정형화한 전방후원분부터임은 말할 필요도 없다. 이러한 현상으로 보아 정형화한 전방후원분인 하시하카 고분부터 일본열도가 전토적으로 결속력이 현저하게 강화되었음을 알 수 있다.

일본학계에서는 이러한 대형의 전방후원분이 야마토大和-나라奈良-분지에 집중되어 있는 것은 한반도 남부-아마도 낙동강 하류역-로부터의 철 입수 장악의 패권이 북부큐슈에서 킨키로 바뀐 것으로 이해하려는 경향이 있다.

그러나 가야의 출발을 알리는 대성동 29호분과 일본열도 최고의 정형화한 전방후원분인 하시하카 고분이 동시기라는 것은, 일본열도의 철 입수처인 낙동강 하류역에 강력한 집단의 돌출에 따른, 킨키를 중심으로 일본열도 내부의 결속력의 강화를 의미할 가능성이 매우 크다. 즉 정형전방후원분의 등장부터 고분古墳 시대로 본다면, 일본 고훈시대의 시작은 한반도 남부의 정세변동, 즉 대성동 29호분으로 표현되는 가야의 등장과 연동됨이 분명하다.

Ⅲ. 가야전기의 특질과 해체

1. 특질

위에서 언급하였듯이 고고자료로 보는 한, 그 동인에 대하여는 여전히 인식의 차이가 있으나, 변한에서 가야로의 전환, 혹은 가야의 시작을, 필자는 여러 가지 고고학적 증거로 3세기 말로 여기고 있는데[4], 이는 다수의 연구자들로부터도 동의를 얻고 있는 것으로 생각된다.

가야는 낙동강 하류역에서 출발한다. 이른바 금관가야[5]가 그것인데, 이를 웅변해 주는 것이 위에서 강조하였듯이 대성동 고분군이며, 대성동 29호분이 그 출발의 신호이다. 금관가야의 안정적인 정착은 전략적인 요충지인 낙동강 하류역 동안의 복천동 고분군과 이어 대성동 고분군 서쪽의 유력집단들인 양동리 고분군과 망덕리 고분군 등이 여기에 가담하고부터이다[6]. 대성동 고분군을 정점으로 하는

3 申敬澈 」① 「加耶成立前後の諸問題」『伽耶と古代東アジア』新人物往來社, 1993.
② 「金官加耶 土器의 編年」『伽耶考古學論叢』3, 2000. 등

4 申敬澈, ① 「김해예안리 160호분에 대하여」『伽耶考古學論叢』1. 1992.
② 「金官加耶의 成立과 對外關係」『伽耶와 東아시아』(伽耶史國際學術會議), 김해시,1992
③ 주2) ①의 글
가야·신라 고분의 연대관은 분분한데, 본고의 연대관은 우선 아래의 글을 참조해 주기 바란다.
申敬澈, ④ 주2) ②의 글
⑤ 「陶質土器와 初期須惠器」『日韓古墳時代の年代觀』(歷博國際硏究集會), 2006.
⑥ 「韓國考古資料로 본 日本古墳時代 年代論의 問題點」『한일 삼국-고분시대의 연대관(Ⅲ)』大韓民國 國立釜山大學校 博物館·日本國 人間文化硏究機構 國立歷史民俗博物館, 2009
⑦ 「大庭寺初期須惠器の吟味」『古墳과と國家形成期の諸問題』, 白石太一郎先生 傘壽記念論文集刊行委員會, 2019.

5 물론 '금관가야'는 후대의 명칭으로 가야출발 당시의 명칭은 아니며, 이 무렵 낙동강 하류역에 중추부를 형성한 가야의 편의적 명칭이다. 후술하듯이 이때의 가야의 정식명칭은 '가야' 혹은 '가라'였다. 엄밀히 금관가야는 적절한 명칭은 아니나, 본고에서는 관행에 따라 '금관가야'라는 명칭을 사용한다.

6 신경철, 「金海大成洞·東萊福泉洞古墳群 點描」『釜大史學』10, 1995.
나는 위글에서 금관가야의 출발은 대성동 고분군 집단과 복천동 고분군 집단의 정치연합에서 출발한 것으로 이해하였으나, 그 후 재검토한 결과 복천동 고분군은 대성동 고분군이 가장 전략적인 요충지에 파견한 집단, 또는 그곳의 집단을 흡수하였을 가능성이 클 것으로 여기고 있다. 이에 대하여는 따로 상세히 언급할 기회가 있을 것이다.

이러한 구조가 금관가야의 중추부이다. 그 시기는 대성동 13호분, 복천동 38호분의 무렵이며, 실연대로는 4세기 2/4분기이다. 그것은 복천동 38호분이 복천동 고분군의 사실상 최초의 고분이자 대형분이며, 순장의 습속이 처음으로 확인되는 점에서도 알 수 있다[7]. 이 시기는 낙동강 하구에서 성립된 도질토기가 영남의 각지로 확산되며[8], 일본열도와 중국 동북지역의 전연 등과 본격적으로 대외교섭에 나서[9] 낙동강 하구에서 출발한 가야가 본격적으로 대내외로 눈을 돌려 한반도 남부의 강자로 두각을 나타내는 시기이기도 하다.

여기에서 강조해 놓고 싶은 것은, 이 무렵 대성동 고분군에 반영되고 있는 외래계 유물의 성격이다.

(1) 첫째는 가야의 출발을 알리는 대성동 29호분 등 3세기 말에 반영되는 최고의 도질토기, 오르도스형 동복, 보요부금동관步搖附金銅冠, 수장 등 북방적 성격이 유물과 습속이며,

(2) 둘째는 4세기 2/4분기인 대성동 13, 89, 91, 108호분에 부장된 마구, 동기류 등 북방계 유물과 통형동기, 파형동기, 동촉 등 왜계유물이다.

그런데 (1)과 (2)는 성격을 달리하는데, 여러 지면에서 언급하였듯이, (1)의 북방계 유물은 북방의 습속인 순장과 함께 나타나고 있다는 점에서 이러한 문화를 지닌 북방주민의 이주의 소산이다. 이 북방의 주민이란 태강 6년-서력 285년-모용선비의 습격을 받아 옥저로 망명한 부여 지배층의 일부가 한반도 동해안의 루트를 따라 김해에 도달한 결과가 대성동 29호분 등에 반영된 것임이 분명하다. 즉 (1)은 김해 지역의 지배층이 부여에서 이주한 주민으로 교체되었음을 의미하는 것이다. 가야의 출발을 알리는 가장 가시적인 신호이다.

(1)이 북방주민의 이주의 소산이라면 (2)는 3세기 말 북방의 지배층으로 교체된 금관가야가 이 무렵부터 매우 안정된 동시에 비약적으로 발전하였음을 웅변하는 것이다. 이러한 자신감을 발로로 능동적으로 대외교섭에 나선 소산이 (2)의 왜계, 중국계 유물이다.

즉, (1)은 특정주민의 이주에 의한 것이며, (2)는 대외교섭의 산물로 정리할 수 있다.

금관가야 중심고분군인 이들 고분군의 표지적인 토기는 이른바 '외절구연고배(도면 1·2)'이다. 그런데 금관가야는 연맹체를 이루고 있는 것으로 이해하고 있으며, 이를 흔히 '전기가야연맹'으로 부르고 있다. 그런데 금관가야의 영역, 혹은 전기가야연맹권역을 '외절구연고배' 분포지역과 일치시키는 것이 보통인데, 필자는 여기에 동의하지 않는다.

당시-대성동 고분군 축조중단 이전-의 영남지역의 토기문화는 '고식도질토기', 혹은 '공통양식토기'로 부르고 있는데, 이는 다시 낙동강 하류역의 '외절구연고배권'과 '비외절구연고배권'으로 구분되고 있으며, '외절구연고배권'은 김해-부산을 중심으로 한 낙동강 하류역에 국한되고, 비외절구연고배권, 즉 '통형고배(도면 3~6)-이른바, 工자형고배-권'은 '외절구연고배권'의 낙동강 하류역을 제외한 모든 영남지역에 분포하고 있음은 다 아는 바와 같다. 신라의 중심부인 경주도 '통형고배권'의 '고식도질토기' 혹은 '공통양식토기' 지역이었음은 물론이다. 한마디로 외절구연고배권은 금관가야의 중추부, 통형고배권은 금관가야의 주변부로 정리할 수 있다. 이는 낙동강 유역-김해·부산-을 중심으로 하는 외절구연고배권에는 대성동 고분군을 정점으로 하는 복천동, 양동리, 망덕리 고분군 등 유력 고분군들이 존재하고 있음에 비해, 외절구연고배권의 주변부인 통형고배권에는 이런 대형고분군이 확인되지 않는 점에서 단적으로 잘 드러나고 있다.

대성동 고분군이 존재하는 시기인, 이 무렵에는 경주에서조차 낙동강 하류역의 유력고분군들에 필적할 만한 대형고분군은 없다. 지금까지의 추세로 보아 앞으로도 달라질 것 같지는 않다.

이처럼 금관가야는 중추부는 '외절구연고배'를, 영향

7 申敬澈, 「加耶の情勢變動と倭」『前方後圓墳』岩波書店, 2019.

8 申敬澈, 「陶質土器의 발생과 확산」『考古廣場』11, 釜山考古學硏究會, 2012.

9 申敬澈, ① 「大成洞 88, 91號墳의 무렵」『고고광장』13, 釜山考古學硏究會, 2013.
② 「加耶-新羅 初期馬具의 성격과 의미」『古文化』90, (사)한국대학박물관협회, 2017.

권 아래에 있었던 그 밖의 지역에는 '통형고배'를 쓰도록 하여, 연맹의 중추부와 주변부를 구분하였던 것으로 생각된다.

그런데 이 통형고배의 중심지역은 (1) 이러한 고배들이 출토되는 4세기대의 고분군이 다른 지역에 비해, 함안 및 그 주변지역에 밀집 분포하고 있는 점, (2) 함안지역에 묘사리-우거리 가마에서 보듯, 이 시기의 도질토기의 거대 가마군이 존재하고 있는 점, (3) 고식도질토기의 이후의 전개로 보아, 함안지역이었을 것으로 판단할 수 있다.

금관가야의 중추부는 지금 여기에서는 상술할 수는 없으나 여러 가지 고고학적 정황증거로 보아, 함안을 토기생산거점으로 특히 중요시하였던 것으로 추측된다. 함안지역의 이러한 토기가 영남의 각지에 분배되었거나 또는 강력한 영향을 끼친 소산이, 낙동강 하류역을 제외한 全 영남의 통형고배권화였다고 생각된다.

다시 강조하지만 이와 같이 본다면, 금관가야는, 그 중추부는 외절구연고배권, 그 외곽 관할지는 통형고배권으로 이분되는 구조였던 것으로 정리할 수 있다.

그렇다면 이 시기에 마찬가지의 통형고배권에 들어 있었던 경주 및 그 주변지역에 대하여는 어떻게 생각해야할까.

한마디로 이 무렵 경주는 위에서 언급하였듯이 함안에 중심을 둔 통형고배권하에 있어서, 토기문화상의 '아이덴티티'는 확인되지 않는다고 하는 이 사실은, 문헌사학의 보편적인 인식과는 달리, 4세기대의 신라는 가야에 비해 상대적으로 그다지 평가할 만한 존재가 아니었음을 웅변해 주는 것이다. 즉 이때는 신라가 가야에 비해 열세의 위치에 있었다[10]. 대성동 고분군이 존재한 시기에 경주지역에 대성동 고분군을 능가하는 고분이 없다는 점도 이를 뒷받침해 주고 있는 것이다. 지금까지의 추세로 보아 앞으로도 달라지지 않을 것이다. 여기에서 강조해 두고 싶은 것은 전기가야를 통상적으로 '전기가야 연맹체'라 하나, 이와 같이 전기가야는 '연맹체'가 아닌 대성동 고분군을 중핵으로 하는 '거대 단일정치체'라는 점이다.

신라가 토기문화상 명백한 개성을 지니는 것은, '이단교호투창고배(도면 7·8)'와 '원통형장경호'가 출현하는 5세기 이후의 일이다. 구체적으로는 이러한 토기들이 초출하는 동래 복천동 21 · 22호분과 경주 황남동 109호분 제3 · 4곽부터이다. 이들은 대성동 고분군 축조중단에 바로 후속하는 고분들이다. 개성적인 이러한 신라양식토기는, 기왕의 공통양식토기와 일획을 긋는 것으로, 적석목곽묘의 출현과 궤를 함께 하고 있는데, 이 사실은 이때부터 신라가 비로소 영남지역의 강자로 부상하기 시작하였음을 뜻한다[11].

한마디로 대성동 고분군이 존재한 시기가 전기가야이자, 이른바 금관가야-가라-이며, 이 시기의 가야는 흔히 일컫는 '연맹'이 아닌 거대한 '단일정치체'임을 각별히 유념해야 한다. 후술하듯이 전기가야는 대성동 고분군 축조중단과 동시에 와해되며, 가야 연맹체란 대성동 고분군 축조중단 이후에 전개되는 가야들이다. 즉 대성동 고분군의 시대가 바로 전기가야 시기이자, 대성동 고분 그 자체가 전기가야의 상징인 것이다.

2. 대성동 고분군 축조중단과 가야의 재편, 그리고 왜

대성동 고분군의 축조중단에 따라 전기가야는 해체된다.

이미 통형동기를 소재로 전기가야의 해체의 과정에 대해 살펴본 바 있는데[12], 서력 400년 고구려군의 남정으로,

---

10 다소 반복되는 감이 있으나, 이는 경주지역의 도질토기의 출현시기가 낙동강 하류역보다도 훨씬 늦다는 데서도 보증된다. 이를테면 낙동강 하류역에서는 도질토기가 주1) ④의 글 Ⅰ단계-3세기 말-부터 출토되고 있으나, 경주지역은 함안지역과 마찬가지로 Ⅲ단계-4세기 2/4분기-부터 나오고 있음이 그러하다.
申敬澈, ①「陶質土器의 登場」『釜山大學校 考古學科 創設20周年 記念論文集』, 2010.
②「陶質土器의 발생과 확산」『考古廣場』第11號, 2012.
그리고 적석목곽묘가 등장하기 전까지의 경주지역 목곽묘의 규모가 낙동강 하류역의 대성동 고분군·복천동 고분군의 그것에 비해 매우 열세라는 점은, 묘제의 면에서도 확인된다. 경주지역 묘제의 매장주체부가 커지기 시작하는 것은 황남동 109호분 3·4곽으로 상징되는 적석목곽묘 출현무렵부터이다.

11 그렇다하여 이단교호투창고배등의 이른바 신라양식토기가 경주에서 창안되었다는 뜻은 아니다. 대형분 기준으로 복천동 21·22호분, 황남동 3·4곽보다 몇 단계 이른 시기인 5세기초의 대형분인 복천동 31·32호분에서 이단교호투창고배 징조가 보이고 있을 뿐 아니라, 당시 도질토기 중 상위기종인 발형기대가 복천동을 비롯한 낙동강 하류역의 고분들에서 다량 부장되고 있음에 비해 경주의 고분에서는 이 토기의 부장이 극히 소량에 지나지 않는 데서 엿볼 수 있다. 이러한 추세는 황남동 98호분 남분 직전까지 이어지고 있다. 바꾸어 말하면 이 사실은 신라양식토기의 생성이 전적으로 낙동강 하류역의 도질토기의 영향임을 말해 주는 것이다.

12 申敬澈,「筒形銅器論」『福岡大學考古學論集-小田富士雄先生退職記念-』2004.

전기가야 중추부의 가장 중요한 일원이었던 복천동 고분군의 이탈에 따라, 금관가야는 얼마 후 사실상 몰락한다. 즉 경자년 고구려군이 지금의 동래-복천동 고분군-까지 남하하여, 이 지역을 점령함에 따라 낙동강 서안의 대성동 고분군을 중심으로 하는 가야의 세력은 얼마 후, 이 지역을 포기하며 해체의 수순을 걷는 것이다. 이를 보여주는 가장 가시적인 증거가 전기가야의 중핵, '대성동 고분군 축조중단'이다. 그 시기는 나의 연대관으로는 서력 420~430년의 무렵이다. 김해 지역에서는 대성동 고분군만이 축조가 중단되는 것이 아니다. 상세히 검토하면 양동리, 망덕리 같은 김해지역의 유력고분군도 사실상 동시에 축조가 중단되고 있다. 이후 김해 지역은 중소고분군만이 잔존, 난립하며, 대성동 고분군 같은 중심고분군이 없어 구심점이 사라진다.

대성동 고분군은 금관가야의 해체만을 뜻하는 것은 아니다. 이를 기점으로 한반도 남부 사회는 재편될 뿐 아니라, 일본열도 사회에도 엄청난 파장을 미친다.

그동안 여러 지면에서 누누이 강조하여 왔고, 위에서도 간략히 언급하였듯이, 영남지역의 경우 대성동 고분군의 축조중단과 동시에 신라양식토기의 성립, 적석목곽묘의 등장-경주 황남동 109호분 3 · 4곽-이 그것이다. 이는 후술하듯이 이때 비로소 신라가 영남의 강자로 등장함을 뜻한다. 한편 일본열도의 경우도 대성동 고분군의 축조중단을 기점으로 초기 스에키의 등장, 갑주의 정형화, 마구의 출현 등, 문화적으로 갑작스러운 커다란 변화가 간취된다. 뿐만 아니라 그 동안 야마토 분지에 자리잡고 있었던 대형 고분군도 해안지역인 카와치河内 평야로 이동한다, 모즈 · 후루이치百舌鳥 · 古市 고분군이 그것이다[13].

대성동 고분군을 비롯한 김해지역의 유력고분군의 축조중단은, 이때 이들 세력이 다른 곳으로 조직적으로 이주하였음을 말한다. 후술하듯이 이들은 영남의 각지와 일본열도로 흩어졌는데, 특히 이들 중 유력세력의 하나는 고령을 중심으로 하는 영남의 내륙으로, 또 다른 유력집단은 위에서 말한 지금의 오사카의 남부, 카와치 평야로 이주한다. 그것은 가야의 도질토기의 재현이라 할 수 있는 스에키의 대규모 생산유적인 스에무라陶邑 유적을 비롯하여 마구 및 정형화한 대금식갑주가 이 지역에서 최초로 그것도 집중적으로 출토되고 있는 점, 동시에 일본열도의 대형 고분군이 '야마토大和' 분지에서 바다를 접한 '카와치河内' 평야로 이동하고 있는 점 등에서 엿볼 수 있다. 낙동강 하류역의 가야 세력이 주축이 된 가야의 이주민이 정착한 바로 이곳에 일본 중기의 대형 고분군인 모즈 · 후루이치百舌鳥 · 古市 고분군이 자리를 잡는 것은, 일본 고훈시대 중기 고분의 시작과 대성동 고분군의 축조중단이 밀접한 관련이 있음을 단적으로 말해 주는 것일 것이다.

즉 일본열도의 고훈시대 전기에서 중기로의 전환은 일본열도 자체의 발전이기보다도, 가야의 정세변동과 연동되는 것으로 단정해도 무방하다.

Ⅳ. 후기가야의 구조

고식도질토기단계에 영남의 절대적 강자였던 금관가야는 광개토대왕 비문에서 보듯 서력 400년 고구려군의 영남지역의 남정으로 급격하게 쇠퇴한다[14]. 그 가시적 증거가 금관가야의 정점이자 전기가야의 중핵이었던 대성동

위 글에서 나는 통형동기는 낙동강 하류역-부산·김해-에서 집중적으로 출토되고 있어, 가야제품으로 생각하였으나, 그 후 재검토한 바 일본열도제로 여기고 있다. 그렇다 하더라도 대성동 고분군 집단이 일원적으로 입수하여 결속의 상징으로 복천동, 양동, 망덕리 고분군 등 전기가야 중추부의 유력고분들에 배포한 것이라는 본질적 의미가 달라지는 것은 아니다.

13 주7)의 글.

14 금관가야 몰락의 과정은 庚子年-서력 400년-고구려군의 南征으로, 금관가야 핵심세력의 하나였던 복천동 고분군 집단의 금관가야 중추부 의 이탈에서 비롯된다. 금관가야 정치연합의 정점에 있었던 대성동 고분군 집단은 이후 20~30년 정도 버티다가 서력 420~430년경에 조직적으로 김해를 떠난 것으로 생각된다. 즉 '대성동 고분군 축조중단'이다.
申敬澈, 「大成洞古墳群 發掘調査의 成果와 課題」『大成洞古墳群과 東亞細亞』(第16回 加耶史國際學術會議), 金海文化院, 2010
이와 같이 통형동기의 소유형태 등 고고자료로 접근하는 한, 庚子年 南征에 나섰던 고구려군은 동래-지금의 부산-에는 도달하였으나, 낙동강을 渡江하지 못한 것으로 생각된다.

고분군의 축조중단이었다. 뿐만 아니라 토기문화에서도 급격한 변화가 간취된다.

대성동 고분군 축조중단 이전의 전기가야 토기문화는 중심부는 '외절구연고배권'과 외곽부는 '통형고배문화권'을 축으로 하는 고식도질토기양식이었던 것이, 대성동 고분군 축조중단을 기점으로 영남의 토기문화는 일변하여, '가야양식토기'와 '신라양식토기'라는 이대양식토기로 분화한다. 가야양식토기는 공통양식토기의 계보를 잇는데 비해, 신라양식토기는 대표적 기종인 '이단교호투창고배'(도면 7·8)와 '원통형장경호'의 특징에서 알 수 있듯이 공통양식토기와는 일획을 긋는 듯한 극히 개성적인 토기문화이다. 이러한 이대양식토기문화는 제 가야가 신라에 병합-멸망되는 6세기 중엽까지 존재한다.

신라양식토기문화는 최고의 신라양식토기가 출현하는 복천동 21 · 22호분과 경주 황남동 109호분 제3 · 4곽의 예에서 알 수 있듯이 대성동 고분군 축조중단에 바로 이어 출현한다. 이 신라양식토기문화의 등장은 적석목곽묘의 출현과 함께 신라가 영남지역의 강자로 부상하였음을 알리는 가장 가시적인 신호이다. 이는 대성동 고분군 축조중단의 직접적인 원인이 서력 400년의 고구려군의 대 가야 군사 작전인 이상, 신라가 영남지역의 강자로 부상한 것은 독자적 성장에 기반을 두었다기보다, 고구려군 남정에 편승한 것이 주요 원인임을 웅변하는 것이다. 즉 신라 급부상의 배경은 서력 400년 남정한 고구려 군사력에 있었던 것이다.

당시 영남지역의 사정을 잘 반영하고 있는 이러한 토기의 양식과 형식으로 보아 금관가야-전기가야-는, 대성동 고분군 축조중단 이후에 크게 친신라계가야와 비신라계가야로 분열된다.

'친신라계가야'란 낙동강 하류역을 비롯해, 신라양식토기내의 지역형식이 존재하는 창녕, 경산 · 대구, 성주 등의 지역을 말하며, '비신라계가야'란 가야양식토기내의 특징적인 토기형식이 존재하는 세 지역, 이른바 대가야, 아라가야, 소가야를 가리킨다. 말하자면 금관가야를 맹주로 하는 전기가야연맹은 고구려군의 대 영남지역 군사작전으로 와해되어, 크게 '친신라계가야'와 '비신라계가야'로 이분되는데다, 다시 '비신라계가야'는 대가야, 아라가야, 소가야로 갈라지는 것이다[15].

즉 고식도질토기 단계인 대성동 고분군을 정점으로 하는 전기가야는 신라양식토기와 가야양식토기의 이대양식토기단계가 되면 친신라계가야, 대가야, 아라가야, 소가야로 나누어지는 것이다. 이 사실은 고식도질토기단계에 상대적으로 신라에 우위에 있었던 가야는 대성동 고분군 축조중단을 기점으로 역전되어, 신라에 비해 열세로 돌아섰음을 의미한다. 이는 고분군의 규모, 부장품 등의 고고자료에서도 잘 뒷받침되고 있다. 그러나 이처럼 분화된 지역의 성격과 구조는 각각 판이하였다. 이에 대해 살펴보도록 하자.

1. 친신라계가야

친신라계가야란 위에서 언급하였듯이, 기왕의 가야지역이었던 곳이, 고구려군의 남정을 기점으로 신라와 정치적인 친연관계를 맺었던 지역을 뜻하는 것으로, 엄밀한 의미에서 가야라 할 수는 없는 곳이었다. 따라서 고구려군의

한편 금관가야의 몰락이 서력 400년 고구려군의 南征에서 촉발된 것이 아니라, 서력 436년 北燕의 멸망으로 인한 對중국 교류의 거점상실이 직접적인 원인이라는 견해도 있다. 과연 이 무렵의 북연이 금관가야의 존망을 좌지우지할 정도로 절대적인 존재였을까? 철을 장악하고 철의 집산지였던 금관가야가 북연과의 교류에 전적으로 의지하였을까? 금관가야가 북연을 창구로 입수한 절실한 중국의 물품이 무엇인지에 대해서도 해명이 필요하다. 한마디로 북연을 지나치게 평가하고, 과잉해석이라 생각된다.
김일규, 주 1)의 논문.

15 이 개념의 대강을
申敬澈, 「五世紀における嶺南の情勢と韓日交涉」『謎の五世紀を探る』讀賣新聞社, 1992 에서 언급한 바 있는데, 당시는 소가야지역에 대한 조사의 미진으로 보고의 '소가야연맹'을 누락시킨 것이었다.
그런데 상하교호투창고배는 신라양식, 상하일렬고배투창고배은 가야양식이라는 기계적으로 二分하는 점에 반대하는 의견이 있다. 특히 신라양식토기분포권역을 '친신라계가야'로 간주하는 데 대한 비판이 그것인데, 신라양식토기라 할 것이 아니라, 경주양식, 창녕양식으로 설정하여, 각각의 토기양식지역을 고유의 수장권-왕권-을 보유한 小國으로 간주해야 한다는 것이다. 경청할 만한 견해로, 이하의 본문에서는 이를 함께 고려하여 주었으면 한다.
김두철, 「신라·가야의 경계로서의 경주와 부산」『신라와 가야의 경계』(영남고고학회 창립 30주년 기념 제23회 정기학술발표회), 2014

남정으로 원래의 가야였던 곳이, 사실상 신라영역으로 편입된 지역이거나 신라와 정치 문화적으로 보다 긴밀한 관련을 지닌 곳이라 할 수 있다.

이의 가장 대표적인 곳이 낙동강 하류역의 금관가야였다.

낙동강 하류역은 고구려군의 주 표적이었다. 대성동, 복천동, 양동리 고분군의 통형동기의 소유(도면 19)에서도 알 수 있듯이, 고구려군의 군사작전으로 금관가야의 핵심세력이었던 복천동 고분군 집단의 이탈에서 비롯된 금관가야의 동요는, 급기야 5세기 초~전엽의 어느 시점 대성동, 양동리, 망덕리 고분군 등의 금관가야 중추부의 유력고분군들의 축조중단으로 완전히 붕괴된다[16]. 금관가야의 몰락이자 전기가야의 종언이다[17].

이후 대성동, 양동리, 망덕리 등과 같은 대형고분군이 사라진 김해지역을, 토기 등의 고고자료로 보아 정치적으로 신라쪽으로 돌아선 복천동 고분군이 관할한다. 말하자면 대성동 고분군의 축조중단 전까지는 대성동 고분군이 낙동강 하류역을 직접 관할하였으나, 이후는 복천동 고분군이 김해를 비롯한 낙동강 하류역을 통치하는 것이다[18]. 대성동 고분군 집단이 건재하였을 무렵의 금관가야는 가야의 최고 전성기로, 신라의 우위에 있었으나, 복천동 고분군이 김해를 비롯한 낙동강 하류역을 지배하게 된 가야는 신라영역에 편입된, 성격이 현저하게 변질된 금관가야였다. 그러나 신라에 편입되었다고는 하나, 경주가 직접 통치한 것이 아니라, 정치적으로 연합하였을 뿐 여전히 재지 고유의 수장권은 유지, 존중되었다. 즉 중앙집권적체제가 아닌 정치연합-연맹-체제였다. 문헌사학 일각에서 말하는 신라의 '간접지배방식'이 그것이다. 이를 가시적으로 보여주는 것이 복천동 고분군을 비롯한 친신라계가야지역에서 확인되는 고총고분군들이다.

복천동 고분군의 경우, 분묘의 계속조영으로 인한 묘역의 부족으로, 제2의 장소로 이동하여 계속 조영되었다. 복천동 고분군과 마주치고 있는 남쪽의 연산동 고분군이 그것인데, 여러 정황증거로 보아 복천동 고분군과 연산동 고분군은 동일계보 · 동일집단임이 틀림없다.

보통『삼국사기』의 서력 532년의 기사 '금관국주 구해의 신라투항'을 금관가야의 멸망으로 이해하고 있으나, 이는 적확히 말해 복천동, 연산동 고분군 집단의 신라투항을 가리키는 것으로, 지금까지 낙동강 하류역에 대한 신라의 '간접지배방식'에서 '직접지배방식'으로 전환하였음을 의미하는 것이다. 이 점은 연산동 고분군의 종언과 '구해의 신라투항'이 연대적으로 잘 일치하고 있는 점에서도 증명된다. 이후 부산지역에서는 대형고분군이 존재하지 않는다. 따라서 서력 532년의 구해 투항은 신라가 연산동 고분군 집단의 수장권을 박탈하였음을 뜻하는 것이며, 대성동 고분군의 축조중단이야말로 금관가야의 사실상의 몰락인 것이다.

낙동강 하류역에서 간취되는 신라의 이러한 '간접지배방식'에서 '직접지배방식'으로의 전환은 다른 친신라계가야지역에서도 확인된다.

이를테면 신라양식토기내의 한 형식인 '창녕식토기'가 분포하는 비사벌의 창녕의 경우, 계남리, 교동, 송현동 고분군과 같은 고총고분군의 존재는 재지의 강력한 수장권이 유지되었음을 말하는 것이며, 이러한 고총고분군이 축조가 중단되었다는 것은 수장권의 박탈, 즉 신라의 이 지역에 대한 '직접통치'로 전환하였음을 말하는 것이다. 특히 교동고분군의 하한이 561년 건립의 진흥왕 순수비와 연대적으로 일치할 가능성은 지극히 크다. 즉 진흥왕 순수비는

---

16 주12)의 글.

17 일각에서는 대성동 고분군의 계보를 잇는 고분군이 김해에 계속 축조되고 있다는 견해도 존재한다. 유력후보의 하나로 원지리 고분군이 자주 거론되고 있다. 그러나 원지리 고분군은 6세기대의 고분으로 연대적으로 대성동 고분군에 바로 후속하지 않을 뿐 아니라, 대성동 고분군을 이을 정도의 대형고분군도 아니다. 또 동시기의 부산의 연산동 고분군에 비해, 규모면에서도 현저한 열세이다. 앞으로도 김해에서는 대성동 고분군의 계보를 잇는 고분군을 확인한다는 것은 거의 무망한 일일 것이다. 원지리고분군의 심포지엄에서도 이 고분군이 대성동 고분군의 계보를 잇는 유력후보라는 데에는 대체적으로 회의적이었다.
김해시·경남연구원,『금관가야후기의 고총고분』, 김해 원지리고분군 국가사적 지정 학술대회, 2020.

18 주6)의 글.

이 지역에 대한 신라의 직접통치로 전환하였음을 보여주는 표지인 것이다[19].

신라양식토기권역에서 비사벌과 대조적인 곳은 경산 임당동 고분군이다. 임당동 고분군의 부장토기는 주지하듯이, 경주 중심부의 토기이거나, 이를 충실히 따른 것이어서 이곳은 그야말로 신라와 정치적으로 밀접한 관련을 가진 곳이거나, 신라의 직접 영향력 아래에 들어간 곳이라 여겨도 좋은 것이다. 이에 반해 창녕의 비사벌의 토기는 기본적으로 신라양식토기이기는 하나, 매우 개성적인 '창녕식토기'를 독자적으로 소유하고 있어, 비사벌은 경산지역과는 달리 의연히 매우 강력한 수장권을 보유하였다. 경산과 창녕의 이러한 예로 보아 친신라계가야라 하더라도, 단순히 '친신라계가야'로 일괄적으로 규정할 수 있을 정도로, 결코 단순하지는 않음을 시사한다.

하여튼 신라의 자신감에서 비롯된 532년 복천동 · 연산동 고분군 집단의 수장권 박탈에서 시작된 신라의 대 친신라계가야의 직접통치방식은, 비사벌(창녕)의 예에서 알 수 있듯, 6세기 중엽에는 모든 친신라계가야지역을 비롯한, 모든 신라양식토기권역에 적용시키는 동시에 가야정벌에 나서는 셈이 된다.

한편, 당시의 일본열도의 대 한반도 교섭 · 교류는 가야→신라 중심부(경주)→대가야→백제로 변하였다는 견해가 있다[20]. 그러나 이것은 당시의 경주와 친신라계가야의 관계와 그 본질에 대한 몰이해에서 비롯된 것이며, 당시의 일본열도는 신라의 중심부(경주)와 직접 교섭한 것이 아니라, 친신라계가야의 유력지역, 즉 낙동강 하류역과 교섭하였음이 틀림없다. 위에서 언급하였듯이 대성동 고분군 축조중단 이후, 비록 낙동강 하류역이 친신라지역으로 편입되었다고는 하나, 계속 조영된 복천동 고분군의 존재에서 알 수 있듯이, 경주와는 정치연합-연맹-관계에 있었던 만큼, 재지수장권은 그대로 유지되고 있었다. 때문에 대외교섭 · 교류도 독자적으로 수행하고 있었다. 이를 명백히 증명해 주는 것이, 복천동, 연산동을 비롯한 낙동강 하류역의 고분군들에서 출토되는 미비부주, 삼각형단갑과 같은 일본계갑주이다. 당시 경주의 고분에서는 이러한 일본계갑주가 출토되지 않는다. 이 점은 당시 일본열도가 신라의 중심부가 아닌, 낙동강 하류역과 교류-교섭하였음을 단적으로 말해 주는 것이다. 설혹 경주 중심부와 교섭하였다하더라도 '직접교섭'이 아니라 낙동강 하류역을 통한 '간접교섭'이었음이 분명하다. 이는 일본 초기 스에키가 대성동 고분군 축조중단무렵과 이후의 낙동강 하류역 도질토기의 색채가 농후하다는 점에서도 더욱 뒷받침해 주고 있다. 따라서 일본열도는 친신라화한 낙동강 하류역과의 교섭을, 신라 중추부와 교섭하였다는 의식은 없었을 것이다.

2. 비신라계가야

(1)대가야연맹

대가야는 고령 지산동 고분군을 정점으로 한 연맹체였다. 그것은 가야양식토기의 한 형식인 '고령식토기'(도면 15~18)가 분포하는 각지에 유력고분군들이 존재하는 데서도 알 수 있다. 그러나 이러한 유력고분군들은 지산동 고분군 정도의 탁월한 고분군이 아니라는 점에서, 지산동 고분군을 맹주로 하는 피라미드 구조의 연맹체였음이 분명하다. 이러한 구조를 '종적연맹체'로 부르기로 하자.

이러한 위치에 있었던 지산동 고분군은 이미 지적이 있듯이, 4세기대의 고령지역에서 지산동 고분군 집단과 계보관계를 증명할 만한 유력분묘군이 확인되지 않고 있어, 5세기대에 돌출한 것으로 생각된다.

이 지산동 고분군의 전단계는 토기형식으로 보아, 5세기 전엽의 고령 쾌빈동의 고분군이다. 그런데 쾌빈동 고분군의 출토 토기와 묘제(목곽묘)는 대성동 고분군 축조중단무렵의 그것과 동일하다는 점에서, 이들의 출자는 낙동강 하류역의 금관가야에 있음이 틀림없다. 단기간 조영된 쾌빈동 고분군은 곧 지산동 고분군으로 이동한다. 또 지산동 고분군 출토의 특징적인 '고령식토기'의 가장 표지적인 기종인, 고배와 장경호의 조형祖型이 낙동강 하류역의 그것에

19 창녕의 순수비를 변경을 개척하였다는 碑文내용에 의해 拓境碑로도 불리어 지는데, 이는 창녕을 신라가 '간접통치'에서 '직접통치'로 전환하였음 의미하는 것이다.

20 朴天秀,「3~6世紀 韓半島와 日本列島의 交涉」『한국고고학보』61,2006

서 구해지는 것은, 고령 지산동 고분군의 계보가 낙동강 하류역에 있음을 더욱 보증하고 있다.

즉 지산동 고분군 집단과 대가야연맹체내의 유력집단인 합천 옥전 고분군 집단은 대성동 고분군 축조중단 사태로 말미암아, 금관가야 주력의 일부가 이곳으로 이주하여 형성한 것임이 분명하다[21]. 대가야연맹은 상술한 금관가야가 맹주가 된 전기가야연맹과 마찬가지로 연맹체였으나, 전기가야연맹의 중추부는 '외절구연고배권', 주변 관할지는 '통형고배권'으로 구분되는 것에 비해, 대가야연맹권은 '고령식토기'로 일원화되어 있다는 점에서 상이가 간취된다.

'대가야'의 원래 국명은 '가라' 혹은 '가야'였다. 마찬가지로 낙동강 하류역의 금관가야의 정식국명도 '가라(가락국)' 혹은 '가야'였다. 대가야의 국명이 금관가야의 명칭을 그대로 계승하고 있다는 것은, 대가야가 금관가야를 계승하고 있음을 나타내는 것이다. 대가야란 이러한 인식의 후대적 표현일 것이다[22].

(2)아라가야

아라가야의 정식 명칭은 '안사安邪', '안라安羅', '아라阿羅', 즉 아라이다. 아라에 가야란 접미어를 붙인 것은 '아라'가 가야의 일원이었음을 표현하기 위한 것임은 두말할 필요도 없다.

아라는 토기로 보아 위의 대가야와 달리, 금관가야의 몰락 이후, 통형고배를 기반으로 한 재지의 집단이 독자적으로 성장, 발전한 것으로 생각된다. 또 이 아라가야는 대가야와는 달리 연맹체가 아니라, 말산리 · 도항리 고분군 집단이 '함안식토기' 분포권역을 직접 관할한 것으로 보인다. 그것은 '함안식토기' 분포권역에 유력고분군이 확인되지 않으며, 말산리 · 도항리 고분군이 독보적이라 할 정도로 탁월한 고분군이라는 데서 알 수 있다. 따라서 아라가야는 이런 의미에서 일원적 통치구조를 가진 것으로 보아도 좋다.

(3)소가야연맹

소가야는 당시의 국명은 아니다. 고성에 기반을 둔 고자국古自國이 원래의 국명이다. 소가야란 명칭은 고령에 본거지를 둔, '가라' 즉 '대가야'에 대한 일연의 상대적 인식일 것이다.

소가야도 이미 상세한 연구가 있듯이 '수평구연장경호'(**도면 9·10**)와 '수평구연발형기대'(**도면 11**)를 표지로 하는 지역에 형성된 연맹체였다. 이러한 '수평구연호'와 '수평구연발형기대'의 토기권역내에는 다시 일단장방형투창고배(**도면 13**)-이단교호투창고배(**도면 14**)권과 삼각형투창고배(도면 12)권의 지역색이 간취된다. 여기에다 대가야연맹과는 달리 연맹의 정점을 이루는 탁월한 고분군이 확인되지 않는다. 이를테면 일단장방형투창과 이단교호투창고배권의 대표적 고분인 고성 송학동 고분군과 삼각형고배권의 중심 고분으로 생각되는 산청 중촌리 고분군은 상호 우열을 가릴 수 없는 유력고분군이다. 수평구연의 호와 발형기대권역에는 지금 충분한 조사가 진행되고 있지 않아 불명인 점은 많으나, 현재 발굴조사중인 합천 삼가 고분군과 같은, 송학동 고분군과 중촌리 고분군과 같은 유력고분군이 몇 군데 더 존재할 것으로 생각된다.

이와 같이 ① 수평구연장경호(**도면 9·10**) · 수평구연발형기대(**도면 11**)를 공통의 토기로 하는 토기권 내에 다시 일단

---

21 이러한 가능성을
申敬澈,「金海大成洞古墳群의 발굴성과」『伽倻文化』第四號, 1991.
에서 언급하였으나, 조영제에 의해 상세하게 구체화되고 있다.
趙榮濟,『西部慶南 加耶諸國의 成立에 대한 考古學的 研究』(부산대학교 대학원 문학박사 학위논문), 2006.
보다 구체적인 사례로 김두철은 아래 글에서 고령 지산동 고분군은 대성동 고분군, 합천 옥전고분군은 부산 복천동 고분군 계열임을 지적하고 있다. 그렇다면 옥전고분군 집단은 고구려군 남정에 따른 고구려·신라와의 정치연합을 거부한 복천동 고분군의 일부 집단일 것이다.
김두철,「加耶 轉換期의 墓制와 繼承關係」『考古廣場』第13號, 부산고고학연구회, 2013.

22 일반적으로 학계에서는 전기가야의 중심세력을 금관가야, 후기가야연맹의 맹주를 대가야로 이해하려는 경향이 있으나 이는 잘못이다. 대가야는 이미 지적하였듯이 후기가야의 諸 연맹체를 압도할 정도의 세력은 아니었다.
申敬澈,「古代의 洛東江과 榮山江, 그리고 倭」『韓國의 前方後圓墳』, 백제연구 한일학술회의, 충남대학교 백제연구소, 1999.

장방형투창고배(**도면 13**) · 이단교호투창고배(**도면 14**)권과 삼각형고배(**도면 12**)권이라는 소지역권이 확인되는 점, ② 이러한 토기권 내에 특정 탁월한 고분군이 아닌 상호 대등한 유력고분군이 복수로 존재하는 점에서 이 지역은 연맹체를 형성하였음이 틀림없다. 그리고 이러한 점으로 보아, 이 연맹체는 지산동 고분군을 정점으로 하는 대가야연맹형의 '종적연맹체'가 아닌, '횡적연맹체'였다.

이러한 '횡적연맹체'의 구조는 문헌의 '포상팔국'의 이미지와 잘 부합되므로, '소가야연맹체'는 포상팔국임이 틀림없다. 이 점은 고자국이 포상팔국 중 한 나라이라는 문헌의 기록에서도 증명된다.

포상팔국의 이름은 『삼국사기』와 『삼국유사』에 209년과 212년의 '포상팔국의 난'의 기술에서 등장한다. 그런데 이들 문헌의 초기기록의 신빙성 문제로, 문헌사학자들 사이에 포상팔국의 연대에 대한 의견이 분분함은 다 아는 바와 같다.

그러나 위와 같은 고고학적 관점에서 포상팔국의 형성은 5세기 후반으로 확정할 수 있으며, 따라서 '포상팔국의 난'도 이르다 해도 5세기 후반의 일이 된다. 보다 적확히 말하면 소가야연맹이 보다 굳건해지는 5세기 말 이후의 일일 것인데, 이하에 언급하듯이 포상팔국의 대상이 사실상 신라영역이라고 한다면, 포상팔국 연합체의 최성기에 '포상팔국의 난'이 일어났음이 틀림없다. 따라서 '포상팔국의 난'의 보다 좁혀진 시점은 금후의 치밀한 고고학적 검토에서 저절로 드러날 것이다. 한편 포상팔국의 공격의 대상이 209년은 '가라'로[23], 212년은 '신라'로 표현되어 있는데, 209년과 212년의 기사가 동일사건을 기술한 것인지, 다른 사실을 묘사한 것인지는 알 수 없으나, 포상팔국의 난이 5세기 이후의 일이라면, 그 대상은 이미 '친신라화'한 낙동강 하류역-정확히는 복천동 · 연산동 고분군 집단-을 가리킬 가능성이 극히 높다고 생각된다. '가라'는 원래 낙동강 하류역의 금관가야를 지칭하는 것이며, 5세기 후반대의 낙동강 하류역을 '남가라'로 지칭하는 문헌기록의 예 등에서 209년의 포상팔국의 공격대상인 '가라'는 낙동강 유역을 말하는 것임이 틀림없기 때문이다. 또 212년의 공격대상인 신라도, 이 무렵의 낙동강 하류역은 친신라화하였으므로, 낙동강 하류역을 신라로 간주하였을 것이라는 점에서, 낙동강 하류역을 가리킬 가능성은 극히 크다.

Ⅳ. 총괄정리

이상으로 언급해 왔듯이, 가야의 출발은 대성동 고분군의 축조에서 비롯된다. 즉 변한에서 가야로의 전환이다. 동시에 일본열도에서도 '야요이彌生'시대에서 '고훈古墳' 시대로 전환한다. 대성동 고분군의 출현에 따른 여파로 생각된다[24]. 대성동 고분군을 정점으로 하는 전기가야는 '외절구연고배권'만이 금관가야의 영역이 아닌, 보다 광역권의 탁월한 정치체였다. 이 사실은 국내의 고고자료로서는 확인할 수 없는데, 일본열도의 초기 스에키를 통해서는 이를 유추할 수 있다. 즉 대성동 고분군 축조중단으로 상징되는 금관가야의 사실상의 몰락으로, 가야주민의 일본열도 이주에 의해 생성된 일본 초기 스에키에 낙동강하류역, 서부경남 및 영산강유역의 토기요소들이 반영되는 점은 극히 중요하다. 이는 금관가야의 몰락에 따른 금관가야 영향권 주민의 동요에 따른 일본열도 이주의 소산임이 분명하기 때문이다. 따라서 전기가야의 금관가야권역은 이러한 초기 스에키로 보아 낙동강 하류역을 중추로, 통형고배권의 상당한 지역이었으며, 영산강 하류역도 금관가야의 영향권역, 혹은 정치적인 친연지역이었을 가능성도 크다[25].

대성동 고분군 축조중단이 의미하는 바는 크다.

그것은 대성동 고분군 축조중단과 동시에, (1) 신라의

---

23 서력 209년의 포상팔국의 공격대상을「삼국사기」「신라본기」에는 '가라'로, 同「열전」(물계자전)에는 '아라국'으로 기술되어 있어 혼란을 주고 있는데,『삼국사기』의 포상팔국의 난이『삼국유사』의 포상팔국과 동일사건일 가능성이 크다는 점에서 '가라'일 것으로 여겨진다. 본문의 서술은 이를 전제로 한 것이다.

24 주3) ③의 글

25 申敬澈, ①「日本 初期須惠器의 發現」『東아시아 속의 韓·日關係』(釜山大學校 韓國民族文化硏究所 '97國際學術大會), 1997.
② 주22)의 글.

경우, 신라양식토기가 성립되고, 적석목곽묘가 출현하는 점, 이것은 이때부터 정체성을 띤 신라가 처음으로 부상함을 의미하는 것이며, (2) 일본열도의 경우 초기 스에키가 초현하면서 일본열도의 대형 고분군이 야마토 분지에서 해안지역인 카와치 평야로 이동하는 현상이 간취되기 때문이다. 여기에서 상술할 수는 없으나, 위의 사실들의 역사적인 의의는 매우 중요하다.

금관가야의 사실상의 몰락으로 기왕의 가야는 친신라(친신라계가야)권과 비신라(비신라계가야)권으로 이분되며, 비신라계가야권은 다시 대가야연맹, 아라가야, 소가야연맹으로 분열된다.

한편 가야 연구자들 중에는 이러한 대가야를 과도하게 평가하는 경향을 보이는데, 그러나 대가야는 이와 같이 분열된 후기가야의 하나에 지나지 않는 것이었다. 따라서 가야의 최고 전성기는 대성동 고분군이 존재한 전기가야 때였으며, 후기가야는 전기가야에 비해 현저하게 약화된 가야라 하지 않을 수 없다. 대가야도 예외는 아니다. 이 점에서 대가야는 어디까지나 후기가야의 한 지역연맹체에 지나지 않는 것이다[26].

대성동 고분군 축조중단으로 금관가야의 핵심세력은 여러 곳으로 이주한 것으로 생각된다.

초기 스에키를 비롯한 고고자료로 볼 때, 주요세력의 일부는 일본열도로, 또 다른 주요세력은 방어하기 좋은 영남의 내륙을 선택하였다. 후자는 위에서 언급하였듯이 대가야였다. 이 때문에 대가야는 금관가야를 계승하였다는 뜻에서 국명도 금관가야의 국명인 '가라'를 그대로 가져갔다. 즉 대가야 지배집단은 금관가야 지배집단의 후예였을 가능성이 지극히 높은 것이다. 일연도 이 때문에 금관가야의 '대가락국'(대가라)에 이어, 고령의 가야를 '대가야'(대가라)로 인식하였던 것이다.

그러나 이러한 대가야도 대성동 고분군 축조중단과 동시에 성립된 것은 아니었다. 그것은 다소의 불안정한 시기를 지나, 지산동 고분군을 대가야 지배집단의 항구적 묘역으로 선택한 지산동 35호분의 시기-5세기 3/4분기-부터였다[27]. 연맹의 형성은 이보다 늦어, 옥전 고분군이 연맹의 가장 유력한 구성원으로 가담하는 합천 옥전 M3호분-5세기 4/4분기-부터였다.

한편 아라가야는 대가야와는 달리 재지의 세력에 의해 성장한 가야였다.

소가야연맹의 경우, 지배집단의 출자는 토기로 보아, 아라가야 이서의 제집단이 대가야연맹의 형성에 자극되어 결집하였다고 생각된다.

이와 같이 전기가야의 단일정치체에서, 후기가야가 되면 몇 개의 그룹으로 분열되는데, 정치적으로 신라에 기울이지 않은 범가야권은, '종적연맹체'의 대가야연맹, 관할영역의 직접통치구조였던 아라가야, 복수의 유력고분군이 대등하게 정치연합한 '횡적연맹체'의 소가야연맹으로 구성되었다.

이것이 가야의 전반적 모습이자 이미지이다.

여기에서 금관가야 몰락이후의 일정기간의 가야지역의 토기를 '형식 난립기의 가야토기'로 규정한 조영제의 견해[28]를 주목하지 않으면 안 된다. '형식 난립기의 가야토기'란 대성동 고분군 축조중단이 상징하는 금관가야의 몰락이후, 소문小文의 '비신라계가야', 즉 대가야, 아라가야, 소가야의 특징적인 토기양식이 출현하는 5세기 중엽까지인 20~30년가량의 '비신라계가야'지역의 토기를 통칭하는 것이다. 즉 대성동 고분군 축조중단부터 '비신라계지역'의 각 정치체의 체제안정시기까지의 불안정기를 '토기형식의

---

26 근년 대가야는 '연맹체'가 아니라, 고대국가라는 의견이 제시되었다.
김세기, 『대가야 고대국가론』 학연문화사, 2020
그러나 대가야가 연맹체가 아니라는 것은 지산동 고분군과 옥전고분군의 관계를 보더라도 납득할 수 없다. 그리고 여기에서 말하는 고대국가의 의미를 알 수 없으나-중앙집권체제를 고대국가로 한 듯-대가야가 고대국가였다면, 금관가야도 모든 고고학적인 지표로 보아, 이를 훨씬 능가하는 고대국가로 규정해도 좋을 것이다. 물론 필자는 위에서 암시해 왔듯 금관가야를 강력한 고대국가로 이해하고 있다.

27 조영제도 강력하게 시사하였듯이, 고령 쾌빈동 고분군은 지배자집단의 임시묘역이었으며, 지산동 고분군으로 묘역을 옮겨 항구적 묘역으로 선택하였을 때부터가 대가야의 체제가 안정되는 시기였다.
趙榮濟 주 19)의 글

28 趙榮濟, 윗글 및 「型式 亂立期'의 가야토기에 대하여」『考古廣場』2, 釜山考古學研究會, 2008.

난립기'로 표현한 것이다. 따라서 가야지역의 토기형식의 '난립기'란 곧 가야지역의 '혼란기'를 말한다. 바꾸어 말하면 '비신라계가야'지역은 토기형식의 '난립기'에는 정치체가 성립되지 않았거나, 존재하였다 하더라도 매우 불안정하였음을 의미하는 것이다.

이와 같이 '비신라계가야' 지역이 금관가야의 몰락-대성동 고분군 축조중단-이후 일정한 공백기간-토기형식 난립기-을 거친 후, 다시 제 가야-대가야, 아라가야, 소가야-의 정치체가 등장하는 점은, 이 무렵 경주중추부, 혹은 '친신라계가야'지역의 그것과는 사뭇 다르다.

신라중추부와 '친신라계가야'지역은 황성동 109호분 제3 · 4곽과 복천동 21 · 22호분의 예에서 알 수 있듯이, 대성동 고분군 축조중단과 동시에 개성적인 신라양식토기-대각상하교호투창이단고배 · 구경원통형장경호-가 성립되고, 적석목곽묘가 출현하면서 아무런 공백없이 지속적으로 발전해 나가는 점이, '비신라계가야'와는 커다란 차이인 것이다.

가야 전기에는 가야가 신라를 압도한 반면, 후기가야가 되면 전기와는 달리 역전이 되는 것은, 이와 같이 공백기-토기형식 난립기-가 있고 없는 데서 비롯된 것이라 해도 좋다. 즉 혼란기-토기형식 난립기-를 거친 가야지역은 그만큼 발전이 지체되었던 것이다.

대성동 고분군의 첫 번째 의의는 대성동 고분군의 확인에 의해 가야의 구조와 대체적인 흐름을 파악할 수 있게 되었다는 점이다.

보다 구체적으로 말하면 대성동 고분군의 시기 그 자체가 전기가야시대이며, 그 구조는 대성동 고분군을 정점으로 하는 '거대 단일정치체'이지, 결코 연맹체가 아니라는 점이다. 이 시기의 금관가야는 상대적으로 신라에도 우위에 있었다. 이는 당시의 신라영역에서 대성동 고분군에 상응하는 정도의 고분군이 확인되지 않고 있는 사실 하나만으로도 충분히 뒷받침된다. 앞으로의 조사에서도 이 점은 변하지 않을 것이다. 이는 신라 중심의 역사관을 불식하는 적극적인 근거가 되는 동시에 한반도 고대사의 진정한 복원의 출발점이 된다.

한편, 우리의 뇌리에 깊이 각인되어 있는 5가야니, 6가야니 하는 분열된 이미지의 가야는, 대성동 고분군 중단에 촉발되어 이후에 전개되는 후기가야에 한정하는 것임이 분명해졌다.

한마디로 전기가야는 대성동 고분군을 정점으로 하는 거대 단일정치체, 후기가야는 여러 정치체로 분립된 구조였던 것으로 정리할 수 있다.

대성동 고분군은 동시기의 일본열도에도 지대한 영향을 끼쳤다.

일본열도의 야요이시대에서 고훈시대의 전환, 고훈시대 전기에서 중기로의 전환은 일본열도 내부 발전에 기초하는 것이 아니라, 대성동 고분군의 등장과 축조중단에 연동되는 점이 그것이다.

요컨대 대성동 고분군은 한반도 남부 고대사 해명의 관건이며, 당시의 국제관계, 특히 일본열도 고훈시대의 이해에 으뜸가는 가치를 지니는 것이라 할 수 있다.

〈부기〉 이 글은 작년(2024년) 9월 27일 국립김해박물관에서 개최된 인제대학교 가야문화연구소 주관의 제29회 가야사학술회의의 기조강연 원고인 「대성동 고분군 조사성과와 의의」를 수정 · 가필한 것임을 밝힌다.

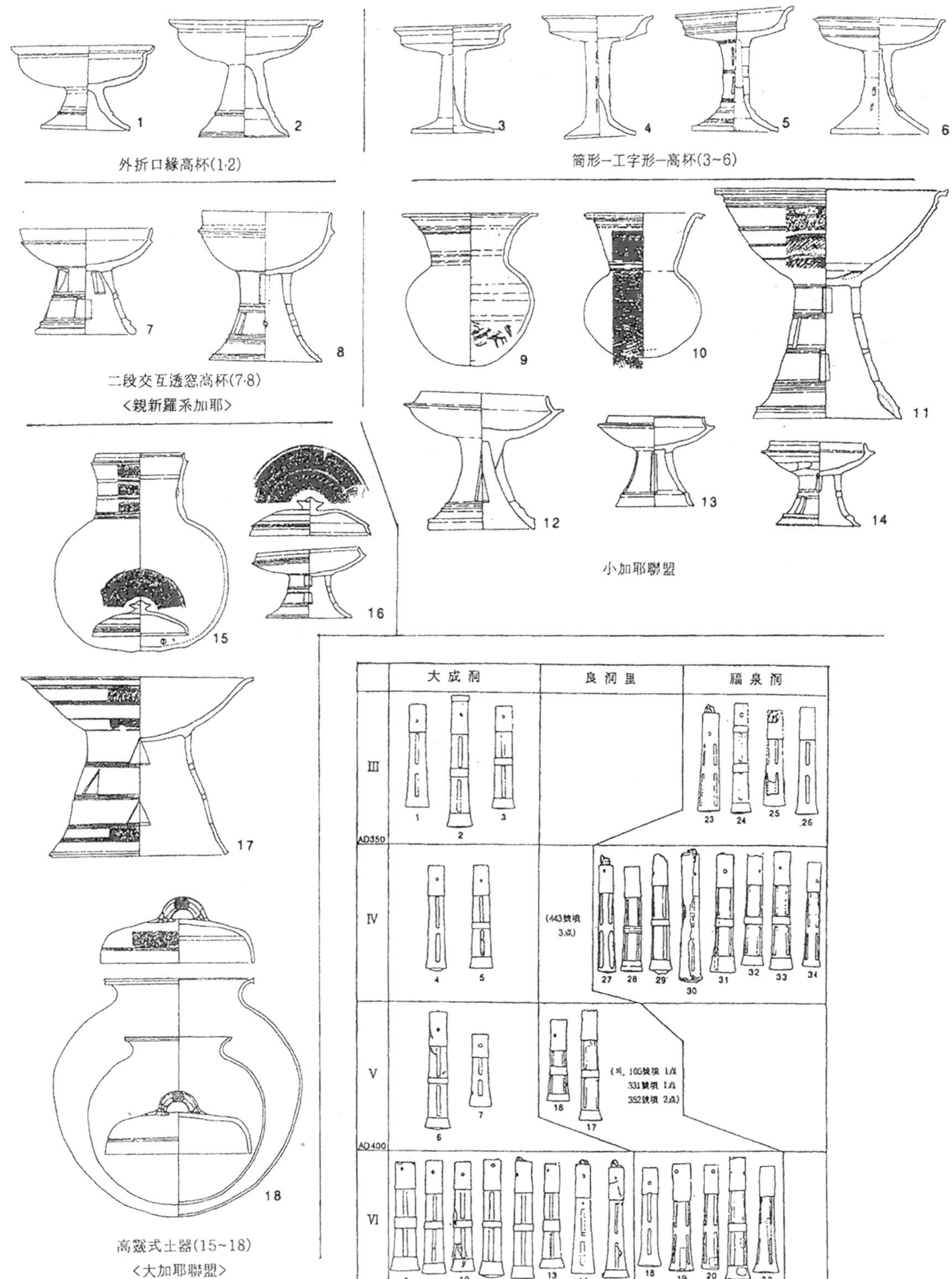

圖面

筒形銅器의 編年

0 10 20cm

1 大成洞15號墳, 2·3 同18號墳, 4·5 同2號墳, 6·7 同39號墳, 8-15 同 1號墳, 16 良洞里331號墳, 17 同340號墳, 18-20 同304號墳, 21·22 同477號墳, 23·24 福泉洞38號墳, 25·26 同73號墳, 27 同42號墳, 28-30 同60號墳, 31·32 同64號墳, 33·34 同71號墳

전기가야의 왕릉, 김해 대성동 고분군 발굴의 성과와 의의

송 원 영
대성동고분박물관

Ⅰ. 머리말

Ⅱ. 대성동 고분군의 발굴개요
1. 경성대박물관 발굴분
2. 기타 기관 발굴분
3. 대성동고분박물관 발굴분
4. 대성동 고분군 발굴성과

Ⅲ. 대성동 고분군 발굴의 의미

Ⅳ. 맺음말

Ⅰ. 머리말

대성동 고분군은 김해시내 중심부의 북에서 남으로 흐르는 해반천을 따라 형성된 해발 18m 높이의 단독 구릉과 그 주변에 위치하고 있다. 이 구릉의 이름은 지역에서 작은 구지봉이라는 뜻에서 '애구지'라고 불려 왔다.

대성동 고분군 구릉 일대 및 주변에서 구석기 및 신석기시대 유적이 조사된 사례는 아직 없다. 청동기시대 후기에 들어서 구릉 위에는 지석묘와 패총 등이, 주변 평지에서는 환호집락 등의 유적이 형성되었다. 1~2세기에는 목관묘가 구릉의 평지 부분에 산재하여 들어서기 시작하였고, 가야시기에 오면 구릉 전체를 지배계층의 무덤공간으로 사용하였다. 이후에는 기와가마가 군집하여 축조되고, 통일신라~조선시대에 사용된 토성도 구릉의 서쪽 사면을 따라 축조되었다.

대성동 고분군은 당초 최초 발굴자가 고분군 분포범위를 구릉과 그 사면 일부로 한정하는 바람에 외곽 부분은 각기 다른 이름의 유적으로 지칭되었다. 대표적으로 구지로 고분군, 가야의숲 유적 등이 그러한데, 이는 대성동 고분군의 정의를 어떻게 하는 가에 따라 달라진다.

애구지 구릉과 그 일대 주변에 분묘가 조성되기 시작한 것은 청동기시대 후기이다. 그런데, 이들 지석묘는 애구지 구릉뿐만 아니라 북쪽의 구지봉, 남쪽의 회현리패총(봉황동유적), 동쪽의 김해향교 인근까지 널리 분포하고 있으며 그 중간에는 동 시기의 생활유적 또한 분포하고 있어 이를 분묘유적 전용공간으로 정의할 수는 없다.

다음으로 목관묘 시기가 되면 분묘의 분포가 애구지 구릉과 주변 일대 평지 등으로 한정된다. 이 시기가 되면 남쪽의 봉황동유적은 오로지 주거 및 생활공간으로, 동쪽과 북쪽은 생산공간으로 나뉜다. 이후 목곽묘가 조성되는 3세기부터 5세기 후반까지는 본격적으로 구릉의 능선과 사면을 이용하여 분묘가 축조되기 시작한다. 전기가야가 멸망한 뒤 6세기대 이후에도 애구지 구릉 및 주변에서 분묘의 축조는 계속되나 이 시기 지배계층의 무덤이라고 할 대형봉토를 가진 석실분들은 구산동 쪽으로 이동하여 축조되었다. 물론 이 시기에도 대성동 구릉과 인근 주변에서 소형의 석실묘는 계속 축조되고 있는데, 봉황동유적 구릉의 최북단에 위치한 한옥체험관유적이 남쪽 경계에 해당한다. 따라서 대성동 고분군을 전기가야 지배계층의 집단 묘역으로 정의하면 애구지 구릉과 그 일대로 한정될 수밖에 없다.

Ⅱ. 대성동 고분군의 발굴개요

이상과 같이 대성동 고분군의 시공간적 범위를 특정하고 그동안의 발굴성과를 연도별로 정리하면 다음과 같다.

표 1. 대성동 고분군 발굴현황

<table>
<tr><th>발굴조사명</th><th>조사기간</th><th>조사성과</th><th>발굴기관</th><th>비고</th></tr>
<tr><td>대성동 고분 1차</td><td>1990. 6.12. ~ 8. 1.</td><td>목곽묘 1, 2호</td><td rowspan="6">경성대 박물관</td><td rowspan="3">학술발굴</td></tr>
<tr><td>대성동 고분 2차</td><td>1990. 9. 3. ~ 1991. 4.14</td><td>목곽묘 3~39호</td></tr>
<tr><td>대성동 고분 3차</td><td>1991.10. 8. ~ 1992. 3. 8.</td><td>목곽묘 40~53호, 주변Ⅰ~Ⅳ지구</td></tr>
<tr><td>구지로 분묘군</td><td>1993. 8. 4. ~ 9. 3.</td><td>목관묘15,목곽묘 40, 옹관묘4</td><td>도로개설</td></tr>
<tr><td>대성동 고분 주변시굴</td><td>1999.12.21. ~ 2000. 2.10</td><td>구릉서쪽과 동쪽, 북쪽 평지</td><td>정비사업</td></tr>
<tr><td>대성동 고분 4차</td><td>2001. 4.30. ~ 9.23.</td><td>목곽묘 54~67호, 주변Ⅴ지구</td><td>정비사업</td></tr>
<tr><td rowspan="2">가야의 숲 (수릉원) 부지</td><td>2004. 7.12. ~ 10.29.</td><td rowspan="2">목관묘, 석곽묘, 석실묘 등 31기</td><td>동아세아 문화재연구원</td><td rowspan="2">정비사업</td></tr>
<tr><td>2004. 7.14. ~ 10.27.</td><td>경남고고학 연구소</td></tr>
<tr><td>대성동 고분 5차</td><td>2009.10.12. ~ 12. 3.</td><td>목곽묘 68~72호</td><td>대성동고분 박물관</td><td>학술발굴</td></tr>
<tr><td>가야사 2단계 주차장</td><td>2010.10.13 ~ 2011. 3.11.</td><td>목곽묘 5기</td><td>경남문화재 연구원</td><td>정비사업</td></tr>
<tr><td>대성동 고분 6차</td><td>2011. 7.27 ~ 10.14.</td><td>목곽묘 73~84호</td><td rowspan="5">대성동고분 박물관</td><td rowspan="5">학술발굴</td></tr>
<tr><td>대성동 고분 7차</td><td>2012. 6. 4. ~ 9.26.</td><td>목곽묘 85~91호</td></tr>
<tr><td>대성동 고분 8차</td><td>2013.6.25 ~ 9.13</td><td>목곽묘 70호주곽, 95호</td></tr>
<tr><td>대성동 고분 9차</td><td>2014.6.24. ~ 10.10</td><td>지석묘 1호, 목곽묘 92호~94호</td></tr>
<tr><td>대성동 고분 10차</td><td>2019.12.9. ~ 2020.8.28</td><td>96호~149호, 옹관묘3, 청동기수혈 등 5기</td></tr>
</table>

발굴은 다년간에 걸쳐 이루어졌고 같은 구역에 호수 부여 방법도 기관별로 제각각 달라 기관별로 구분하여 정리하였다. 크게 시간 순서상 경성대박물관 조사분과 기타 기관 조사분, 대성동고분박물관 조사분으로 분류하여 설명하겠다.

1. 경성대학교 박물관 발굴분

대성동 고분군에 대한 첫 발굴조사는 1990년 6월 경성대박물관에 의해 실시되었는데, 이전부터 전기가야 지배계층 무덤을 줄기차게 찾았던 신경철교수의 집념이 이루어낸 성과였다. 앞서 김해 칠산동고분군일 가능성을 염두에 두고 발굴하였으나 소기의 성과를 거두지 못한 신경철교수는 심기일전하여 수로왕릉 인근에 위치한 단독 구릉을 주목하고 살던 아파트를 담보로 잡히는 강수를 두며 발굴예산을 빌려 발굴을 시작하였다. 고분군의 존재 여부와 규모 및 성격 등을 확인하기 위한 기초적인 조사였으므로 상징적으로 구릉의 최상부를 발굴했다. 그 결과 전기가야의 옛 땅인 김해에서 초대형 목곽묘가 처음으로 발굴되는 성과를 거두었으며, 출토유물 또한 전혀 상상할 수 없었던 중요유물들이 다량 출토되어 국내외의 비상한 관심을 받게 되었다.

1차 발굴에서는 총 3기의 대형 목곽묘가 조사되었는데, 규모나 유구 배치상 1기는 부곽으로 추정되었다. 당초 4세기 후반의 2호분 부곽으로 발표된 유구는 배치가 다소 어긋났지만 이후 유물 정리과정에서 5세기 전반 1호분의 것으로 정정되었다.

1차 발굴 성과를 정리하면 전기가야 지배계층의 무덤 최초 발굴 및 파형동기, 통형동기 등 왜계유물 및 금동제 안교 등 북방계유물 최초 확인 등이다.

1차 조사의 성과에 고무되어 바로 연속하여 2차 발굴이 이루어졌다. 2차 발굴이 진행되는 중 그 중요성을 인정받아 바로 1990년 1월 9일 고분군 구릉을 중심으로 한 56,762㎡가 국가사적 341호로 지정되었다.

2차 조사는 국내외의 많은 신진학자들이 참여한 연합팀으로 구성되었다. 3세기 말 최초의 왕묘로 여겨지는 29호분에서 동복, 금동관 파편 등 북방계 유물이 확인되었으며 이는 곧 신경철교수에 의해 소위 부여족 남하설[1]로 발전하였다. 4세기 후엽의 23호분에서 완전한 형태의 동경이 발굴되었으며, 13호분에서는 대형 파형동기 여러 점이, 14호분에서는 화살통 형태의 칠기 흔적 등이 출토되었다. 24호분에서는 거의 완전한 형태의 순장 인골이 출토되는 등 새롭고 놀라운 자료들이 무수히 많이 확인되었다. 또 39호분은 그때까지 발굴된 중대형 목곽묘 중 유일하게 도굴되지 않은 유구로 유물 배치 상태나 부장 습속을 확인할 수 있는 최적의 자료가 되었다.

사실 대부분의 중요한 유구와 유물 등 현재까지의 대성동 고분군과 전기가야 편년 및 국제교류 등을 알려주는 성과 대부분은 2차 발굴결과로 얻은 것이라고 해도 과언이 아닐 정도였다. 다만 경성대박물관의 폐관과 이에 따른 유물 이관작업 등으로 인해 아직까지 중요한 유구 몇 외에는 정식 발굴보고서가 간행되지 않아 그 전모를 파악하기 어려운 실정이다.[2]

3차 발굴조사는 29호분 주변에 대한 확장조사(40~53호분)와 애구지 구릉의 주변 평지를 대상으로 구역을 나누어 실시되었다. 동쪽으로 2개지구(주변 Ⅰ, Ⅱ지구), 서쪽에 1개지구(주변 Ⅲ지구), 북쪽에 1개지구(주변 Ⅳ지구)로 나누었는데, 이 중에서 주변 3지구는 나중에 박물관 건립부지에 포함되어 더 넓게 확장되어 조사되었고, 주변 4지구는 10차 발굴조사 구역에 포함되어 확장 발굴되었다. 동쪽지구에서는 목관묘와 석곽묘, 석실묘 등이 중복 조성되어 복잡한 양상을 보인데 반해 서쪽지구에서는 일부 석곽묘와 식실묘가 있으나 거의 목관묘가 조사되었으며 북쪽 지구에서는 목관묘와 목곽묘만 조사된 점이 이채롭다. 4세기 후반의 47호분에서도 동복 1점이 발굴되어 주목을 받았고, 주변 2지구 24호분에서는 오리모양토기도 발굴되었다.

주변지구 시굴조사도 실시되었다. 이는 김해시에서 시

---

1 경성대학교박물관, 2000, 『김해 대성동 고분군 Ⅰ』 pp 185~191.

2 현재까지 정식 보고된 유구는 1~3호분과 13호분, 18호분, 29호분뿐이다. 다만 1, 2차유구 및 출토 당시의 유물 사진은 정식 출판은 아니지만 행정보고용으로 보고되었다. 경성대학교박물관, 2018, 『김해 대성동 고분군Ⅴ-도판-』

행한 가야역사 문화환경정비사업의 일환으로 대성동 고분군 정비사업을 실시하기 위해 유적 분포 범위 등을 사전에 확인하기 위해서였다. 구릉의 북쪽 능선과 사면부에 9개의 트렌치를, 서쪽 사면에 7개의 지형에 직교되게 트렌치를 넣고 서남쪽 평지에 맞닿은 부분에 지형과 평행하게 2개의 긴 트렌치를 설정하였다. 조사 결과 유구의 밀집도가 구릉의 동쪽보다 상대적으로 낮은 서쪽 혹은 서남쪽 일대에 전시관 등을 건립하는 것이 좋겠다는 의견이 제시되었다. 8, 9 트렌치에서 석축이 일부 확인되었는데 뒤에 이는 분성盆城이라고 불리는 고려~조선시대 토성으로 확인되었다.

4차 조사는 앞선 3차례의 발굴과는 달리 정비사업을 위한 구제발굴의 일환으로 실시되었다. 앞선 시굴조사를 결과를 토대로 2개 구역으로 나누어 조사가 실시되었는데, 구릉의 서쪽 모서리 평지부분에 전시관을 건축하게 되어 주변 4지구를 확장 조사하고 이를 주변 V지구로 명명하였다. 또 29호분과 39호분을 대상으로 노출전시관을 건립하게 되어 그 주변을 확대하여 발굴(40~67호분)하였다.

4차 발굴에서는 모두 여성으로 판명된 3구의 순장인골이 양호하게 남아 있는 57호분이 조사되었다. 다만 경성대박물관 보고서분에서는 누락된 유물이 많아 유물을 인수한 대성동고분박물관에서 이를 재정리하고 보완해서 재차 보고하였다. 이외에 구지로 분묘군이 경성대박물관에 의해 조사되었다.

구지로 분묘군은 대성동 고분군의 북쪽 구릉 선단부에 해당되는 지형으로 사실 대성동 고분군내에 포함되는 동일한 고분군이다. 김해시에서 실시한 구지로 개설공사로 인한 구제발굴이었다. 목관묘 14기, 목곽묘 38기, 석곽묘 1기 등이 발굴되었는데, 편의상 대성동 고분군과 별도의 호수를 부여하였다. 12호 목관묘에서는 철대를 두르고 청동팔찌를 찬 인골이 발굴되었으며, 42호 석곽묘에서는 청동제 마형대구 1점이 출토되었다.

2. 기타 기관 발굴분

구릉의 남쪽 구릉에 해당되는 가야의 숲 조성부지(현 수릉원)도 가야역사문화환경정비사업의 일환으로 발굴되었다. 시굴조사 결과 구릉의 중앙부와 남쪽, 북쪽은 이미 삭평되어 아무런 흔적을 찾을 수 없었고 동쪽과 서쪽 사면부에서는 다행이 유구가 확인되어 발굴을 실시하였다. 공원조성이라는 목적상 트렌치상에 걸린 일부 유구만 확장하여 조사하는 선에서 발굴이 이루어졌는데 동, 서로 구역을 나누어 양 기관에서 동시에 발굴이 이루어졌다.

동쪽 구간은 시굴을 담당했던 경남고고학연구소가 맡았는데, 5세기 후반에서 7세기 전반대의 소형분에 해당하는 목관묘와 목곽묘, 석곽묘, 석실묘 등이 중복된 상태로 발굴되었다.

서쪽 구간은 동아세아문화재연구원에서 맡았는데, 목관묘와 목곽묘, 석곽묘 등의 발굴되었다. 특히 3호 목관묘는 대성동 고분군내에서 가장 이른 시기의 목관묘 중 수장층 무덤으로 1세기 중엽경에 조성된 것으로 보인다. 내부에서 부채 2점, 칠초철검 1점, 동경 1점, 주머니호 2점, 양이부호 1점, 조합우각형파수부호 2점 등의 토기류와 동과, 철환, 철모, 따비 등의 청동제와 철기 유물 및 원통형 칠기 2점 등이 발굴되었다.

대성동 고분군의 축조 순서상 북쪽에서 남쪽으로 진행되는 양상 등을 고려하면 가야의 숲 상부 능선에는 5세기~6세기대의 지배계층 무덤이 있었을 것으로 보이며 사면이나 평지에는 역시 목관묘가 분포하고 있어 애구지 구릉과 동일한 것으로 보인다. 정리하면 애구지 구릉과 봉황대 구릉을 연결하는 중간에 있었던 가야의 숲 유적은 대성동 고분군에 속하는 가야시기의 무덤유적으로 봐야 한다.

구릉의 북쪽 낮은 끝단부에서는 고려~조선시대 조성된 토성 하부에서 목곽묘가 약간 발굴되었다. 경남문화재연구원에서는 가야사 2단계 사업 주차장 부지내 유적을 발굴하였는데, 목곽묘 5기와 석곽묘 1기가 조사되었다. 목곽묘는 모두 부곽이 없는 3~4세기대의 단독분으로 대성동 고분군내에선 소형분에 속한다. 금박 중층 유리구슬과 각종 토기류, 철기류가 소량 발굴되었다. 토성 하부에 미발굴된 목곽묘가 더 잔존하고 있으나, 보존하고 더 발굴하지 않았다.

3. 대성동고분박물관 발굴분

대성동고분박물관은 국가유산청에 발굴전문기관으로

등록하고 자체 학술발굴을 실시하고 있다. 그 일환으로 고분군 5차~10차 발굴조사를 실시하였으며 그 성과를 정리하면 다음과 같다.

5차 조사는 대성동고분박물관이 대성동 고분군을 자체 발굴한 첫 사례로 우리나라에서 가장 빠른 실물 안장과 은제환이 출토된 4세기 후반경의 68호분을 발굴하였는데, 삼연三燕과 관련한 유물이 처음으로 확인되었다. 또 기존에 5세기 이전 가야 · 신라지역에는 금 · 은 · 유물이 출토되지 않는다는 통설을 뒤집는 자료가 최초 확인되었다.

6차 조사에서는 5세기 후반 수혈식석곽묘과 청동기시대 석개목관묘가 대성동 고분군에서는 처음으로 확인되었으며, 비록 파괴가 심하지만 공백으로 있던 4세기 초 대형 목곽묘(76호중)에서 보물로 지정된 목걸이가 출토되기도 했다.

7차 조사에서는 목곽묘 2기(88호분, 91호분)와 석곽묘 5기가 발굴되었는데, 지금까지 알려지지 않았던 새로운 자료들이 많이 확인되어 국내외 학계의 큰 관심을 받았다. 특히 4세기 전반대의 91호분에서 대량의 삼연계 금동제마구와 녹각제입식과 운모, 골제빗장식구 등 최초로 확인된 수많은 자료가 출토되었다. 88호분에서도 중원계 유물인 진식대금구와 13점의 파형동기, 중광형동모 등이 출토되었다. 무엇보다 88호분과 91호분에서는 목곽 외부 충전토에도 순장자를 다수 매납하는 사례가 처음으로 확인되어 기존의 발굴사례를 재검토하는 근거가 되었다.

8차에서는 회청색점토로 밀봉한 초대형 목곽묘인 70호의 주곽이 발굴되었다. 79호분 주부곽을 합치면 대성동 고분군에서 발굴된 무덤 중 가장 큰 규모로 90%이상 도굴되었지만 삼연계마구편 다수, 로만글라스로 추정되는 유리기 파편 3점과 진식대금구 등이 출토되었고 목곽 외부를 감싼 돗자리 흔적도 최초로 확인되었다.

9차에서는 그동안 확인되지 않았던 5세기 중엽의 대형 목곽묘(93호분)와 지석묘 1호 등이 처음으로 발굴되었다. 또 4세기 후반대의 94호분에서는 시상석 하부에 철정을 까는 사례가 최초 확인되었는데, 당시 매장 풍습을 이해하는 새로운 자료가 되었다. 93호분은 이전까지 확인되지 않은 자료로 비록 상대적으로 규모가 작은 편에 속하지만 기존에 알려진 바와 달리 5세기 전반 이후로도 대성동 고분군에 대형 목곽묘가 연속으로 축조되는 첫 사례로 확인되었다는 점에서 의의가 크다.

10차에서는 39호분 이후 처음으로 도굴되지 않은 목곽묘(108호분)가 발굴되었고 그 외 목관묘와 옹관묘 등이 다수 발굴되었다. 108호분은 규모가 고분군 내에서 평지에 자리한 입지와 중소형분 규모에 해당되는 무덤임에도 불구하고 많은 대외교역품이 출토되어 거의 전면 도굴되어 전모를 짐작하기 어려웠던 대형 목곽묘의 유물배치나 위상을 한 층 높이는 기준점이 되었다. 대성동 고분군뿐만아니라 가야고분군에서 처음으로 가야와 왜 출신 부부의 무덤으로 추정되는 자료가 나왔다는 점에서 의미가 크다.

4. 대성동 고분군 발굴성과

이상을 정리하면 대성동 고분군에서는 2세기 후반대에 목곽묘가 처음 출현(주차장부지내 1호분, 132호분)하는데, 대성동 고분군 구릉의 북쪽 말단부에서 조영되기 시작한다. 대형분들은 이후 남쪽의 구릉 능선부를 따라 시기순으로 축조되는데 5세기 전반이 되면 구릉의 정상부를 점유한다. 5세기 후반에는 구릉의 남쪽으로 내려가다 다시 수릉원(옛 공설운동장)쪽으로 지속 축조되었다.

3세기 전반에 해당하는 45호분은 본격적으로 구릉의 능선에 자리 잡기 시작하였다. 3세기 말에 축조된 29호분은 별도의 부장 칸이 있으며, 판상철부를 바닥에 깔아 시상면을 만들고 순장을 처음으로 하였으며, 대량의 토기를 부장하는 등 권력과 부의 집중이 시작된다. 사실상 대성동 고분군 최초의 왕묘로 인정받고 있다. 발굴자인 신경철 교수는 출토된 동복 등의 유물과 함께 순장 풍습을 들어 부여족이 남하하여 만든 최초의 수장급 무덤으로 인식하고 있다.

4세기 전반대가 되면 목곽묘의 깊이가 차츰 깊어지며, 부장 칸이 독립한 부장곽이 조성된다. 91호분의 경우 순장자의 수가 5명인데 목곽 내부에 3인, 외부에 2인을 부장한 것이 특징이다. 이렇게 목곽 외부 충진토 내에 순장자를 묻는 전통은 바로 뒷단계인 88호분에도 계승된다. 사실 4세기 후반대에 편년되는 23호분 등의 경우도 목곽과 어깨선 사이 공간이 넓어 충진토 내에 순장을 했을 가능성이 있었

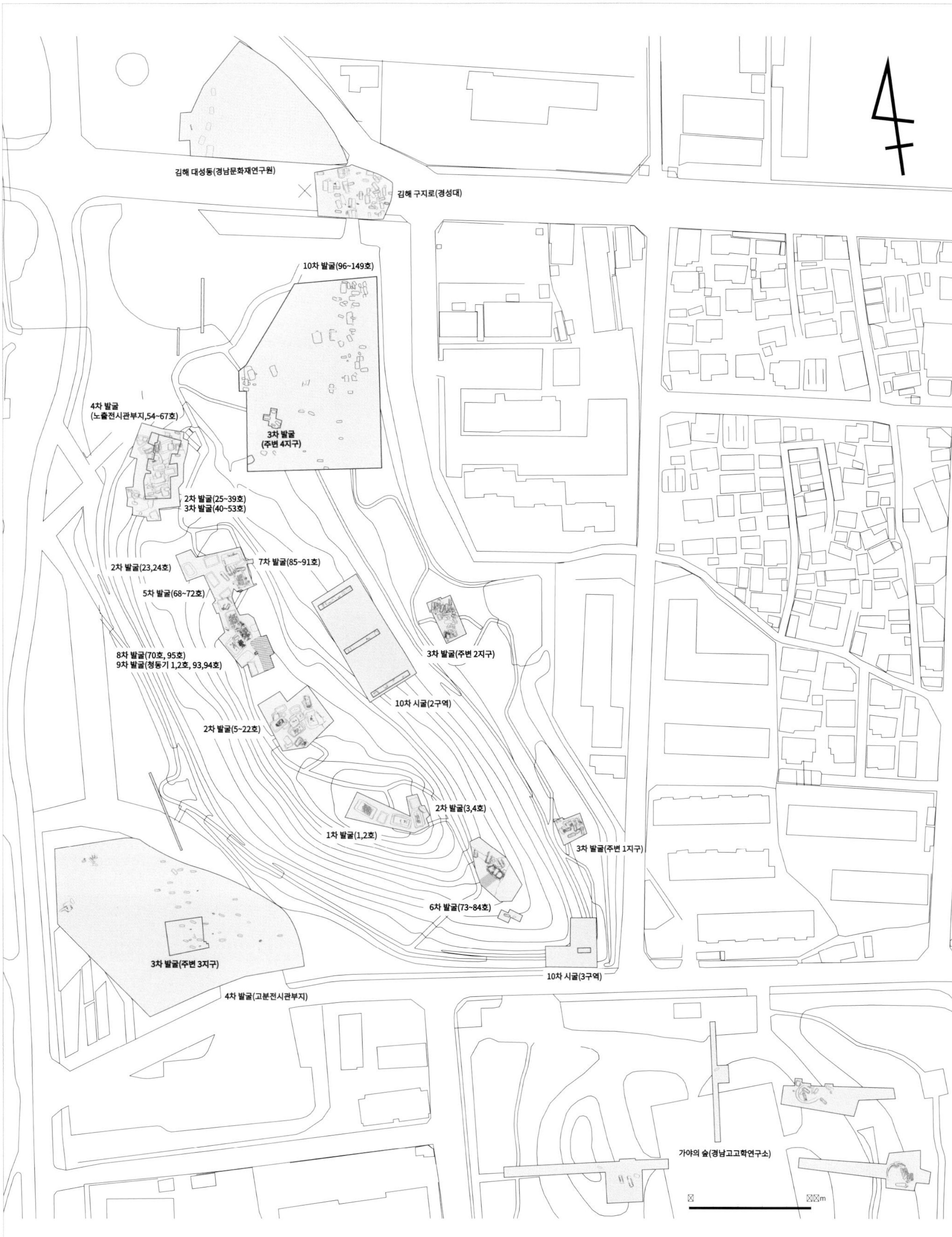

그림 1. 대성동 고분군 전체 유구배치도 (1/1,500)

을 것으로 추정되나 발굴 당시에는 인골이 남아있지 않아 확인하지 못하였다.

4세기 후반대가 되면 묘광의 깊이가 2m를 넘어 더욱 깊어지며, 바닥에 머리크기의 판석을 전면적으로 깔아 시상면을 마련한다. 목곽묘만 있던 대성동 고분군에 수혈식석곽묘가 출현하는데, 주로 소형분에 먼저 채택되었다.

5세기 전반이 되면 묘광이 3m 이상으로 아주 깊어지며 묘광의 축조방향도 이전과는 달리 구릉의 등고선 방향과 직교하게 들어선다. 목곽의 바닥 전면에 시상면을 마련하는 것은 앞 시기와 동일하지만 판석 대신 자갈크기의 작은 할석이 사용되는 점이 다르다. 근래까지 400년 고구려 광개토왕의 남정으로 인해 이 단계를 끝으로 대성동 고분군의 중심세력이 해체되고 무덤 축조가 중단된다는 설이 자리 잡고 있었으나 최근 발굴조사 결과 이후에도 대형분이 계속 축조되었다는 것이 확인되었다.

같은 전기가야권역의 부산 복천동 고분군과 양동리 고분군의 경우 주곽의 묘제가 수혈식석곽묘로 변하는데 비해 대성동 고분군에서는 5세기 중반에도 목곽묘가 그대로 축조된다. 발굴 사례가 93호분 1기밖에 없어 단정짓기는 어렵지만 복천동고분군이 계속해서 부곽을 만드는 것에 비해 대성동 고분군의 경우 부장곽이 사라지고 목곽 내에 별도의 부장갱이 조성되었다. 이처럼 부장곽이 아니라 곽 내부에 부장갱을 만드는 전통은 5세기 후반대의 73호 석곽묘까지 그대로 유지된다. 이러한 현상은 대성동 고분군 집단 세력의 상대적 약화로 추정된다.

수혈식석곽묘는 대성동 고분군을 비롯한 낙동강 하류역에서 피지배층의 소형분으로 처음 출현하여 이후 가야 전역에서 지배계층의 대표적인 무덤 양식으로 발전하였다. 수혈식석곽묘는 같은 전기가야 권역의 지배계층 묘역인 부산 복천동 고분군이나 양동리 고분군의 경우도 5세기 전반이 되면 지배계층의 묘제로 채택되었지만 유독 대성동 고분군에서만은 5세기 후반경이 되어야 지배계층의 묘제로 사용되었다. 73호분은 묘광 길이 820cm, 너비 490cm, 깊이 280cm로 대성동 고분군내에서는 최대 규모의 석곽묘다. 평균길이 약 280cm, 너비 170cm, 두께 40cm 크기의 뚜껑돌 3매를 덮고 그 사이에는 머리 크기의 할석을 채워 밀봉하였는데, 완전 지하식의 수혈식 구조 및 벽석 축조 기법이 정연하지 못한 점 등으로 보아 아직 목곽묘의 전통을 그대로 간직하고 있다고 볼 수 있다.

이 단계 및 이후의 대형 석곽묘가 더 축조되었을 것으로 추정되지만 고분이 자리했을 것으로 보이는 수릉원 구릉이 50년대 이후 모두 삭평되어 전모를 알 수 없다. 다만 구릉의 능선이 아닌 기슭에서 발굴된 자료를 보면 목곽묘 9기, 호석을 두른 석곽묘 10기, 석실묘 2기 등이 발굴되었는데 출토유물로 보아 5세기 말에서 7세기 초에 축조된 것이다.

Ⅲ. 대성동 고분군 발굴의 의의

대성동 고분군에 나타난 전기가야 최고 지배계층의 무덤 변화 과정과 특징은 왕조의 시작과 끝까지 독립된 단독 구릉 1개만을 사용하여 무덤을 축조하였으며, 70년~100년 정도의 시간차를 두고 무덤을 중복하여 축조하는 경우도 있다. 이는 가야고분군을 비롯하여 같은 전기가야 권역 지배계층의 묘역인 복천동 고분군에서도 나타나지 않는 현상이다. 유독 대성동 고분군과 양동리 고분군 등 김해지역에 한정되어 나타나고 있다. 이러한 지배계층 묘의 중복 현상을 지배세력의 교체로 해석하는 경우도 있으나 대성동 고분군의 하부 피지배집단인 예안리 고분군의 중복 사례를 보면 단순히 무덤 공간의 부족으로 기인한 가능성이 오히려 높다.[3] 지배세력의 교체가 중복의 원인이라면 피지배계층에 해당하는 예안리 고분군의 4~5중 중복현상을 어떻게 설명할 것인가? 예안리 고분군의 경우 전기가야 멸망 이후의 무덤에서도 중복이 일어나는데 이는 마찬가지로 고분군이 입지한 좁은 해안사구 지형이 원인으로 해석할

3 최근 발굴된 경주 황남동 120호분 하부에 이전 시기의 황남동 1호 목곽묘가 조성된 사례가 참고된다. 세력의 교체가 없었던 신라 경주 지역에서도 상위 계층 간의 무덤 중복 현상이 있었다는 점을 고려하면 애구지 구릉이라는 아주 좁은 공간을 무덤으로 써야 했던 이유로 중복 현상이 빈번할 수 밖에 없을 것이다.

수 밖에 없다.

대성동 고분군은 무덤의 규모와 축조 상태, 출토유물 등을 고려하면 3세기 후반에 처음으로 압도적 권력을 가진 최고 지배자가 나타나 적어도 5세기 후반까지는 지속되는 것이 확인된다. 다만 동시기 지배계층 무덤의 축조 수로 본 전체 집단의 전성기는 4세기 전반에서 5세기 전반까지로 추정된다. 최상위 무덤으로 추정되는 무덤의 기수가 3세기대의 29호분 1기, 4세기 전반대가 13호, 91호 1기, 4세기 후반대가 2호, 3호, 23호, 70호, 88호 등 5기, 5세기 전반대가 1호, 7호, 8호, 11호 등 4기, 5세기 중후반대가 73호 1기로 4세기 후반~5세기 전반이 최전성기임을 알 수 있다.

대성동 고분군 축조 집단은 400년 고구려군의 남정으로 인한 영향이든 또 다른 원인이 있었던지 5세기 전반 이후 급격하게 쇠퇴하는 것은 틀림없다. 5세기 전반 이후 대성동집단의 쇠퇴시기와 맞물려 지산동 고분군에서 73호분을 필두로 압도적인 지배계층 무덤이 축조되기 시작하는 것은 우연으로 보기 힘들다. 무엇보다 대성동 1호분에서 출토된 장경호와 발형기대 등의 토기 형식이 대가야에 그대로 전해진 것은 지배 세력의 이동을 배제하고는 설명하기 힘들다.

지배계층의 집단 이동 원인에 대해서는 철 자원의 급격한 감소와 땔감의 부족, 고구려 등 외부세력의 팽창과 압력 등을 들 수 있는데, 양자가 복합적으로 일어났을 가능성이 높다. 이외도 제철 기술의 확산에 따른 철자원의 상대적 가치하락과 금으로 위세품 선호 변화 등도 일정한 영향을 미쳤을 것으로 보인다.

다만 일부의 주장처럼 문헌과 부합하지 않는 5세기 전반 전기가야의 실질적 멸망은 근거가 미약하다. 광개토왕비문에만 기록이 있는 400년 경자년 고구려군의 남정 기사를 전적으로 믿기도 힘들지만 고구려군의 정복대상이었던 종발성으로 추정되는 봉황동토성의 수축시기도 5세기 후반까지는 연속되는 것이 확인되었다. 비록 주 세력은 이동하고 세력은 약해졌지만 실질적 멸망에 이르는 정도는 아니었다고 볼 수 있다.

수릉원부지는 비록 구릉의 중앙 능선부가 전부 삭평되어 일부 사면부 및 평지부분만 남아 있어 그 전모를 알기 어려운 실정이지만 2세기대의 목관묘를 비롯하여 5세기 후반~7세기에 이르는 분묘가 발굴되었다. 대성동 고분군의 주능선부보다 시기적으로 후속하는 무덤들이 다수 확인되어 운동장 조성 등으로 없어진 수릉원 부지의 능선부에는 그 시기 대형 지배계층 무덤이 있었을 가능성이 높다.

야의 여러 고분군 중 시기상으로 가장 빨리 조성된 것이 대성동 고분군이다. 대가야의 지산동 고분군이나 아라가야의 말이산 고분군 등에 비해 대성동 고분군의 규모는 비교하기 힘들 정도로 작은 편에 속한다. 지하에 무덤 칸을 마련한 목곽묘라는 구조적 특성으로 인해 거대한 봉분이 없다는 점을 제외하고라도 실제의 매장주체부 역시 규모와 축조 기술 등의 면에서 비교하기 힘들 정도다. 그럼에도 불구하고 대성동 고분군이 가야 고분군을 대표할 수 있는 원동력은 바로 가장 이른 시기에 고분군 영조가 시작된 점과 출토된 유물의 가치 때문일 것이다.

김해 지역은 대성동 고분이 조성되기 이전 시기인 삼한시기에도 이미 활발한 대외 교류를 하고 있었다. 김해를 비롯한 낙동강 하류역과 남해안 지역은 늦어도 기원전 1세기 무렵부터 철기생산이 본격화되면서 철을 매개로 낙랑, 중국, 일본 및 한반도의 다른 지역 정치체들과 복잡한 네트워크를 형성하였다. 김해를 중심으로 한 변한 지역은 낙랑을 통해 중국의 선진 문물과 기술을 수입하고 반대급부로 철기와 각종 지역 특산품을 공급하였다. 또 대마도를 경유하여 일본 큐슈 지역에서 청동기와 인력을 공급받고, 철기

그림 2. 수로왕릉 남쪽 고분(국립중앙박물관 유리건판 사진)

를 수출하였다.

이 시기에 중국을 통해 주로 입수된 것은 실생활에 사용된 물품이 아니라 신분이나 권력을 상징하는 고가의 희귀 사치품-위세품들인데, 청동거울과 의복장식품, 유리구슬, 장신구, 동전 등이다. 반면 일본을 통해 들여온 것은 인력과 더불어 각종 장식용 청동기와 소금 등이었을 것이다.

대성동 고분이 축조되는 전기가야 시기가 되면 교역 대상이 보다 다양해지는데, 기존의 교역 지역 외에도 중국의 북방지역과 일본의 긴끼지역으로 확대된다. 91호분에서 출토된 조개장식 말갖춤의 경우 오카나와산 조개껍질을 가공한 것인데 재료는 일본을 통해 수입하고 기술은 중국 동북지역의 마구를 모방하여 김해지역에서 제작했다고 한다.[4] 세부적으로 일본의 야마토 세력이 오키나와 인근의 조개껍질을 긴끼지역에서 모아 가야와 간접적으로 교역했다는 설과 가야가 오키나와 쪽과 직접 교역했다는 주장이 맞서고 있다. 당시의 정치적 여건이나 해류의 흐름과 조개껍질의 가치 및 타 유물들의 교역 상황을 보면 가야와 오키나와 인근과 직접 교역이 더 타당할 것이다.

중국 동북지역과 교역에 사용된 매개체 역시 철제품으로 추정된다. 3세기 후엽에는 청동솥을 비롯한 여러 물품과 더불어 순장이나 훼손된 무기를 매납하는 훼기풍습 등의 새로운 습속과 군사체계도 유입되었다. 이를 부여족의 남하설로 해석하기도 하지만 대개는 교역의 산물로 인정한다.

313년 낙랑이 멸망으로 인해 김해지역을 비롯한 동아시아 지역 간의 대외교류 양상이 일부 변화하였는데, 기존에는 중국과의 관계 단절로 인해 주교역 대상이 일본으로 변화하는 것으로 인식하였다. 그러나 최근 발굴 결과 중국 북방의 삼연계 유물이 집중 출토되는 것으로 보아 중국과도 지속적이고 활발한 교류를 하였다는 것이 증명되었다. 특히 투구나 마구 등은 고구려가 아닌 중국 북방의 영향을 받은 것으로 추정된다.

왜와는 교역 대상지역이 넓어짐은 물론 입수되는 물품도 보다 다양해졌다. 4세기대 무덤에 매납된 후한시대의 청동거울도 왜를 통해 전세된 것이 입수된 것으로 추정된다. 왜에 수출되는 교역품들이 주로 토기나 철기 등 일상생활용품인데 비해 가야로 유입된 물품은 대체로 일본 내에서도 상류층의 권위를 과시하는 용도로 제작, 사용된 물품들인데 파형동기, 통형동기, 각종 옥제품, 조개제품 등이다. 이외도 제염토기의 부재와 농경지의 협소를 들어 소금과 쌀, 하지키를 모방한 토기와 왜인의 집단 주거지역 등을 근거로 생산 및 군사 인력도 일정 규모 왜에서 입수된 것으로 추정할 수 있다.

최근에는 김해지역에서 출토된 철제품의 금속학적 분석을 토대로 중국계 외에도 인도-유럽 계통의 제철 기술이 가야에 전파된 것으로 보는 주장과 각종 유리구슬의 경우 동남아지역과 연관시키는 시각도 있으나 아직 학계의 동의를 널리 얻고 있는 것은 아니다.

대성동 고분군에서 출토된 유리기-로만글라스의 경우 삼연을 통해 직접 입수된 것으로 보는 견해가 대부분이나 이를 삼연-(고구려)-신라를 거쳐 입수된 것으로 보는 주장도 있다. 다만 신라권역에서 출토되는 유리기의 경우 아직까지 5세기 이전 것이 출토된 사례가 없으며, 공반된 다른 유물의 유입 경로를 고려하면 유리기만 유독 신라를 거쳐 가야로 올 이유가 있을까하는 의문이 든다. 무엇보다 4세기 당시 신라의 경우 분지에 머무른 실정으로 가야에 비해 아직 활발한 해상교역을 펼치지도 못하고 있었고 가야-왜의 연합세력에 제대로 대응하지 못하고 있었던 상황을 고려하며 유리기가 신라를 통해 입수되었다는 것은 이해하기 어려운 주장이다.

소위 임나일본부의 중심지로 왜곡되었던 김해의 중심고분인 대성동 고분군에서 가야 고유의 묘제와 유물이 출토되어 물증으로 임나일본부설을 불식시킨 것은 단순히 가야사를 넘어 한국고대사를 재정립하는데 중요한 역할을 하였다. 이러한 발굴성과를 바탕으로 대성동 고분군을 비롯한 가야고분군은 유네스코 세계유산으로 등재될 수 있었다.

세계유산으로 등재된 다른 가야 고분군들이 대부분 5

4 김해대성동고분박물관, 2017, 木下常子, 김헌석 역, 「김해 대성동 91호분 출토 고호우라·청자고둥 제품」『김해 대성동 고분군 -추가보고 및 종합고찰-』

세기 중후반이후 6세기대까지 짧은 시간대에 전성기를 누린 동일한 고총고분인데 비해 대성동 고분군은 유일하게 4~5세기가 중심인 고분으로 가야고분문화의 발상지 역할을 하고 있다. 다른 고총고분군의 중심 묘제가 된 수혈식석곽묘도 대성동 고분군에서 가장 이른 시기에 출현하여 다른 지역으로 확대되었다. 대외교역 물품 또한 다른 고분에서도 지속적으로 출토되지만 대성동 고분군만큼 질과 양 측면에서 압도적으로 나온 곳은 없다.

Ⅳ. 맺음말

인근의 봉황동유적(사적제2호, 옛 회현리패총)의 경우 소위 '임나일본부설'을 증명하기 위해 1907년부터 수차례 발굴한 기록이 있으나, 대성동 고분군을 발굴한 기록은 어디에도 나오지 않는다. 그런데 일제강점기에 찍힌 국립중앙박물관 소장의 유리건판 사진을 보면 대성동 고분군을 중심에 놓고 촬영한 김해시내 전경 사진이 있다. 또 수로왕릉 남쪽 고분으로 기재된 도굴된 봉토분 사진도 있으며, 무엇보다 70호분 도굴갱에서는 일제강점기 동전이 출토되기도 했다.

일제강점기 때 찍은 사진에도 구릉 주변에는 민가가 제법 들어서 있는 것을 볼 수있는데, 깊이 2~3m가 넘는 목곽묘를 하루 밤새 파는 것은 불가능하다. 대성동 고분군에서 불과 1km도 안 떨어진 곳에 위치한 구산동 고분군(옛 삼산동 고분군)과 패총을 발굴한 전례를 보면 일제가 대성동 고분군을 그냥 두었을 리는 없다. 발굴기록이 없는 것은 유물은 출토되는데, 유구를 알 수 없었던 것에 기인하지 않았나 추정된다. 목곽묘의 개념이 학계에 알려진 것은 1980년대 이후다. 그전에 목곽묘를 누군가 조사하였다면 유물은 나오는데 패총도 아니고 봉토도 없고 석곽도 없는 유구를 무엇이라 추정했을까? 이점을 고려하면 대성동 고분군은 일제감정기에 거의 발굴에 가까운 도굴이 이루어졌다는 추측이 가능하다. 실제 일본의 사립미술관 등에는 대성동 고분군에서 출토된 유물과 거의 동일한 유물이 소장된 경우도 제법 있다.

대성동 고분군이 정비되기 전 모습은 비참하다고 해도 무방할 정도였다. 구릉 위는 거의 밭으로 경작되어 그나마 형편이 나은 편이었으나 평지 쪽은 쓰레기하치장, 보신탕집, 공장 및 기숙사 등으로 엉망이었다.

다행히 신경철이라는 한 학자의 치열한 탐구정신으로 학술발굴이 시작되어 국가사적 지정과 유네스코세계유산 등재라는 업적을 달성하게 되었지만 앞으로도 많은 과제를 안고 있다. 애구지 구릉과 주변 일대는 다행히 1단계 가야문화 환경 정비사업에 포함되어 정비되어 현재의 모습을 갖추게 되었는데, 대성동 434번지 일원의 부지 56,521㎡를 매입하고 공원조성 및 박물관과 노출전시관 등을 건립하였다.

그러나 앞서 언급한 바와 같이 고분군의 전체 분포 범위는 현재 지정구역보다 훨씬 넓다. 그나마 북쪽 주차장부지와 수릉원(가야의 숲)은 잔디식재와 공원화되어 보존이 되고 있는데 반해 유적의 동쪽 평지 일대는 아파트 등으로 인해 아직 정확한 유적 분포 범위를 알 수도 없는 실정이다. 구릉의 동북쪽에 위치한 가람아파트(구 한국통신 사원아파트)와 애견센터 · 카페 등의 부지는 대성동 고분군의 발굴 이후 건립되어 경성대박물관에 의해 시굴조사가 이루어졌다고 하지만 관련 자료는 공개된 바 없다. 지형이나 주변 상황 등을 고려하면 충분히 유적이 있었을 것이나 일부 유구가 확인되었다는 사진 외엔 정식으로 발굴이 있었는지 여부조차 확인이 안 돼 있다.

구릉 동편의 홍익아파트, 대성아파트, 남쪽의 백조아파트 등은 고분군 발굴 이전에 이미 건립되었지만 건물 사이 공간에 아직 유구가 남아 있을 가능성을 배제할 수 없으므로 향후 재건축이 이루어진다면 반드시 발굴조사가 선행되어야 할 것이다.

구릉에 대한 추가 발굴도 향후 지속되어야 할 것이다. 10차에 이르는 학술조사가 있었지만 고분군의 전모를 알기는 아직 이르다. 발굴이 이루어질 때마다 새롭고 놀라운 자료들이 계속 확인된다는 것은 이 고분군에 대한 조사가 아직 미진하다는 방증이다.

고분군 정상부 가까이에 있는 석곽묘 1기는 비록 전면 도굴되었지만 유구 그 자체로 의미가 있을 것이며 그동안의 사례로 보아 상부 석곽묘로 인해 중복된 하부 목곽묘가 잘 보존되었을 가능성이 높아 발굴한다면 양호한 자료가 출토될 것으로 기대된다. 지난 10차 조사에서 유구 일부가 확인된 150호분은 구릉의 시작점에 해당하는 입지 조건으로 보면 가장 이른 시기의 대형분일 가능성이 높으며 또 유기물제 유물이 잔존하는 토양조건을 고려하면 아주 중요한 자료들이 출토될 것으로 추정된다. 그 외에도 구릉 동, 서 사면부와 수릉원에는 이른 시기의 지배계층 목관묘가 분포하여 대성동 고분군의 축조 시점 및 문헌기록과 부합 여부를 확인할 중요한 자료가 남아 있을 것이다.

장기적인 계획하에 발굴이 이루어진다면 가야문화 전체의 시작과 전개에 가장 중요한 자료들이 속속 드러날 것으로 기대된다.

참고문헌

국가유산청 보도자료, 2025.10.20.「APEC 맞아 경주 황남동 목곽묘에서 칼 찬 장수 인 · 골 · 순장된 시종 추정 인골 등 출토 유물 일반 공개」

경남고고학연구소, 2007,『김해 봉황동유적-김해 한옥체험관 조성부지내 유적-』

경남고고학연구소, 2006,『김해 대성동유적 -가야의 숲 조성공사 부지내 시굴조사 및 동편지구 발굴조사 보고서-』

경남문화재연구원, 2013,『김해 대성동유적-가야사2단계 조성사업 주차장 부지 내』

경성대학교박물관, 2000,『김해 구지로 분묘군』

경성대학교박물관, 2000,『김해 대성동 고분군 I 』

경성대학교박물관, 2000,『김해 대성동 고분군 II 』

경성대학교박물관, 2003,『김해 대성동 고분군 III 』

경성대학교박물관, 2010,『김해 대성동 고분군IV』

경성대학교박물관, 2018,『김해 대성동 고분군V-도판-』

동아세아문화재연구원, 2006,『김해 가야의 숲 조성부지내유적 발굴보고서』

대성동고분박물관, 2011,『김해 대성동 고분군-68호분~72호분』

대성동고분박물관, 2013,『김해 대성동 고분군-73호분~84호분』

대성동고분박물관, 2015,『김해 대성동 고분군-85호분~91호분』

대성동고분박물관, 2015,『김해 대성동 고분군-70호분主槨·95호분-』

대성동고분박물관, 2022,『김해 대성동 고분군-96호분~149호』

대성동고분박물관, 2017,『김해 대성동 고분군-추가보고 및 종합고찰-』

대성동고분박물관, 2022,『김해 대성동 고분군-96호분~149호』

대성동고분박물관, 2024,『김해 대성동 고분군-노출전시관부지(40~67호분), 주변 I ~IV지구』

특별전 개막행사 참관기 〈시간의 공존, 김해 대성동 고분군〉

이 만 주
문예비평가

가야의 왕들과 유물들이 21세기 우리에게 끊임없이 말을 건다. 오늘도 우리는 1,500~2,000년 전, 가야인과 대화한다. 그래서 이번 〈세계유산 가야〉 유네스코 등재 2주년을 기념하여 국립김해박물관(관장: 윤형원)에서 2025년 9월 23일부터 2026년 2월 22일까지 5개월 동안 열리는 특별전 〈김해 대성동 고분군〉의 캐치 프레이즈를 '시간의 공존'으로 정한 것 같다.

때맞추어 지난 여름, 넷플릭스로 공개되어 전세계를 휩쓸고 있는 애니메이션 〈케이팝 데몬 헌터즈K-POP Demon Hunters〉. 한류 케이팝과 한국 문화를 소재로 만든 그 '케데헌'에서, 주인공들인 세 명으로 이루어진 걸그룹 '헌트릭스'의 메인 댄서 미라Mira는 악을 쫓기 위해 곡도曲刀를 휘두른다. 창끝에 달았을, 낫 같이 휘어진 곡도는 대성동 고분군 23호분과 70호분에서 출토된 것이다. 그런데 날이 안에 있는 낫과는 달리, 날이 밖에 서 있다. 이 신기한 무기가 긴 세월을 뛰어넘어 세계인 앞에 불려 나온 것이다.

그림 1. 가야의 곡도(曲刀)-케데헌

그림 2. 김해 대성동 고분군

2023년 9월 24일, 가야 고분군 7개소가 국내 16번째로 유네스코 세계유산으로 등재되었다. 김해 대성동 고분군, 함안 말이산 고분군, 고령 지산동 고분군, 합천 옥전 고분군, 고성 송학동 고분군, 남원 두락리와 유곡리 고분군, 창녕 교동과 송현동 고분군 등 7개소의 연속유산을 "동아시아 고대문명의 다양성을 보여주는 중요한 증거인 점에서 인류의 탁월한 보편적 가치Outstanding Universal Value, OUV"로 인정한 것이다.

옛 무덤인 고분과 쓰레기 더미인 패총貝塚, 조개더미은 둘 다 자연적 타임캡슐이다. 하지만 패총이 선사시대와 고대의 생활상을 짐작케 해준다면 지배층의 고분군은 당시 고급 문화의 정수를 구체적으로 확연하게 보여준다.

왕과 같은 지배층 무덤의 축조는 막대한 비용과 최고의 기술을 동원해야 하므로 권력을 과시하는 정치적 행위라고 할 수 있다. 또 지배층의 고분에는 당시의 문화를 가늠케 하는 최상의 유물들이 껴묻거리로 부장되어 있다. 고분은 단순히 시신을 매장하는 장소를 넘어 당시의 정치적, 경제적 세력 규모, 토목건축 기술, 무기며 공예품을 만들던 능력을 알게 해 당시의 사회를 설명한다. 따라서 고분은 한 사회의 정체성과 역사 기억을 담고 있는 중요한 문화유산이다.

대성동 고분군은 1990년 6월부터 본격적인 발굴이 시작되어 2020년까지 총 10여 차례 이루어졌다. 300여 기가 넘는 고분 중에서 200여 기를 발굴했으며 100여 기 이상의 무덤에서 발굴 성과를 거두었다. 각기 다른 양식의 널무덤, 덧널무덤, 딸린덧널이 있는 덧널무덤, 구덩식돌덧널무덤, 돌방무덤

그림 3. 철정(덩이쇠)의 파도

그림 4. 가야의 관

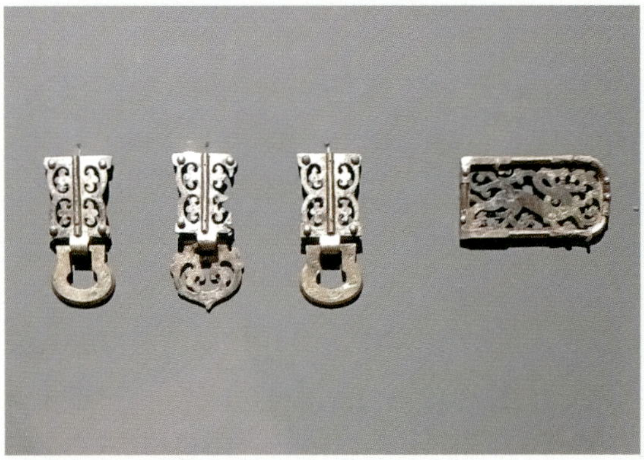

그림 5. 중국식 허리띠

그림 6. 가야출토 통형동기 집성

그림 7. 철제 갑옷

등이 확인되었으며 껴묻거리부장품·副葬品인 토기, 덩이쇠, 철제 무기와 마구류, 금귀걸이, 금은 팔찌 등 정교한 공예품, 특히 구슬과 수정 장신구 등 다양한 유물들이 대량으로 출토되었다. 무엇보다 금동관이 출토되었다.

땅 이름 '철의 바다' 김해金海가 암시하듯, 김해를 중심으로 한 가야(이밖에도 가락국, 가라, 구야 등 여러 명칭이 있음)는 철의 주요 생산지이자 철기문화의 중심지였다. 그를 입증하듯 칼, 창 등의 정교한 철제 무기가 나왔다. 또한 철로 만든 말갖춤새마구·馬具가 출토되었다. 이는 북방 기마민족의 한반도 이동설을 입증하는 증거이기도 하다.

특이한 것은 수많은 덩이쇠철정·鐵鋌가 부장되어 있었던 점이다. 오늘날 박물관 진열창 안에서 볼 수 있는 수많은 벌겋게 녹슨 쇳덩이들이 바로 그들이다. 덩이쇠는 아마도 오늘날의 금괴에 해당했으리라. 오늘날 금괴가 부를 상징하듯 당시는 덩이쇠가 철의 왕국 가야의 부와 국력을 상징했던 것 같다. 가야는 중국 동북지역과 왜倭와 철의 활발한 교역을 통해 왕국의 경제력을 다졌으리라.

김해 대성동 고분군의 발견과 발굴은 잊혔던 왕국, 가야의 실체를 확인하므로서 한국고대사의 빈틈을 메우는 결정적 역할을 했다. 가야에 대한 역사 기록은 고구려, 백제, 신라에 비해 빈약했었다. 대성동 고분군 발굴에서 가야가 독자적인 문화를 갖고 있었고 해상으로 주변 세력, 심지어 서아시아, 동남아시아와 폭넓게 교류한 사실이 밝혀진 것이다.

이집트 고분, 특히 파라오 투탕카멘의 묘를 발굴함에는 영국의 고고학자 하워드 카터Howard Carter, 1874~1939가 있었다. 그와 마찬가지로 대성동 고분군 발굴에는 가야 왕릉 발견에 모든 것을 걸었던 신경철(부산대학교 고고학과 명예교수)이 있었다.

가야에 대한 기록은 상대적으로 적다. 하지만 삼국유사와 일본의 고대 역사서에 의하면 가락국이라고도 불리웠던 가야는 1세기경 건국하여 500년 가까이 존속하다 562년에 신라에 의해 멸망한 것으로 유추된다. 그럼에도 불구하고 결정적인 유구나 유물이 없어, 가야는 잊혀진 왕국이었다. "심증은 가나 물증이 없어" 고민하는 수사관처럼 그는 가야의 존재에 대한 확실한 믿음에도 불구하고 결정적 물증이 없어 안타까웠다.

일제강점기부터 일본인 고고학자들이 전기가야 본거지인 김해에서 왕릉을 찾으려고 노력했지만 모두 실패했다. 신경철은 부산대학교 사학과 재학 시절부터 내 손으로 가야 왕릉을 꼭 찾아보고 싶다는 열망을 간직하고 있었다. 실패를 거듭하며 헤매기를 근 20년, 1989년 7월 어느 날, 대성동 동네 토박이 영감으로부터 온통 밭과 쓰레기더미로 되어 있던 김해시 대성동 야트막한 구릉의 옛날 이름이 '애꾸지'라는 얘기를 들었다. 그는 순간, 머릿속이 번쩍했다. '애꾸지'가 '애기 구지봉'의 준말 '애구지'의 사투리가 아닐까 하는 생각이 머리를 스쳤다. "가야를 건국한 김수로왕의 탄강지가 구지봉. 그렇다면 애구지 언덕은 그의 후손인 역대 가야 왕들의 묘역이 아닐까?"

그는 마지막 희망을 걸고, 애구지 언덕의 지표 조사부터 시작했다. 여러 번의 시도 끝에 토기 파편들을 손에 쥐게 되면서 그의 믿음은 굳어졌다. 1990년 6월, 애구지 구릉에서 가장 높고 입지가 좋은 동남쪽 능선 정상부에서 첫 발굴이 시작되었다. 긴 세월 각고의 노력에 보답한다는 듯, 고분들은 유물들을 쏟아내기 시작했다. 3세기 말 축조된 것으로 보이는 29호분, 대형 덧널무덤을 발굴하자, 저장용 토기와 200개 이상의 덩이쇠가 나왔고 무엇보다 날개 달린 금동관이 나왔다. 또한 순장이 확인되었다. 영락없는 왕의 무덤이었다. 대성동 고분군은 가야 왕들의 묘역이었던 것이다. 순간, 불완전했던 한국사의 퍼즐이 맞춰지면서 잊혔던 왕국, 가야는 실체가 되었다. 우리 고대사의 빈틈이 메워지는 순간이었다.

그림 8. 애구지 언덕

김해 대성동 고분군과 관련해서는 또 한 사람, 운명의 인물이 있다. 애구지 언덕 바로 옆에는 2003년 개관한 '대성동고분박물관'이 있다. 지금의 송원영 관장. 그는 초등학교 다닐 때, 애구지 언덕을 넘어 등교했으며 어린 시절 늘 그곳에서 놀았다. 그리고는 대학 고고학과를 가게 되었고, 그 후 오랜 기간 대성동 고분군 발굴에 참여했다. 결국 그는 대성동고분박물관의 관장이 되었다. 대성동 고분군이 그의 인생의 알파와 오메가였으며 어릴 적 뛰놀던 애구지가 숙명의 언덕이 된 것이다.

이번 특별전 개막행사는 9월 22일, 국립김해박물관 강당에서 오후 2시부터 인제대학교 대학원 차문화학과 김영미 교수와 대학원생들이 연, '김해 장군차 시연회'로 시작되었다. 찻잎이 크고 두꺼운 장군차는 김해시 동상동과 대성동 일대에서 자생한다. AD 48년, 인도 아유타국의 공주 허황옥이 가락국으로 올 때 가져와 우리나라 최초의 전통차가 되었다는 주장이 회자된다. '장군차'라는 이름은 고려 충렬왕이 김해에 왔을 때 이름을 내렸다는 얘기가 전해진다. 맛과 냄새가 향긋하다. 부드러워 편안하게 마실 수 있다.

그림 9. 개막행사: 장군차 시연회

그림 10. 개막행사: 대구남성합창단 공연

오후 2시 30분부터 유서 깊은 대구남성합창단의 축하공연이 참석자들을 즐겁게 했다(이홍률 단장, 한국현 지휘, 정취정 피아노 반주). 오후 3시 개막식에는 김해시의 귀빈들, 유홍준 국립중앙박물관장을 비롯해 전국의 국공립박물관장들과 고고학자들이 참석해 자리가 빛났다. 4시부터 이춘선 학예연구사의 인도와 설명으로 박물관 가야누리 기획전시실에서 다 함께 특별전을 관람했다. 5시에는 박물관 카페에서 '대송동 고분군 종사자 홈커밍 타임'을 갖고, 과거 발굴에 참여했던 고고학자들과 관계자들이 해후의 시간을 가졌다.

필자는 오래전, 이집트 기자의 피라미드를 관광했다. 지금은 모르겠으나 그때는 피라밋 안, 현실玄室까지 들어갈 수 있었다. 하지만 무슨 이유인지 관광객 중 막상 들어가는 사람은 거의 없었다. 필자는 호기심에 혼자 피라미드 안으로 난 좁은 갱도를 따라 허리를 구부리고 한참을 걸어가 현실까지 들어갔었다. 현실은 의외로 좁았고 아무것도 없었다. 그런데 웬걸! 기자를 끝으로 이집트 여행을 끝내고 튀르키에 이스탄불에 도착하니 몹시도 심한 고열과 콧물에 시달리며 꼼짝 못하고 사나흘을 페라 팰리스 호텔에 누워있어야 했다. 소위 말하는 '파라오의 저주'였을까?

또 수십 년 전, 지구의 배꼽이라는 호주의 유네스코 복합유산인 울루루Uluru, 별칭 Ayers Rock에 오른 적이 있다. 이 사실을 호주인들에게 얘기하면 그들은 "너는 운이 좋았다. 지금은 등반이 금지되어 있다" 말하며 필자를 부러워한다.

그림 11. 세계유산 가야과 공존하는 현대 김해인들

애구지 언덕은 이집트 룩소르Luxor 서쪽, 60기가 넘는 왕과 귀족의 묘가 있는 '왕가의 계곡Valley of the Kings'과는 또 다른 분위기의 네크로폴리스Necropolis이다. 나는 이번 김해에 3박4일 머무르는 동안, 애구지 언덕의 아늑함과 평화스러움이 좋아 매일같이 올랐다. 인근 주민들도 공원처럼 친근하게 이용하고 있었다. 반려동물과 아침 산책을 하고, 남녀 데이트도 하고, 아이들은 연을 날렸다.

세계문화유산이 된 이후로 김해시에서는 주민들의 출입을 금지시키는 방법을 강구할까를 고려한다고 한다. 그런데 애구지 언덕은 '파라오의 저주'와는 달리 가야의 왕들로부터 주민들이 기氣를 받는 곳처럼 느껴진다. 지금처럼 김해 시민들이 편안하게 접근할 수 있는 공간으로 계속 놔두는 것이 좋다고 생각한다. 그것이 모두의 바람이기도 하리라. (끝)

시간의 공존
김해 대성동 고분군
세계유산 가야
2주년 특별전
2025.09.23.화
– 2026.02.22.일
국립김해박물관 기획전시실
GAYA 국립김해박물관
Gimhae National Museum

나라에서 철이 나는데 한·예·왜가 와서 사간다. 시장에서의 모든 매매는 쇠로 이루어져서
마치 중국에서 돈을 쓰는 것과 같으며, 또 낙랑과 대방의 두 군에도 공급하였다.
國出鐵 韓·濊·倭皆從取之. 諸市買皆用鐵, 如中國用錢, 又以供給二郡.
『삼국지』 위서 동이전 한 변진

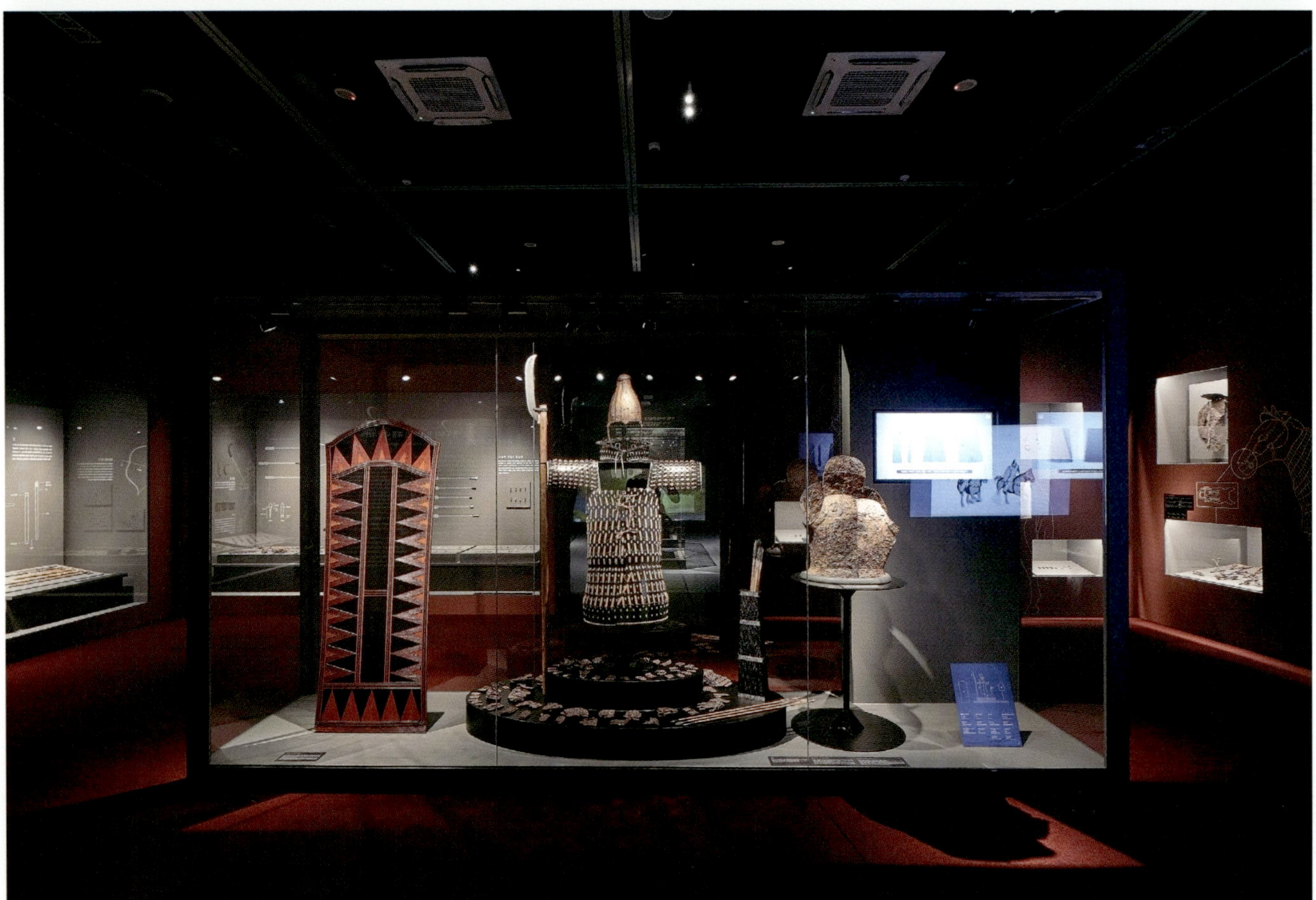

원통형
청동기

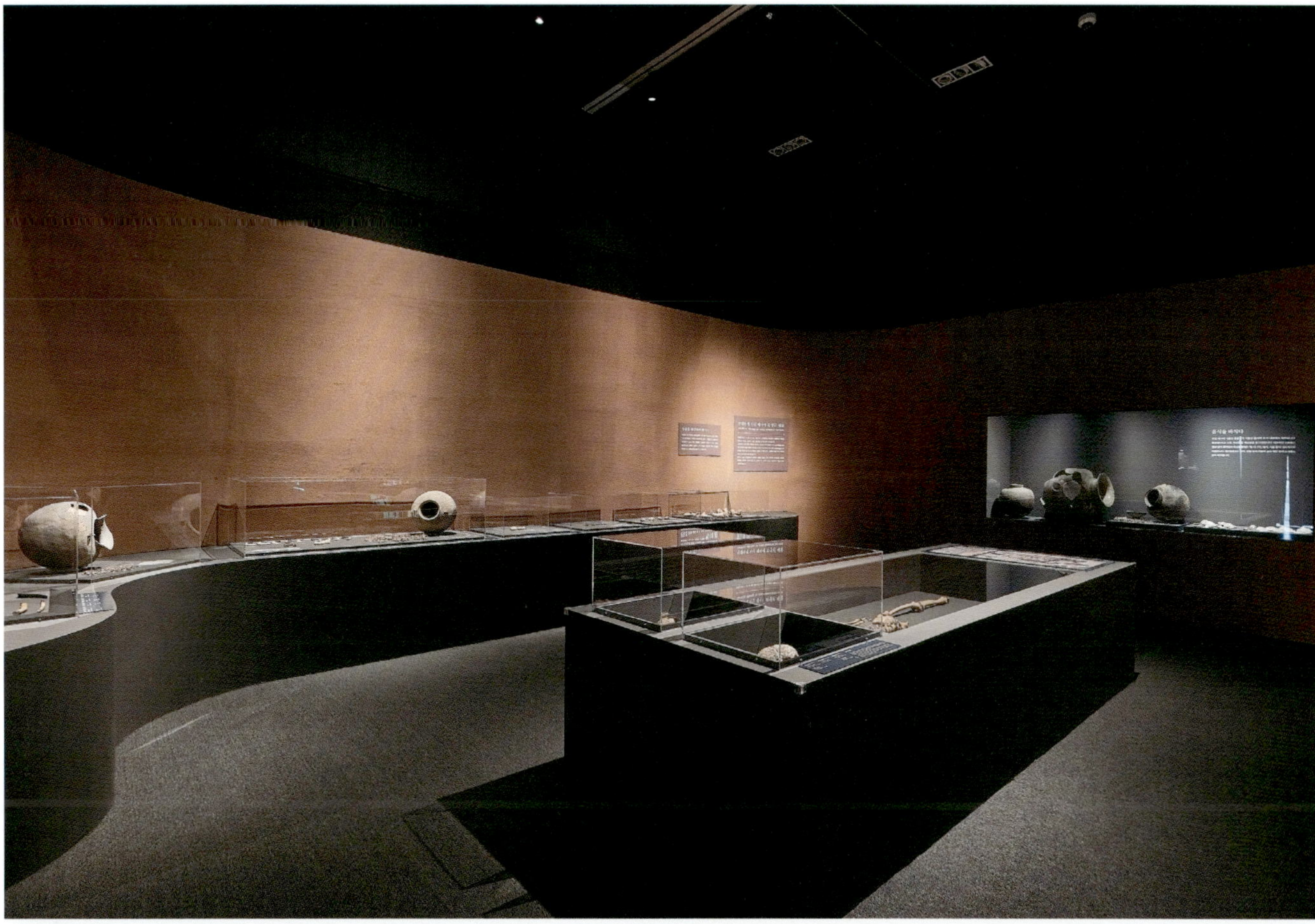

How Does the Past Become the Future?
过去如何转化为未来?
エピローグ
過去は、いかにして未来となるのか?

세계유산 가야 2주년 특별전
시간의 공존 김해 대성동 고분군
金海 大成洞 古墳群
일시
개막식 2025년 9월 22일(월) 오후3시
장소
국립김해박물관 강당(Auditorium)
주최
GAYA 국립김해박물관
Gimhae National Museum

2025.09.23.화
2026.02.22.일
국립김해박물관 기획전시실
세계유산 가야
시간의 공존
김해 대성동 고분군
金海 大成洞 古墳群
2주년 특별전
GAYA 국립김해박물관

국립김해박물관 2025 특별전
2025 Gimhae National Museum Special Exhibition

세계유산 가야 2주년 기념

시간의 공존

김해 대성동 고분군
金海 大成洞 古墳群
Where Time Coexists: Ancient Tombs in Daeseong-dong, Gimhae

기간 2025년 9월 23일(화)~2026년 2월 22일(일)
장소 국립김해박물관 가야누리 기획전시실

총괄 윤형원

전시

기획 이경수, 이춘선
진행 이춘선, 전효수, 최은비, 김효정, 최미영, 박숙경
전시 보조 이지혜, 하주원, 박상우, 곽석진, 진승현, 류주형, 조윤희, 하미림, 전민정, 최순정, 제미성
보존처리 전효수, 김현정, 최경서, 김채연, 전지현
교육 최미영, 김지하, 변성원, 김권애, 윤수연
홍보 조선경, 정혜영, 박성왜, 정미은
행정지원 배상욱, 김동현, 황형규, 이민제, 이후경, 정창오, 박진호, 고용우, 정덕근
전시디자인 ㈜엠포씨앤디(김석구)

도록

기획 이경수, 이춘선
편집 이경수, 최미영
교열 최은비, 김효정, 박숙경, 이지혜, 하주원, 박성왜
원고 이춘선, 최은비
논고 신경철, 송원영
칼럼 이성주, 심재용, 우병철, 임지영, 이와모토 타카시, 이현우, 다카다 칸타, 김재현, 고은별, 이희경, 안소현, 이춘선(원고순)
참관기 이만주
사진 한국문화재사진연구소(사진작가 한정엽)

초판 인쇄 2025년 11월 30일
초판 발행 2025년 11월 30일
편저 국립김해박물관
50911 경상남도 김해시 가야의길 190
t. 055-320-6800 f. 055-325-9334
http://www.gimhae.museum.go.kr
제작 · 발행 편집전문회사 꿈과놀다
서울시 중구 서애로5길 12-9 한아빌딩 304호
t. 02-2277-3986 f. 02-2279-3986
www.playwithdreams.com
인쇄 (주)나눔프린팅

ISBN 979-11-88648-37-5 93910
값 30,000원

국립김해박물관